TIESHUI SHUANGXIANG ZHONGZAI LIANYUN
SHIJIAN YU FAZHAN

铁水双向重载联运
实践与发展

双向重载运输研究项目组 ◎ 主编

张海山　张永恒　曹海滨 等 ◎ 编著

中南大学出版社
www.csupress.com.cn
·长沙·

双向重载运输研究项目组

◇ **组　长**

张海山

◇ **副组长**

张永恒　　曹海滨

◇ **主要成员**

刘颢颢　　彭建川　　孙立公　　宋宗莹

杨红民　　张剑铠　　王文斌　　李志鹏

崔立明　　蒋立翔　　唐　　珂

前 言 ◀◀ **Foreword**

　　人类社会的发展及其现代化离不开交通运输的支撑，不断提升运输系统的运行效率是运输行业工作者的重要任务。19 世纪 20 年代，蒸汽机技术在陆地运输上的应用开启了人类运输方式和手段上的一次飞跃。以蒸汽机车作为牵引动力的铁路运输的兴起以及蒸汽船的发展，使运输效率得到了显著提高。此后随着运输动力技术的改进，列车牵引质量与船舶吨位的不断提升，推动了重载铁路运输与水运业的发展。

　　由于区域经济发展水平与人类社会活动分布的时空差异，运输需求并不总是双向均衡的；尤其是还存在技术经济性能不同的运输方式（涉及运输市场分工）、运输需求属性不同的货物品类（涉及运输用户选择）。这给传统通道上双向运输组织工作带来了不少值得研究的问题，包括提升双向运输效率、降低全社会运输成本等。

　　2019 年 9 月，中共中央、国务院印发《交通强国建设纲要》，提出了"推动交通发展由追求速度规模向更加注重质量效益转变"及"打造一流设施、一流技术、一流管理、一流服务，建成人民满意、保障有力、世界前列的交通强国"的指导思想。2019 年 10 月以来，交通运输部着手交通强国建设试点工作，已部署 71 个试点单位开展了 378 项试点任务。2020 年以来，国家又提出了 2030 年"碳达峰"与 2060 年"碳中和"目标。这对新时期我国交通运输业的发展提出了新要求。

　　本书结合国家能源集团在交通强国建设试点中"双向重载运输探索"任

1

务的落实，系统研究梳理了国家能源集团在该领域所开展的理论研究成果与运输实践效果，期望能对深化我国双向重载运输的理论研究与实践应用有所帮助。

书稿编著过程中，参阅了不少国内外研究文献，并得到了国家能源集团相关部门领导和同事的大力支持；出版过程中得到中南大学出版社的大力支持。编著组在此一并表示衷心感谢。

目 录 ◀◀ Contents

第 1 章

国家能源集团双向重载运输实践

重载运输是提高运输效率的重要手段。本章结合国家能源集团近年来利用双向运输资源进一步提升重载运输通道运行效率与效益的研究与实践，分析了集团双向重载运输的历史与现状，结合集团非煤运输业务的拓展简要概述了集团针对双向重载运输需求开展的设施设备改造、组织模式变革及其相关举措，评述了双向重载运输组织实施取得的经济与社会效益。

1.1 重载运输的发展与问题

组织重载运输有利于降低运输成本，提高运输企业效益，对提升运输资源的利用效率、推进交通节能减排、促进交通行业的可持续发展都具有重要的战略意义。本章从铁水重载运输的起源出发，通过对国际重载运输发展历史以及我国重载运输发展现状的分析，指出了当前重载运输发展面临的问题。这部分的研究是我们开展铁水双向重载运输理论研究和实践创新的重要基础，也为后续重载运输组织方案的制订提供具体指导。

1.1.1 重载运输的起源

铁路与水路运输都是重要的大容量运输工具，在货物运输体系中占据重要地位。随着经济的不断发展和运输需求的增加，单一运输方式已不能满足多样化的货物运输需求，整合通道内不同运输方式共同满足某种运输任务，尤其是大宗货物的运输任务成为近代货物运输业的重要发展趋势，铁水重载运输正是在这一背景下应运而生的。铁水重载运输属于一种重要的多式联运，它是指通过铁路和水路两种大容量运输方式的有机结合，减少货物运输全过程的中间环节，提升跨方式的协同配合，最终实现运输成本的降低与运输效率的提高。

早期的铁水重载运输可追溯到 20 世纪 50 年代欧美多式联运的起步与发展时期。随着基础设施的不断完善和政府的积极推动，铁水重载运输作为一种高效率的多式联运模式逐渐在各国得到推广应用。在欧美地区，铁水联运已成为一个重要的物流体系，并在政府和企业间获得广泛应用。近年来，在中国和东南亚等亚洲地区，铁水重载运输也得到了越来越多的重视和应用，现已成为促进地区经济发展和物流业转型升级的重要手段。

随着长距离、大批量货物运输需求规模的持续扩大，重载铁路运输在大宗货物运输业务中发挥着不可替代的作用。从普适性定义看，重载铁路运输是指在使用大功率内燃或电力机车作为牵引的条件下，以提高列车轴重及牵引质量和扩大列车编组长度为主要组织形式，使列车牵引质量和输送能力达到一定标准的特殊运输方式。

与普通的铁路货运相比，重载铁路运输具有轴重大、牵引质量大、运量大的特点。随着世界重载铁路快速发展，以牵引质量、限定长度线路区段上的年运量、轴重为代表标准的重载铁路运输定义不断更新。2005 年第八届国际重载运输大会修订了重载铁路运输定义，与 1986 年首次提出的定义相比，列车最低牵引质量标准由 5000 吨提升至 8000 吨；年运量标准由起初的至少 2000 万吨，修订为"在长度至少为 150 km 的线路区段上年运量至少达 4000 万吨"；列车轴重标准由 21 吨及以上增至 27 吨及以上。重载铁路线路需满足以上三项标准的两项。

2017 年，我国国家铁路局发布了《重载铁路设计规范》（TB 10625—2017），并给出了我国铁路部门关于重载铁路的概念解析：重载铁路是指满足牵引质量 8000 吨及以上、轴重为 27 吨及以上、在至少 150 km 线路区段上年运量大于 4000 万吨三项条件中两项的铁路，具有轴重大、牵引质量大、运量大的特点，大多采用单元、组合等列车编组形式。该规范内容与 2005 年国际重载运输大会上新修订的重载运输定义基本一致。

我国第一条重载线路是 1992 年通车的大秦铁路。近几十年来，我国重载铁路运输取得了长足的进步。截至 2022 年底，我国铁路营业总里程达 15.5 万 km，其中普速铁路里程约 11.1 万 km，重载铁路里程超过 1 万 km。2017 年起，国家颁布多项"公转铁"政策，鼓励港口端大宗货物进出港采用铁路的运输方式，重载铁路运输逐步得到更多重视。

1.1.2　重载运输各国发展动态

重载铁路始于 20 世纪 20 年代的美国，一般指供总重大、轴重大的货物列车行驶的铁路线路，主要用于输送大型原材料货物。重载铁路具有运量大、运距长、全天候、污染小、能耗低等显著优势，为大宗货物运输带来巨大的社会经济效益，在货物运输体系中发挥着重要的作用。一些幅员辽阔的国家，如美国、加拿大、澳大利亚等，其丰富的煤炭、矿石等大宗货物资源为重载运输的发展带来了良好的需求基础。世界各国的重载铁路由于运营条件、技术装备水平不同，采用的重载列车形式及组织方式有所差异，适运货物品类与运量也各有特点。

1.1.2.1　国内重载运输发展动态

当前，我国达到国际重载运输标准的铁路线路年货运量为 2500～49000 万吨，牵引质量 5000～20000 吨，轴重最高达 35 吨。这些线路多为煤炭运输的重要专线，主要承担着"西煤东运、北煤南运"的功能。

车辆装备方面，重载铁路一般使用敞车来运输煤炭等货物，截至 2020 年底，国家铁路敞车保有量共计 54 万辆，其中达到 1994 年国际重载铁路标准的 25 t 轴重及以上的敞车保有量为 5.8 万辆，占敞车总保有量的 10.8%。

列车编组方面，大秦、朔黄铁路等线路已探索采用 1.5 万吨和 2 万吨组合列车的多种编组模式，最大牵引总重不断提升。近年来，我国已开展 3 万吨组合列车的试验，单列车牵引质量的提升可在一定程度上改善重载铁路的运输效率。

双向重载运输方面，我国已在朔黄铁路、大秦铁路、瓦日铁路等重载线路上开展反方向的非煤货物运输业务，着手探索双向运输模式。

以朔黄铁路为例，近年来，朔黄铁路在天津、黄骅、龙口港利用返程车皮运输铁矿石，表 1-1 给出了 2019—2022 年朔黄铁路双向运量水平，正向煤炭运输量均在 3 亿吨左右，反向铁矿石运量与正向运量之比在 3%～5%。

表 1-1　朔黄铁路双向货运量

年份	正向运量/亿吨	反向运量/万吨	反向运量与正向运量之比/%
2019	3.08	947.84	3.08
2020	3.12	1432.91	4.59
2021	3.34	1199.26	3.59
2022	3.19	1219.3	3.82

大秦铁路是我国"西煤东输"的主干线，2018 年运量已突破 4.51 亿吨，承担着"三西"地区煤炭输出的主要任务，但存在回程运力利用率不高、呈现"重去空回"的运营现状。返程时，部分区段可运输铁矿石等货品，但运量较少。目前，大秦铁路"重来重去"运输组织模式还处于探索性运营阶段，并未形成完整的运输方案。由于物资需求较小，只在规定的时间开行重回列车以满足企业的货运需求，大部分空车仍是按照以前的车流组织方式返回重车端。2019 年，大秦铁路完成货物总运量为 4.31 亿吨，其中反向运量为 1095 万吨，反向与正向运量之比约为 1.63%。

瓦日铁路是我国"十一五"铁路建设重点工程，是连接我国东西部的重要煤炭资源运输通道，也是世界第一条按 30 吨重载铁路标准建设的铁路。瓦日铁路通过实施"港内矿石装车+铁路发运至园区+卸车+汽运配送+返程煤焦套货入园+煤焦铁路集港+装船"的物流新模式，拓展了反向运输业务。除煤炭市场外，瓦日铁路沿线油品、铁矿石、农贸物资等货物也具有较为可观的运输市场。2018 年，瓦日铁路正向运输煤炭等货物 3410 万吨，反向运输铁矿石等非煤货物 364 万吨，反向与正向运量之比约为 10.67%。

浩吉铁路是世界上一次性建成并开通运营里程最长的重载铁路，也是我国"北煤南运"最长的煤炭运输战略大通道。2019 年 9 月 28 日，浩吉铁路正式开通，规划输送能力 2 亿吨/年以上；2022 年全年浩吉铁路完成运量 9024.2 万吨。浩吉铁路的开通运营大大提升了我国北煤南运、西煤东送的运力，依托运输距离、运输时间上的优势，结合集运端"靖神铁路"、疏运端"荆州铁水联运储备基地"等同步配套建设，实现了运输、接卸一体化推进，极大缓解了湘、豫、鄂、赣四省的煤炭供需紧张状态，对我国煤炭货运市场产生的影响十分深远。

1.1.2.2　国外重载运输发展动态

国外重载运输总体上起源于 20 世纪 50 年代。随着近代运输技术与工业化进程加快，原材料和矿产资源等大宗货物的需求激增，给重载运输的发展带来了新机遇。20 世纪七八十年代，先进技术的发展为重载运输技术及装备发展注入了新动力。各国通过创新重载运输组织模式、提高轴重、增加牵引质量等，使重载铁路在货运市场中发挥日益重要的作用，有效促进了国民经济的发展，其发展历程和经验值得我国借鉴。

1. 美国

美国是国际重载运输的发源地，多数重载货车牵引质量达 1.75~2 万吨，轴重约 29.8~32.4 吨，部分轴重达 35.7 吨；轴重指标高于 2005 年国际重载运输会议要求的 27 吨最低轴重。2020 年美国货运铁路的运营里程约为 22.53 万 km，长于我国 2020 年 14.63 万 km 的国家铁路总里程，被认为是世界上最大、最安全和最具经济效益的货运系统之一。根据美国铁路协会（The Association of American Railroads，ARR）统计，2019 年美国Ⅰ级铁路煤炭运输量为 4.71 亿吨，伯灵顿北方圣达菲（Burlington Northern Santa Fe，BNSF）铁路公司每年从怀俄明州和内华达州的保德里弗盆地运出煤炭总量达 2.24~2.54 亿吨，占Ⅰ级铁路煤运总量的 50% 左右。

2. 加拿大

加拿大在 20 世纪 60 年代就开始积极推进重载运输。目前，加拿大铁路主要由加拿大国家铁路（Canadian National Railway，CN）和加拿大太平洋铁路（Canadian Pacific Railway，CP）两大公司运营，其中重载铁路运输主要集中在加拿大西部的运煤线上，总运营里程约 5.7 万 km，年运量在 8000 万吨以上。2020 年，加拿大铁路总货运量为 3.22 亿吨，其中煤炭为最主要运输产品，运量达 4310 万吨。

3. 澳大利亚

澳大利亚拥有着世界上轴重最大的货运列车，其轴重高达 40 吨。2015 年，澳大利亚铁路运输完成货运量达到 13.4 亿吨，其中重载运输规模达到了 5.36 亿吨。昆士兰铁路是澳大利亚最大的铁路公司，主要经营着约 1 万 km 的窄轨线路，货车以轴重 30 吨、载重 95~98 吨为主，主要货物品类为煤炭；2010 年昆士兰中央运煤专线完成货运量约 2 亿吨。西澳大利亚的皮尔巴拉地区是铁矿石的盛产地，该地区的重载线路共计 656 km，主要服务于必和必拓公司、力拓等铁矿石相关企业，2011 年必和必拓公司的纽曼山线和高兹沃斯山线两条线路完成约 1.5 亿吨运量。

4. 南非

南非重载铁路运输起源于 20 世纪 70 年代，主要满足北部矿区的煤炭和铁矿石转运至大西洋、印度洋沿岸港口的需求。南非现已开通两条重载铁路线，一条是从锡申到萨尔达尼亚的矿石运输专线，货车经铁路至萨尔达尼亚港口卸货，然后通过传送带将矿石运到在港口停泊的船只上，或运至萨尔达尼亚港口仓库存储，年运量约 6000 万吨；另一条是由 Transnet 公司运营的理查兹湾的运煤专线，主要将内陆矿区动力煤运输至理查兹湾港煤炭码头，然后将煤炭运往非洲、亚洲、美洲或欧洲，同时也运输少量钢铁、铬铁、花岗岩、谷物和木材等货物，全长 580 km，年运量约 9100 万吨。

1.1.3 重载运输问题

我国从 20 世纪 80 年代开始发展铁路重载运输，目前已有 40 年。不过，作为第一条重载单元列车的电气化铁路即大秦铁路是 1992 年 12 月 21 日开通的；2006 年大秦线组合列车达到 2 万吨(轴重 23 t)，2014 年达到了 3 万吨。目前，重载铁路在运能利用、运输结构、市场管理、与其他方式联运等方面仍存在一些问题亟待研究和解决。

1.1.3.1 双向运能利用不均衡

由于铁路重载运输技术(包括列车编组、装卸作业组织、车辆类型等)的专门性，正反向运能利用不均衡是目前我国乃至全世界重载铁路线路普遍存在的问题。我国多数重载线路反向货运量比例尚未突破 10%，反向运输市场正处于初步发展阶段，返程货车利用率低、车辆空驶率高，造成重载线路反向运能浪费较为严重的问题，不仅没有产生经济效益，而且还加大了铁路生产部门的负担。这就要求铁路运输企业创新运输模式，降低反向运输货车空车走行率，提高铁路的经济效益与行业竞争力。

当前，我国已有瓦日铁路、大秦铁路、朔黄铁路和邯黄铁路等部分重载线路逐步开展了反向运输业务；譬如港口借助返程重载铁路车辆回运金属矿石、粮食等非煤货物，但货运量规模总体上仍旧较小。国外重载铁路运输具有正向运输运量大、车辆车型复杂及货物品类较为单一的特点，其重载铁路运输仍以煤炭、铁矿石运输为主，反向运输需求较少，因此更加注重对正向运能的充分利用，也未能形成稳定的反向运输市场。

1.1.3.2　运输结构有待调整

由于区域经济发展的不均衡性，面向经济主战场，我国重载铁路仍面临"公转铁"运输结构调整难题。2021 年，国务院发布《推进多式联运发展优化调整运输结构工作方案（2021—2025 年）》（国办发〔2021〕54 号），提出推动大宗物资"公转铁、公转水"，推进京津冀及周边地区、晋陕蒙煤炭主产区运输绿色低碳转型。2019 年，陕西省交通运输厅《对省十二届政协二次会议第 817 号提案的答复函》关于优化交通运输结构第一条：推进货物运输结构调整，鼓励工矿企业选择铁路运输，降低公路运输占比，有效减少对大气的污染。山西省工信厅发布的《山西省进一步推进 2020 年"公转铁"工作实施方案》中指出要大力提升铁路货运占比，推动大宗货物铁路运输，全省大宗货物运输以铁路为主的格局基本形成，煤炭、焦炭铁路运输比例达到 80% 以上，出省煤炭、焦炭基本上全部采用铁路运输，优先保障煤炭、焦炭、矿石、钢铁等大宗货物运力供给。

推进大宗货物由公路转向铁路运输，是我国货运结构调整的重要实施路径，是加快推进低碳交通运输体系建设的重大举措，也是降低我国交通运输行业碳排放、尽快实现"碳达峰、碳中和"的重要抓手。近年来，煤炭供需结构发生了重大变化，且从全路网来看，煤炭铁路运输总体宽松，部分重载铁路线路的运力还有发挥空间，尤其需要充分利用返程方向上的富余运力。为实现该目标，需从运输组织、运行控制等多方面开展科技创新，提升重载铁路双向运输能力、优化调整货物运输结构。

1.1.3.3　部分非国铁货运线路的运价管理模式亟须优化

部分非国铁的重载货运线路随着运输业务量的增加，其运价管理模式的不适应之处逐步显现。近年来，为落实国家交通运输结构调整战略，非煤运输业务迅速发展，在数量和规模上取得了较大的成就，而部分非国铁的重载货运线路现行的非煤运价管理模式仍存在诸多弊端。第一，当前部分非国铁的货运线路的非煤运价采取"一事一议"的管理模式，从寻找货源、竞价议价到审批报价，整个过程需要数周，价格审批时间长、价格管理时效性不足，存在错失市场时机、影响非煤运输业务盈利的可能性。第二，这些线路的非煤运价大多根据短期实时市场价格报价的，没有考虑运输市场整体情况，缺少对公路运价长期监测及变化规律的把握，存在价格项目决策风险的可能性。第三，这些线路的非煤运价管理缺少制度抓手，在非煤运输业务价格管理方面尚未形成系统全面的运价管理体系和完善的规章制度，但也不适宜直接采用与之差异较大的煤炭运输价格体系和管理办法，这导致运营线路的企业的非煤业务在运价管理方面缺乏价格管理制度基础，不利于企业非煤业务的市场化拓展。

1.1.3.4 与其他运输方式间缺乏统筹协调机制

对于一批货物而言，全运输过程可能包括多个环节，涉及铁路、港口、航运等多方参与，为更好地实现门到门，公路往往也是运输环节所涉及部门之一。由于不同运输方式的管理与运营模式有所差异，若要实现多运输方式协调运转，还需统筹机制作支撑。同时硬件条件有待优化，货物从一种载运工具换装至另一种载运工具的过程中需多种设施设备的高效协作。缺乏统筹协调全运输过程的工作机制，使得货物自货源地运至终到地的效率大大降低。

因此，对于自有重载货运线路的企业来说，可考虑通过研究非煤运价管理方案，提出科学系统的非煤运输价格管理方案，优化非煤运输定价思路、调整原则以及审批流程，建立多运输方式统筹协作的工作机制，保证非煤运输业务的盈利能力；上述举措不仅是提升非煤运输市场竞争力和货运效益的基石，也是扩大铁路非煤运输市场规模、提高价格管理效率的重要突破口。

1.2 国家能源集团重载运输历史进程

铁路运输业务是国家能源集团打造全过程产业链的重要环节，实现提质增效的重要保障，但随着业务量的持续增长，国家能源集团自有铁路的运输能力已接近于饱和。因此，为了进一步挖掘运输潜力、提高运输效率，国家能源集团大力发展重载运输业务。长期以来，国家能源集团一直将重载铁路运输视为公司铁路运输业务发展的核心竞争力，致力于重载铁路的建设和重载技术的创新。

1.2.1　国家能源集团铁路运输的发展历史

国家能源集团作为我国集煤炭开采和运输服务于一身的龙头企业,主要的运输业务为煤炭运输。近年来,为了保障煤炭运输能力,国家能源集团加速重载铁路建设,现已成为我国第二大铁路运营商。国家能源集团自有铁路运输网络由黄万、朔黄、神朔、包神、塔韩、大准、准池、巴准、甘泉、黄大等十条铁路线组成,主要分布在内蒙古、陕西、山西、河北、天津、山东等六省区市。

1986 年 8 月,国家能源集团第一条运煤铁路专用线——包神铁路正式投入建设施工,于 1989 年 10 月完成全线铺通并正式投入运营,成为工企Ⅰ级专用电气化铁路。包神铁路作为国家能源集团东部核心矿区的主要煤炭集疏运通道和装车外运基地,承担着鄂尔多斯地区部分非煤物资和企业煤炭外运任务。

1988 年 4 月,神朔铁路正式投入施工,于 1996 年 7 月 1 日完成全线建设并开通运营,成为国家Ⅰ级电气化重载铁路。神朔铁路作为我国"八五"计划重点建设项目之一,成为继大秦铁路之后我国第二条西煤东运大通道,主要担负着国家能源集团自产煤运输和部分煤炭外运的任务。

1990 年 7 月 17 日,大准铁路投入建设施工,于 1997 年 11 月 19 日全线开通电气化运营,成为全国首条开行万吨重载列车的单线电气化铁路。在晋西、陕北和蒙南地区形成了准东—大准—大秦、巴准—大准—大秦、巴准—大准—准池—朔黄三大煤炭外运黄金通道。

1997 年 11 月 25 日,朔黄铁路正式开工建设,于 2000 年 5 月 18 日投入运营,成为国家Ⅰ级双线电气化重载铁路。朔黄铁路实现了与京九、京广等国家重要运输干线的接轨运输,与神朔铁路共同组成了我国西煤东运的第二条运输大通道,为保障国家能源的供应提供了重要稳定的运力。

2004 年 11 月 16 日,黄万铁路正式开工建设,于 2006 年 1 月正式建成通车,成为国家Ⅰ级单线非电气化铁路。黄万线由黄万铁路、西南环线铁路、进港铁路 3 部分组成,连接了朔黄铁路和西南环线路(天津南环铁路公司所属线路,从万家码头至东大沽),继而接上进港铁路到达神港站,扩大了运能、提高了运输组织的灵活性。

2009 年 10 月 15 日,朔黄铁路首列万吨列车投运,正式跨入重载铁路运输行列。与此同时,朔黄铁路适时启动反向运输,探索双向多品种运输的新模式。

2010 年 8 月，甘泉铁路正式开工建设，于 2012 年 9 月开通全线运营，成为国家 I 级单线铁路并预留了电气化建设条件。甘泉铁路是为了贯彻落实我国能源发展"走出去"战略而重点修建的国际化运输通道，当前成了蒙古国铜金矿和煤炭运输中最为便捷的出海外运通道。

2010 年 12 月，新准铁路正式开工建设，于 2013 年 10 月 30 日铺架贯通并在 2014 年 11 月 15 日成功开行首列运煤专列。新准铁路作为国家 I 级双线电气化万吨重载铁路，承担着国家能源集团新街矿区煤炭的外运及鄂尔多斯地方煤炭及物资运输业务。

2011 年 8 月，塔韩铁路正式投入施工建设，作为杭锦能源塔然高勒煤矿的配套运煤专用线。于 2015 年 1 月开通运营服务，成为国家 I 级单线电气化铁路。

2012 年 3 月 18 日，准池铁路全面开工建设，于 2015 年电气化开通，成为全国第一条实行货运价格市场调节的试点铁路。准池铁路的成功投建进一步优化了国家能源集团自有铁路网，构建围绕"晋西、陕北和蒙南"主要煤炭基地的环型辐射状重载铁路网，强化蒙西能源基地外部通路。

2013 年 12 月 27 日，中国神华 2 万吨重载试验列车，从神华朔黄铁路神池南站出发驶入朔黄铁路肃宁北站，标志着朔黄铁路首列 2 万吨重载列车开行成功，我国"西煤东运"第二大通道的重载铁路运输技术取得重大突破。

2014 年 9 月，黄大铁路投入开工建设，于 2021 年 12 月正式建成并投入运营，成为国家 I 级单线电气化铁路。黄大铁路在利津站与东营疏港铁路实现了线路上的互联互通，减少了运输过程的汽运短倒，降低了运输费用。

2016 年 4 月，首列神华号"3+0"单元万吨列车驶出神木北站，标志着具有划时代意义的运输编组新模式在包神铁路神朔线正式投入。相比"2+2""2+1"混合编组万吨，"3+0"单元万吨可以一次性完成列车整体编组，为朔黄铁路两万吨重载列车的开行提供了极大便利。

2016 年，为了贯彻落实国家供给侧结构性改革的要求，国家能源集团发布了《关于加快打造神华现代化大物流体系的决定》（神华党组〔2016〕98 号）。文件中指出应"依托神华重载化、大能力运输网络，发挥最短运输通道及路港航一体化的优势，着力建立适应大宗货物运输的优质、高效的现代物流服务体系"。

2023 年 4 月 20 日，国家能源集团朔黄铁路首列 2 万吨重载列车自动驾驶运行试验取得圆满成功，我国重载铁路列车自动驾驶技术取得重大突破。试验过程中，列车能够按照既定控制策略安全、平稳、正点运行，实现了人工零接管、零干预的目标。

随着国内多条运煤铁路大通道的成功建成，我国煤炭运输能力大大提升。在我国煤炭产能过剩和国家实施"三去一降一补"供给侧结构性改革的背景下，煤炭需求量逐步减少，国家能源集团煤炭运能呈现过剩的现象。因此，建立正反向钟摆运输的稳定模式是国家能源集团深化供给侧结构性改革的重要推手。国家能源集团重载铁路运输发展历程如图 1-1 所示。

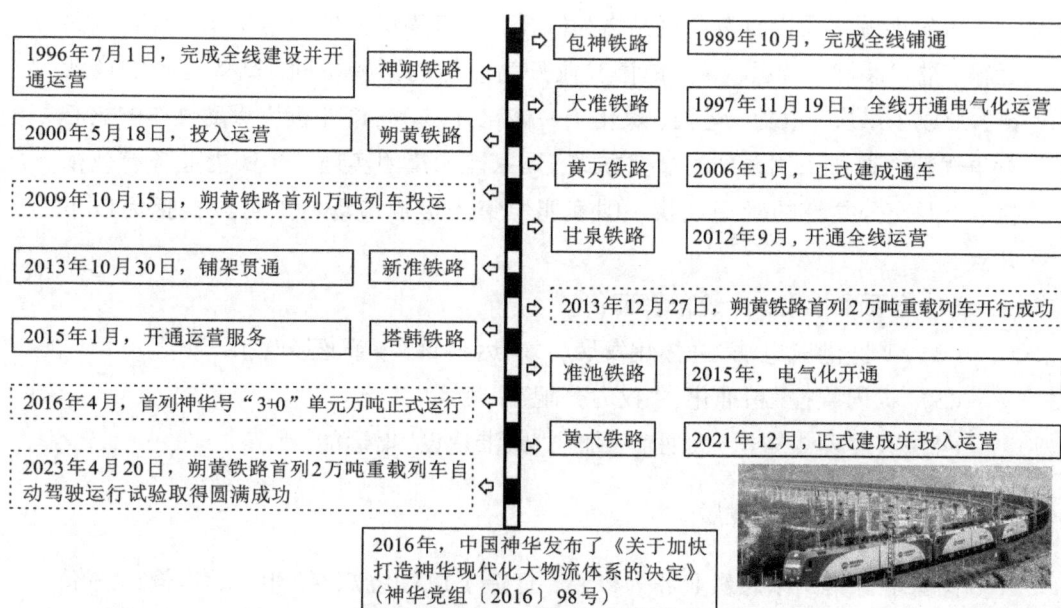

1996年7月1日，完成全线建设并开通运营	神朔铁路	包神铁路	1989年10月，完成全线铺通
2000年5月18日，投入运营	朔黄铁路	大准铁路	1997年11月19日，全线开通电气化运营
2009年10月15日，朔黄铁路首列万吨列车投运		黄万铁路	2006年1月，正式建成通车
2013年10月30日，铺架贯通	新准铁路	甘泉铁路	2012年9月，开通全线运营
2015年1月，开通运营服务	塔韩铁路		2013年12月27日，朔黄铁路首列2万吨重载列车开行成功
2016年4月，首列神华号"3+0"单元万吨正式运行		准池铁路	2015年，电气化开通
2023年4月20日，朔黄铁路首列2万吨重载列车自动驾驶运行试验取得圆满成功		黄大铁路	2021年12月，正式建成并投入运营

2016年，中国神华发布了《关于加快打造神华现代化大物流体系的决定》（神华党组〔2016〕98号）

图 1-1　国家能源集团铁路运输的发展历史

到 2022 年底，国家能源集团自有铁路除了朔黄线等十条外运干线外，还包括新疆、鄂尔多斯、榆林等区域的矿区专用线，自有铁路营运里程达到 2408 公里。目前，国家能源集团的铁水联运系统包含三大子系统，即核心矿区的集运系统，包神—神朔、大准—准池（大秦）、朔黄—黄万（黄大）等外运干线构成的运输系统，以及由黄骅、天津、龙口、秦皇岛、唐山等港口构成的输运系统。铁水联运系统已经成为国家能源集团实施产业协同发展战略、拓展非煤运输业务、提升运输效率最重要的基础支撑。

1.2.2 国家能源集团运输的市场特点与业务量发展

运输市场不仅是指运输服务产品的供需双方进行交易的场所，而且还包括供需双方进行交易过程中产生的相关活动和相关关系。分析国家能源集团运输业务的市场特点，有利于协调国家能源集团自有铁路运输供给、突出运输优势、增加市场占比。

1.2.2.1 运输市场特点

国家能源集团以自有物流网络为依托，拥有集煤炭生产与采购、自有铁路运输、港口装卸、航运、煤炭销售等业务为一体的紧密协同、高效运行的产业链，形成了煤炭、电力、运输、煤化工一体化开发，各产业板块深度合作的核心竞争优势。通过采用精准的管控方式，国家能源集团实现了集团内业务有效衔接、资源充分共享的管理现状。国家能源集团运输市场特点可以概括为以下几点：

(1) 全要素推动，全链条管理；

(2) "矿路港航电油"一体化发展，"产运销储"一条龙经营；

(3) "纵向管控"精准化，"权力分配"平衡态；

(4) 构建"西煤东运"大通道，加快"铁港建设"增运能。

1.2.2.2 运输业务量发展

国家能源集团以煤炭业务为核心，打造了以围绕煤炭"生产、运输（铁路、港口、航运）、转化（发电及煤化工）"等环节为基础的运营模式，具有链条完整、协同高效、安全稳定、低成本运营等优势。国家能源集团运输板块主要包括铁路、港口、航运，其中铁路包含十条自营铁路干线，港口包括三家港务公司，航运主要开展自有船和租赁船的运营业务。

1. 铁路运输

目前，国家能源集团拥有的十条铁路货运线路，是"西煤东送"的陆运格局的重要组成部分。其中，神朔铁路和朔黄铁路构成了我国"西煤东运"的第二大通道，同时借助准池铁路等支线，神朔铁路和朔黄铁路的运力得以进一步释放，大量内蒙古西部准格尔、伊泰优质煤炭运至黄骅港下水。

2022年，国家能源集团为释放铁路运能，采取新增开两万吨列车、压缩周转时间、开辟铁路专用线等措施。2022 年全年自有铁路运输周转量达 2976 亿吨公里；铁路大物流业务进一步丰富，返空车辆利用率和效益持续提升，全年铁矿、锰矿、化工品等非煤货物运量达 0.196 亿吨，反向运输货物量达 0.121 亿吨。

2. 港口运输

国家能源集团分别在黄骅港、天津港和珠海港设立了专业港务公司，起到陆运和海运枢纽的作用。具体来看，黄骅港和天津港处于环渤海港口群，所在港务公司主要负责神朔、朔黄铁路运送来的煤炭储存和下水外运任务；珠海港位于我国南部珠三角港口群，是下水煤进入我国珠三角和南方地区的重要港口。

2022 年，国家能源集团港口分部大大提升港口作业效率，保障煤炭装船安全高效，其中黄骅港煤炭下水量连续四年位居全国首位。黄骅港和天津煤码头全年累计完成煤炭装船量 250.4 百万吨。同时，国家能源集团稳步推进港口大物流业务发展，港口分部全年完成原油、化肥等非煤货物运量 7.7 百万吨。

3. 航运运输

国家能源集团航运板块主要由国家能源集团控股子公司国能远海航运有限公司负责运营，航线覆盖黄骅、天津、龙口、秦皇岛等国内主要港口和沿海、沿江省市的 200 多个发电企业、煤炭应急储备基地。

2022 年，国家能源集团航运分部充分利用返程船舶空载运力，积极拓展运输市场，实现货运量大幅增长。其中，2022 年全年公司航运周转量达 1336 亿吨海里，同比增长 19.2%，货运量为 1.363 亿吨，同比增长 12.5%。

1.3　国家能源集团双向重载运输发展现状

为贯彻落实新发展理念，推动供给侧结构性改革，国家能源集团依托运输板块优势，大力发展双向重载运输业务。在国家能源集团各部门和相关公司大力推动落实下，克服自有配套设施不完善等多方不利因素，国家能源集团双向重载运输工作从零起步并取得了显著成效，成了保障国家能源集团自有铁路运输效能的强大支撑。

1.3.1 国家能源集团双向重载运输的起源

1.3.1.1 交通运输发展政策支持

2018 年，国务院及相关部委颁布《打赢蓝天保卫战三年行动计划》（国发〔2018〕22 号）、《推进运输结构调整三年行动计划（2018—2020 年）》（国办发〔2018〕91 号），设立了 2018 年底前黄骅港煤炭集港改由铁路或水路运输、2020 年采暖季前沿海主要港口的矿石等大宗货物原则上主要改由铁路或水路运输的行动目标。运输结构调整行动计划的颁布，加快改善了大型港口集疏运系统，鼓励多式联运，引导双向重载运输发展。

2019 年 9 月，《交通强国建设纲要》印发。为推动落实《交通强国建设纲要》，同年 12 月交通运输部发布《关于开展交通强国建设试点工作的通知》（交规划函〔2019〕859 号），交通运输部会同有关部门组织开展交通强国建设试点工作。自 2019 年底启动试点工作以来，交通运输部交通强国建设分三批共确定了 68 个试点单位，国家能源集团入选第三批交通强国建设试点单位。

2020—2023 年《新时代交通强国铁路先行规划纲要》《绿色交通"十四五"发展规划》《关于深入打好污染防治攻坚战的意见》《推进铁水联运高质量发展行动方案（2023—2025 年）》等政策先后出台，引导适宜货源转向铁路运输，强调持续优化调整运输结构，加快推进大宗货物和中长途货物运输"公转铁""公转水"，大力发展公铁、铁水等多式联运。国家"公转铁""公转水"政策的推广实施为提高铁路整体运输效能提供了更为完善的解决方案，助推国家能源集团拓展双向重载运输服务网络。

双向重载运输实现点对点运输，能有效解决跨运输方式、跨作业环节瓶颈问题，体现了上下游集约联动的规模优势，为国家交通运输行业节能降碳和运输结构调整工作起到积极的推动作用。

1.3.1.2 能源结构调整势在必行

目前我国能源结构呈现以煤为主、多样化发展的特征，2010—2021 年能源消费结构如图 1-2 所示，各年度煤炭消费量占能源消费总量的比重仍超过50%。具体来看，2021 年煤炭消费量占能源消费总量比重为 56.0%，相较于2011 年（70.2%）下降了 14.2%。近十年来，石油消费量占能源消费总量的比重变化不大，基本在 17%~19% 的区间范围。2010—2021 年天然气消费量占能源消费总量的比重呈逐年上升态势，由 4.0% 增至 8.9%。此外，一次电力及其他能源消费量占能源总量的比重由 2011 年的 8.4% 提升至 2021 年的 16.1%。可以看到，能源消费结构向清洁低碳加快转变。

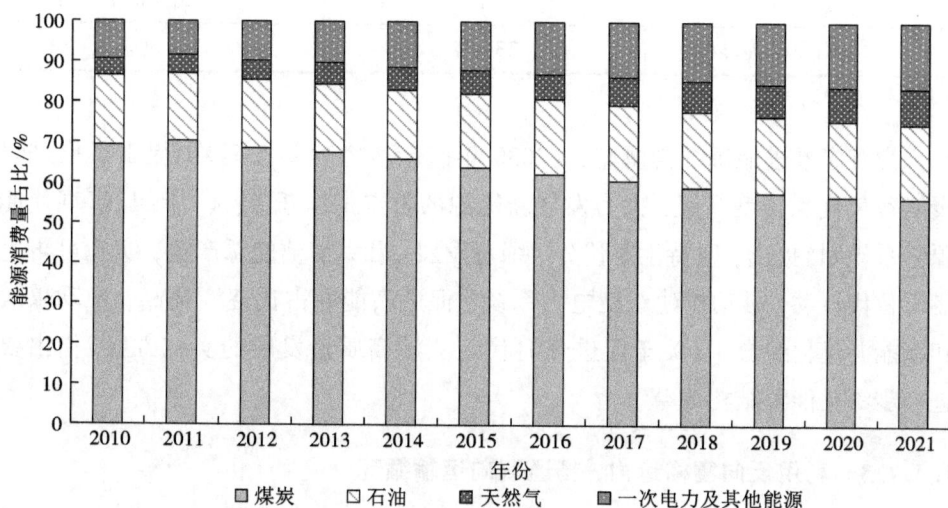

注：2010—2020 年数据来源于《中国统计年鉴》；
2021 年数据根据 2020 年能源结构数据及《2021 年国民经济和社会发展统计公报》计算得到。

图 1-2　2010—2021 年中国能源结构

在双碳战略的引导下，国家正加快推进能源结构绿色低碳转型。《2030 年前碳达峰行动方案》提出了"十四五"、"十五五"期间的目标，指出到 2025 年，非化石能源消费比重将达到 20% 左右；到 2030 年，非化石能源消费比重将提升至 25% 左右。《"十四五"现代能源体系规划》指出，展望 2035 年，非化石能源消费比重将在 2030 年达到 25% 的基础上进一步大幅提高。

2021 年国际能源署发布的《中国能源体系碳中和路线图》中，预测我国在碳达峰、碳中和目标的背景下，2030 年、2060 年能源消费结构如表 1-2 所示。2030 年，煤炭消费量占比有望降至 50% 以下，非化石能源消费量占比接近 25%；发展至 2060 年，煤炭消费量占比大大降低，可能降至 12.4%，非化石能源消费量占比显著提升，将接近 75%。

表 1-2　国际能源署预测中国 2030 年、2060 年能源消费结构

能源类别	2030 年	2060 年
煤炭	49.7%	12.4%
石油	18.5%	8.5%
天然气	8.7%	5.5%
一次电力及其他能源	23.1%	73.6%

为有序推进能源结构调整，《2030 年前碳达峰行动方案》中提出了推进煤炭消费替代和转型升级、大力发展新能源的重点工作任务；《"十四五"现代能源体系规划》提出，坚持生态优先、绿色发展，壮大清洁能源产业，实施可再生能源替代行动，推动构建新型电力系统，促进新能源占比逐渐提高，推动煤炭和新能源优化组合。《关于促进新时代新能源高质量发展的实施方案》指出要进一步深化能源结构改革。

1.3.1.3　利用反向富裕运力，畅通双向运输循环

国家能源集团自有铁路呈现"去程多重车、返程多空车"的运营现状，其中，去程重点完成煤炭运输业务。近年来，煤炭供需结构发生了重大变化，且从全路网来看，铁路的煤炭运能总体宽松，国家能源集团自有铁路的运力还有发挥空间，尤其需要充分利用返程方向上的富余运力。

国家能源集团自有铁路是蒙西、陕西、山西地区煤炭外运的主要线路之一。表 1-3 列出了各线路的设计能力及 2020 年煤炭运输量，反映了各线路正向运量水平。其中，包神、神朔等线路正向运量均已超过 1 亿吨，朔黄铁路年煤炭运输量已超过 3 亿吨。

表 1-3　国家能源集团自有铁路设计能力及 2020 年煤(焦)炭运量

铁路	设计能力/万吨	2020 年煤(焦)炭运量/万吨
包神铁路(北线/南线)	5000/16000	2714.40/14343.70
神朔铁路	30000	26694.30
塔韩铁路	5000	348.80

续表1-3

铁路	设计能力/万吨	2020 年煤（焦）炭运量/万吨
甘泉铁路	4000	587.60
朔黄铁路	50000	32631.70
黄万铁路	5500	5131.50
黄大铁路	4000	—
大准铁路	22700	13523.80
准池铁路	21000	5448.40
巴准铁路	22600	1189.30

注：各线路的设计能力来源于《国能集团"十四五"大物流实施方案研究（送审稿）》；

煤炭运量来源于国家能源集团《运输调度日报》；

黄大铁路于 2021 年 12 月正式建成并投入运营，因此，黄大铁路 2020 年无煤（焦）炭运量。

然而，各线路煤炭运输需求主要在正向上，回程方向多为空车；回程方向的货物（非煤）运输需求主要通过公路方式运输，从综合交通角度看形成了资源配置的低效。随着煤炭资源总量减少、运输需求的下降，运力有所闲置，一定程度上造成了运输资源的浪费。为贯彻落实国家双碳战略目标、交通强国和公转铁等政策，大力提升企业经济效益，国家能源集团利用反向运能，大力发展非煤运输业务，实现煤炭和非煤运输的双轮驱动，极大地提高了双向重载运输效益。

1.3.2　国家能源集团非煤业务发展历程

2009 年 2 月 28 日，朔黄铁路首次开行反向运输列车，将敬业集团 4000 吨铁矿石从天津塘沽码头顺利运至鹿泉宜安站，标志着朔黄铁路双向、多品种运输正式拉开帷幕。2012 年 9 月 19 日，朔黄铁路反向运输敬业集团铁矿粉，利用朔黄线回空车辆在天津港、黄骅港装车，经黄万线至朔黄线反向运输到西柏坡站，转运河北建投铁路大宋线管内宜安站卸车。2014 年 7 月，朔黄铁路试验性地开通了管内砂石料运输业务。2015 年 11 月 29 日，朔黄铁路接入 PVC 货物运输；12 月 20 日，接入化肥货物运输；12 月 31 日，首列锰矿列车从神港站发车，又一非煤炭产品运输试验工作启动；2016 年 4 月 1 日，朔黄铁路接入铜精粉货物运输。

2016 年,国家能源集团启动非煤货物铁路运输业务,按照《交通强国建设纲要》和国家加快构建现代综合交通运输体系的总体要求,深入探索路港航多式联运的双向重载运输组织模式,于 2021 年 6 月获批国家"交通强国"试点项目。

为提高反向运输能力利用效率,国家能源集团不断加大客户开发力度,加快贸易新业态构建,积极发展长期协议客户,培养优质大客户。根据 2016—2021 年国家能源集团大物流业务调研,集团非煤运输业务客户如表 1-4 所示。

表 1-4 2016—2021 年国家能源集团非煤货物运输客户

代理方	发运方	代理方	发运方
物资公司	敬业集团	铁路货车/天津煤码头	宁夏申银烧结公司
包神铁路	嘉友国际	朔黄铁路	乌海市浩盛物流公司
铁路货车	鄂尔多斯电力冶金集团	朔黄铁路	天津聚晟达国际物流公司
铁路货车	宁夏勇利涛实业公司	铁路货车	鄂尔多斯西金矿冶公司
天津煤码头	宁夏天元锰业集团	铁路货车	宁夏天元物流集团
包神铁路	内蒙古德美多式联运公司	铁路货车	沧州新锐现代物流公司
朔黄铁路	石家庄钢铁公司	铁路装备	天津多丰物流公司
铁路货车	宁夏钢铁集团	煤焦化公司/铁路装备	乌海市包钢万腾钢铁公司
朔黄铁路	北京汇丰盛和国际贸易公司	朔黄铁路	山西宏海源铁路设备公司
天津煤码头	宁夏陆港物流公司	包神铁路	包钢集团
天津煤码头	甘肃酒钢集团	朔黄铁路/准能集团	山西擎力远物流公司

2018 年,国家能源集团成立了非煤运输专责机构,朔黄铁路非煤运输业务逐渐进入快车道。包神铁路集团灵活地运用铁运、汽运、海运三种运输方式,形成了多样化的物流运输模式,以灵活多变的经营思路促进非煤运输质量的提升。"交通强国"试点项目中要求国家能源集团"力争实现以黄骅、天津为枢纽的两条双向重载运输线路常态化运营",如今国家能源集团已完成相应任务并形成了以黄骅港、天津港、龙口港为枢纽的"多路对一路、一路对三港"的双向重载运输格局;正向承担煤炭、非煤运输业务,反向承担非煤运输业务;正反向非煤运输货物品类已逾三十种,正向运输主要货物品类有兰炭、沥青、柴油、铜精粉等;反向

运输目前的货物品类主要为铁矿粉、锰矿以及氧化铝。其中，2022 年国家能源集团正、反向运输非煤货物年运量分别为 651.31 万吨、1219.30 万吨。

朔黄铁路和包神铁路的非煤货物运量在国家能源集团非煤运输总量中占有极高的比例，因此，以朔黄铁路和包神铁路为例介绍国家能源集团主要的非煤运输业务。

1.3.2.1　朔黄铁路非煤品货物运输业务

受国内经济增速放缓的影响，按照国家能源集团增收节支的要求，自 2009 年开始，国家能源集团朔黄铁路公司先后与物资公司、货车公司等兄弟单位协作开展非煤货物运输工作，到目前为止，集团管内非煤运输的主要路径及品类有：

（1）自天津港上水的铁矿粉，完成装车后途经黄万线神港站，运至朔黄线三汲站卸下。

（2）自黄骅港上水的铁矿石，完成装车后途经沧港铁路沙胡同站，运至朔黄线三汲站卸下。

（3）自天津港上水的铁矿石、膨润土，完成装车后途经黄万线神港站，运至朔黄线西柏坡站卸下。

（4）自黄骅港上水的铁矿石，完成装车后途经沧港铁路，运至朔黄线西柏坡站卸下。

（5）自天津港和黄骅港上水的铝矾土，完成装车后分别途经黄万线神港站、沧港铁路，运至朔黄线原平南站卸下。

朔黄铁路积极发挥运距最短、路径最优且经济的运输线位优势，与黄万、黄大铁路组成正线全长 889 公里的运输大通道，东达黄骅港、北上天津港、南连龙口港，构建了铁水联运的运输格局。

1.3.2.2　包神铁路非煤品货物运输业务

从开展非煤货物运输业务以来，包神铁路积极拓展非煤运输市场、增加非煤货物运输种类。截至目前，包神铁路已增加了十余种非煤运输货品，如：PVC、瓷砖、铜精粉、研磨球、锰矿、铝锭、铝棒、海盐等，货运品类不断得到丰富，极大提升了包神铁路运输量。随着包神铁路非煤货运的拓展，将有效地减少因煤炭运力不饱和时所造成的运输资源浪费。

2023 年 5 月 11 日，习近平总书记在黄骅港现场考察时强调，"河北区位优势独特，海运条件便利。要持续推进港口转型升级和资源整合，优化港口功能布局，主动对接京津冀协同发展，高标准高质量建设雄安新区、共建'一带一路'等国家重大战略需求，在推动区域经济协调发展，建设现代化产业体系中发挥更大作用。黄骅港作为我国'西煤东运、北煤南运'的重要枢纽港口，要加强港口的能力建设，创新管理体制机制，打造多功能、综合性、现代化大港"，这为黄骅港的发展指明了方向。

国家能源集团在深入学习、贯彻落实总书记重要讲话精神的同时，将打通路港航一体化双向重载多式联运通道作为重点推进工作，迅速成立专项工作专班。在国家能源集团煤炭运输部、总调度室的具体指导下，经中国神华、黄骅港务、航运公司、朔黄铁路、物资公司等单位通力合作，经过 20 多天紧锣密鼓的工作，顺利实现路港航一体化全流程首单联运。

2023 年 5 月 28 日上午，国家能源集团航运公司自有煤炭船舶 531 轮返程途中在烟台港组织装载河北敬业集团铁矿粉，531 轮于 30 日凌晨顺利抵达黄骅港务公司新建的通用散杂货码头靠泊卸货，铁矿粉最终经朔黄铁路运输至敬业铁路专用线后顺利送达敬业集团；这次任务的成功完成标志着国家能源集团首次实现了"铁水全流程反向运输"的组织。这意味着，我国"西煤东运"第二条大通道"路港航"反向综合运输的全面贯通，实现了"路港航"一体化双向重载多式联运。

自 2016 年开展大物流业务以来，国家能源集团铁路货运业务面向社会启动，非煤运输在为沿线经济社会发展做出新贡献的同时，也为企业发展注入发展新动力。大物流背景下，发展非煤运输业务对于贯彻落实供给侧结构性改革、推进实施清洁能源发展战略、提高沿线地方区域经济发展、适应货运市场形势变化具有重要意义。

（1）贯彻落实供给侧结构性改革的需要。随着蒙、陕、晋、冀等多条煤运铁路大通道陆续开通建成，我国煤炭运输能力大幅提升。但是，去产能、去库存以及供给侧结构性改革等政策下煤炭运输需求减少，煤炭运输运能过剩，原有运输格局发生变化。而有效利用闲置运能开展非煤运输，成为推进供给侧改革的关键步骤。

（2）推进实施清洁能源发展战略的需要。在大物流背景下，做大做强铁路非煤运输业务，充分利用铁路运输运量大、能耗低、节能环保等绿色属性，发挥现有运能资源，推动集约发展、创新发展、和谐发展、绿色发展，是贯彻实施国家清洁能源发展战略的突破口，也是清洁能源发展战略实施的重要体现。

（3）提高沿线地方区域经济发展的需要。国家能源集团非煤运输线路途经区域多为我国中西部偏远地区，物流基础设施相对薄弱，铁路发展相对滞后。发展现代化大物流运输业务，为沿线区域提供运输服务，为地方货物流通提供便捷、高效的通道，能在一定程度上拉动地方经济发展，提高社会生产力。

（4）适应货运市场形势变化的需要。受经济新常态等带来的影响，国内大宗货物运量出现异常波动。为充分适应社会形势变化，保证企业在货运市场的竞争能力，在构建大物流平台的背景下，将传统铁路货物运输业务扩展至物流全过程服务，是面对复杂多变的货运市场形势的重要举措。

1.3.3　国家能源集团双向重载运输设施设备及运营情况

1.3.3.1　国家能源集团设施设备配置情况

国家能源集团运输产业包括铁路、港口、航运三大板块，下设包神铁路、朔黄铁路、新朔铁路、铁路装备、黄骅港务、天津港务、珠海港务、航运公司共8 家子分公司。

铁路方面，营业里程达 2408 公里，配属机车 858 台（自有 486 台），自备货车 53002 辆，运输能力达 5.4 亿吨，与京包、大秦、同蒲、京九、京广、京沪等多条国家铁路干线连通，北接甘其毛都口岸，西牵晋陕蒙大型能源基地，东连天津、黄骅、龙口、秦皇岛等港口，南下山东腹地，是我国西煤东运的重要通道。

港口方面，拥有黄骅、天津、珠海 3 个专业化煤炭港务公司，共 30 个泊位，197 万平方米堆场，年吞吐能力达 2.9 亿吨，黄骅港 2019 年、2020 年连续两年煤炭吞吐量超越秦皇岛港，成为中国煤运第一大港。

航运方面，目前自有船舶 40 艘，载重规模 218 万吨，为沿海、沿江电力企业和储煤基地提供煤炭运输服务，2018 年以来沿海散货运输量位居全国第一。

1.3.3.2　国家能源集团双向重载运输运营情况

由上分析可知，国家能源集团重载运输主要包括铁路、港口和航运等方式。

1. 铁路运输运营情况

国家能源集团十条自有铁路线路分别由三个公司管理。包神铁路集团成立于 2019 年 11 月 23 日，是中国神华能源股份有限公司的全资子公司，负责包神、神朔、甘泉、塔韩 4 条铁路的资产管理和生产运营，总里程 872 公里。朔黄铁路发展有限责任公司负责运营朔黄、黄万、黄大 3 条铁路，总里程 905 公里。新朔铁路有限责任公司下辖大准、准池和新准 3 条铁路，总里程 631 公里。

（1）包神线

包神铁路北起包兰铁路上的万水泉车站，向南跨过黄河，到达鄂尔多斯高原的东胜区，进入陕西省境内的石圪台，到达神木市的大柳塔，途经陕西省和内蒙古自治区，包含正线车站 19 座（不包括起、终点站）；正线全长 191.472 公里，年运输能力为 2.17 亿吨，为国家 I 级电气化重载铁路，具体信息如表 1-5 所示。

表 1-5　包神铁路正线车站设备概况表

序号	站名	车站中心里程	车站性质	股道数量（含正线）	闭塞方式
1	万水泉（起）	K0+000	—	—	—
2	万水泉南	北场 K4+649 南场 K8+505	区段站	24（北场 13 南场 11）	
3	麻池	支线 K8+951	中间站	5	
4	河西	支线 K20+136	中间站	6	
5	大树湾	K14+369	中间站	3	
6	达拉特旗	K27+129	中间站	9	64D 半自动闭塞
7	关碾房	K37+156	中间站	7	
8	沙坝子	K49+376	中间站	3	
9	纳林沟门	K61+375	中间站	3	
10	朝脑沟	K73+991	中间站	4	
11	韩家村	K87+867	中间站	7	

续表1-5

序号	站名	车站中心里程	车站性质	股道数量（含正线）	闭塞方式
12	东胜	K99+850	区段站	12	
13	敖包沟	K110+016	中间站	9	
14	沙沙圪台	K119+924	中间站	7	
15	转龙湾	K133+200	中间站	6	
16	巴图塔	K140+657	中间站	7	64D 半自动闭塞
17	石圪台	K149+300	中间站	8	
18	瓷窑湾	K159+225	中间站	7	
19	乌兰木伦	K164+128	区段站	12	
20	神东	K168+586	中间站	6	
21	大柳塔(终)	—	中间站	8	ZPW2000A 自动闭塞

注：数据来源于国家能源集团《运输产业主要设备设施技术手册》、国家能源集团《铁路正线车站统计表》。

包神铁路于1989年10月投入运营，是神东核心矿区煤炭集疏运通道，担负着鄂尔多斯地区部分非煤物资和企业煤炭外运任务。包神铁路管内有装车站13座，卸车站6座，装车能力达26937万吨/年，卸车能力达3600万吨/年。

（2）神朔线

神朔铁路西起陕西神木市大柳塔镇，东至山西朔州市，北与包神铁路相连，南与神延铁路相接，在神池南与朔黄线相连，途经陕西和山西2省，包含正线车站19个(不包括起、终点站)，具体信息如表1-6所示。神朔线正线全长267.902公里，为Ⅰ级双线电气化重载铁路，年运输能力3亿吨。

神朔铁路有13座车站具备装车条件，装车能力达24260万吨/年。神朔铁路以C70、C80等为装运设备，担负神府东胜矿区煤炭外运任务，2018年完成运量2.657亿吨，营业收入88.12亿元，利润24亿元。

23

表1-6　神朔铁路正线车站设备概况表

序号	站名	车站中心里程	车站性质	股道数量（含正线）	闭塞方式
1	大柳塔（起）	K3+078	中间站	8	ZPW2000A 自动闭塞
2	朱盖塔	K12+739	区段站	37	
3	燕家塔	K21+243	中间站	9	
4	神木北	K34+006	区段站	27	
5	黄羊城	K44+817	中间站	10	
6	新城川	K66+846	中间站	7	
7	孤山川	K81+172	中间站	5	
8	府谷	K96+938	中间站	10	ZPW2000A 自动闭塞
9	保德	K108+659	中间站	7	
10	王家寨	K130+900	中间站	9	
11	阴塔	K143+319	中间站	8	
12	李家沟	K152+000	中间站（预留）	4	
13	韩家楼	K163+176	中间站	4	
14	三岔	K173+572	中间站	5	
15	贺职	K188+044	中间站	12	
16	南坡底	K198+262	中间站	8	
17	上圪佬	K232+732	中间站	2	64D 半自动闭塞
18	九圪塔	K242+424	中间站	2	
19	寇庄	K252+494	中间站	5	
20	朔州西	K262+301	中间站	4	
21	神池南（终）	—	区段站	42	电气化自动闭塞

注：数据来源于国家能源集团《运输产业主要设备设施技术手册》、国家能源集团《铁路正线车站统计表》。

（3）塔韩线

塔韩铁路由塔然高勒矿区引出，接包神线韩家村站，呈东西走向，于2011年8月开工建设，2015年1月开通运营，系杭锦能源塔然高勒煤矿的配套运煤专用线。该线属国家 I 级单线电气化铁路,正线全长 78.085 公里,年运输能力为 0.27 亿吨。塔韩线全线位于内蒙古自治区,包含正线车站 3 座(不包括起、终点站),具体信息如表 1-7 所示。

表 1-7　塔韩铁路正线车站设备概况表

序号	站名	车站中心里程	车站性质	股道数量(含正线)	闭塞方式
1	韩家村(起)	0	—	—	
2	色连	DK9+250	中间站	7	
3	李家	DK36+650	中间站	7	64D 半自动闭塞
4	泊江海子	DK52+950	中间站(预留)	2	
5	塔然高勒(终)	DK77+100	中间站(预留)	5	

注:数据来源于国家能源集团《运输产业主要设备设施技术手册》、国家能源集团《铁路正线车站统计表》。

塔韩铁路有 2 座车站具备装车条件,装车能力达 2300 万吨/年。塔韩线主要吸引区为内蒙古自治区鄂尔多斯市的杭锦旗、达拉特旗,直接吸引矿区为塔然高勒矿区与高头窑矿区。

(4)甘泉线

甘泉铁路南起国家能源集团包神铁路万水泉南站,经包头市,巴彦淖尔市的乌拉特前旗、乌拉特中旗,至中蒙边境中方口岸甘其毛都。甘泉线属国家 I 级单线电气化铁路,预留电气化建设条件,正线全长 333.24 公里,年运输能力为 0.23 亿吨。甘泉线全线位于内蒙古自治区,包含正线车站 15 座(不包括起、终点站),具体信息如表 1-8 所示。

表 1-8　甘泉铁正线车站设备概况表

序号	站名	车站中心里程	车站性质	股道数量(含正线)	闭塞方式
1	万水泉南(起)	0	区段站	11	64D 半自动闭塞

续表1-8

序号	站名	车站中心里程	车站性质	股道数量（含正线）	闭塞方式
2	乌兰计	K32+638.88	中间站	2	
3	哈业脑包	K47+103.08	中间站（预留）	3	计轴站间自动闭塞
4	明安南	K76+155.43	中间站	3	
5	台梁	K98+195.10	中间站（预留）	3	
6	大佘太	K124+100.93	中间站	3	
7	瓦窑滩	K149+486.51	中间站（预留）	3	
8	金泉	K177+806	区段站	14	
9	耶仁高勒	K199+528.19	中间站	2	
10	海流图	K215+728.52	中间站	3	
11	陶勒盖	K237+011	中间站	3	计轴站间自动闭塞
12	川井	K256+818.96	中间站	3	
13	昌吉高勒	K281+020.28	中间站	3	
14	巴音杭盖	K305+120.31	中间站	3	
15	哈贝日格	K327+970	中间站	2	
16	特默特	K345+775.14	中间站	3	
17	甘其毛都（终）	K350+978.16	中间站	13	

注：数据来源于国家能源集团《运输产业主要设备设施技术手册》、国家能源集团《铁路正线车站统计表》。

甘泉铁路有3座车站具备装车条件，1座车站具备卸车条件，装车能力达2300万吨/年。甘泉线是为贯彻我国能源发展"走出去"战略而修建的重要国际通道，目前也是蒙古国煤炭、铜金矿最近最便捷的出海通道，可以有效解决蒙古国塔本陶勒盖煤田、奥云陶勒盖铜矿等矿区资源的运输问题。

（5）朔黄线

朔黄铁路，西起山西省朔州站，西与神朔铁路相联，东至河北省沧州市黄骅港口货场，途经山西和河北2省，包含正线车站31座（不包括起、终点站），具体信息如表1-9所示。朔黄铁路正线全长625公里，为国家Ⅰ级干线双线电气化重载铁路，年运输能力为 3.99 亿吨，现阶段以 C64、C80 等敞车作为装运设备，是我国西煤东运第二大通道。

表 1-9　朔黄铁路正线车站设备概况表

序号	站名	车站中心里程	车站性质	股道数量（含正线）	闭塞方式
1	神池南(起)	K0+00	区段站	42	
2	宁武西	K15+931	中间站	4	
3	龙宫	K41+865	中间站	8	
4	北大牛	K65+458	中间站	4	
5	原平南	K84+394	中间站	12	
6	回凤	K108+443	中间站	4	
7	东冶	K131+339	中间站	9	
8	南湾	K138+872	中间站	4	
9	滴流磴	K165+042	中间站	4	
10	猴刎	K185+168	中间站	4	
11	小觉	K200+689	中间站	4	
12	古月	K219+297	中间站	4	电气化自动闭塞
13	西柏坡	K241+300	中间站	9	
14	三汲	K256+648	中间站	6	
15	灵寿	K274+001	中间站	5	
16	行唐	K292+171	中间站	5	
17	新曲	K306+355	中间站	5	
18	定州西	K319+023	中间站	7	
19	定州东	K342+988	中间站	4	
20	安国	K359+888	中间站	5	
21	博野	K372+447	中间站	4	
22	蠡县	K383+367	中间站	5	
23	肃宁北	K406+571	区段站	33	

续表1-9

序号	站名	车站中心里程	车站性质	股道数量（含正线）	闭塞方式
24	太师庄	K417+374	中间站	6	
25	河间	K426+477	中间站	5	
26	行别营	K446+527	中间站	4	
27	黎民居	K464+028	中间站	4	
28	杜生	K474+648	中间站	4	电气化自动闭塞
29	沧州西	K495+830	中间站	8	
30	李天木	K515+962	中间站	4	
31	黄骅南	K538+614.89	区段站	21	
32	段庄	K559+962	中间站	4	
33	黄骅港(终)	K583+003	区段站	25	

注：数据来源于国家能源集团《运输产业主要设备设施技术手册》、国家能源集团《铁路正线车站统计表》。

朔黄铁路有3座车站具备装车条件，装车能力达1600万吨/年，4座车站具备卸车条件，卸车能力达1800万吨/年。

（6）黄万线

黄万铁路由河北黄骅南站至天津万家码头，该线2004年开工，2006年底通车，全长79公里，途经河北省和天津市，包含车站6座（不包括起、终点站）。黄万线正线各车站具体信息如表1-10所示。黄万铁路南接朔黄铁路，北接天津港，为国家Ⅰ级单线非电气化铁路，年运输能力0.55亿吨。

表1-10 黄万铁路正线车站设备概况表

序号	车站	车站中心里程	车站性质	股道数量（含正线）	闭塞方式
1	黄骅南(起)	K0+000	区段站	21	—
2	黄骅东	K9+806	中间站	3	64D+计轴自动站间闭塞

续表1-10

序号	车站	车站中心里程	车站性质	股道数量（含正线）	闭塞方式
3	羊三木	K21+456	中间站	2	计轴自动站间闭塞
4	窦庄子	K32+206	中间站	2	
5	郭庄子	K41+506	中间站	4	
6	北港农场	K51+919	中间站	2	计轴自动站间闭塞
7	大港水库	K61+269	中间站	3	
8	神港（终）	K79+300	区段站	14	64D 半自动闭塞

注：数据来源于国家能源集团《运输产业主要设备设施技术手册》、国家能源集团《铁路正线车站统计表》。

黄万线由黄万铁路、西南环线铁路、进港铁路 3 部分组成，连接了朔黄铁路和西南环线路(天津南环铁路有限公司所属线路，由万家码头至东大沽)，继而接上进港铁路到达神港站。

（7）黄大线

黄大铁路北起朔黄铁路黄骅南站，向南经河北省海兴县，跨漳卫新河进入山东省，途经黄骅、滨州、东营、潍坊市寿光，抵益羊铁路大家洼站。黄大线包含正线车站 10 座(不包括起、终点站)，线路全长 216.8 公里，正线长 207.68 公里，各车站信息如表 1-11 所示。该线路为国铁 I 级单线电气化铁路，年运输能力达 0.39 亿吨。黄大线于 2020 年 12 月开通运营，2021 年运输产业煤(焦)炭运量达 5131.50 万吨。

（8）大准线

大准铁路东起山西大同市，西至内蒙古鄂尔多斯市准格尔旗薛家湾，正线全长 302 公里，我国 I 级单线电气化铁路，亦是大秦线西延段，年运输能力达 2.27 亿吨。大准铁路途经山西省和内蒙古自治区，包含正线车站 21 座(不包括起、终点站)，车站具体信息如表 1-12 所示。大准铁路有 7 座车站具备装车条件，装车能力达 12850 万吨/年，5 座车站具备卸车条件，卸车能力达 4300 万吨/年。

表 1-11 黄大铁路正线车站设备概况表

序号	站名	车站中心里程	车站性质	股道数量（含正线）	闭塞方式
1	黄骅南站(起)	K0+00	区段站	21	电气化自动闭塞
2	贾象	K9+219	中间站	4	64D+计轴自动站间闭塞
3	海兴南	K32+462	中间站	3	
4	碣石山	K59+623	中间站	3	
5	无棣北	K67+623	中间站	3	
6	沾化西	K90+423	中间站	3	
7	滨城	K111+905	中间站	4	
8	利津	K128+009	中间站	6	
9	东营西	K159+570	区段站	10	
10	丁庄	K174+371	中间站	3	
11	羊口	K196+585	中间站	5	
12	大家洼(终)	—	中间站		

注：数据来源于国家能源集团《运输产业主要设备设施技术手册》、国家能源集团《铁路正线车站统计表》。

表 1-12 大准铁路正线车站设备概况表

序号	站名	车站中心里程	车站性质	股道数量（含正线）	闭塞方式
1	大同东(起)	0	—	—	—
2	燕庄	K4+892	区段站	7	燕庄—大同东站64D半自动闭塞，燕庄—黍地沟单线双向自动闭塞
3	黍地沟	K14+276	中间站	1	单线双向自动闭塞
4	十九沟	K30+900	中间站	3	
5	北黄土沟	K42+240	中间站	3	
6	丹洲营	K54+233	区段站	7	

续表1-12

序号	站名	车站中心里程	车站性质	股道数量（含正线）	闭塞方式
7	樊家	K65+714	中间站	2	单线双向自动闭塞
8	天成	K75+825	中间站	3	
9	庄头窑（未开）	K87+249	中间站	2	—
10	九苏木	K98+117	区段站	7	自动闭塞（站内）
11	缸房夭	K130+090.4	中间站	4	
12	外西沟	K149+681	中间站	6	
13	鸡鸣驿	K167+700	中间站	4	复线自动闭塞
14	大红城	K186+770	中间站	4	自动闭塞
15	二道河	K202+018	中间站	6	复线自动闭塞
16	清水河县	K219+093	中间站	4	
17	老牛湾	K232+146	中间站	4	自动闭塞
18	龙王渠	K251+874	中间站	6	
19	唐公塔	K259+345	中间站	5	半自动闭塞
20	薛家湾	K264+286	中间站	4	
21	点岱沟	点支 K8+723	区段站	16	自动、64D、64F、场联
22	肖家沙焉	点支 K14+217	中间站	6	64D 半自动闭塞
23	南坪（终）	点支 K21+878	区段站	11	

注：数据来源于国家能源集团《运输产业主要设备设施技术手册》、国家能源集团《铁路正线车站统计表》。

（9）准池线

准池铁路于 2015 年通车，是大准铁路和朔黄铁路的联络线，北起大准铁路外西沟站，南接朔黄铁路神池南站，连接大准铁路和朔黄铁路。该线路途经内蒙古中部及山西省北部，包含正线车站 3 座（不包括起、终点站），正线全长 129 公里，具体信息如表 1-13 所示。该线路为 Ⅰ 级双线电气化自动闭塞重载铁路，年运输能力达 2 亿吨。准池线主要承担玉林煤矿、山西教场坪煤矿、东洼北煤矿的煤炭运输业务。

表1–13　准池铁路正线车站设备概况表

序号	站名	车站中心里程	车站性质	股道数量（含正线）	闭塞方式
1	外西沟（起）	K0+000	中间站	6	自动闭塞（站内）
2	八里铺	K32+695	中间站	4	复线自动闭塞
3	高家堡	K77+287	中间站	7	
4	卧厂	K123+878	中间站	7	
5	神池南（终）	—	区段站	42	电气化自动闭塞

　　注：数据来源于国家能源集团《运输产业主要设备设施技术手册》、国家能源集团《铁路正线车站统计表》。

　　准池铁路主要承担蒙西煤炭的运输业务，与东乌线、大准线、包神线等铁路线构成"西煤东运"的煤运通道。主要包括以下5条运输路径：
　　a）宁煤→东乌线→新准线→大准线→准池线；
　　b）东乌线→新准线→大准线→准池线；
　　c）塔韩线→包神线→新准线→大准线→准池线；
　　d）巴图塔站→新准线→大准线→准池线；
　　e）大准线→准线池。
　　（10）巴准线（新准线）
　　原巴准铁路于2013年6月开通，东起大准铁路点岱沟站，西至包神铁路巴图塔站，2015年7月，原巴准铁路再继续向西延长71公里至新街站与包西铁路接轨，原巴准铁路与西延长段合计为新准铁路，新准铁路全线位于内蒙古自治区，包含正线车站3座（不包括起、终点站），具体信息如表1–14所示。新准铁路正线全长200公里，铁路为Ⅰ级双线电气化重载铁路，年运输能力为2.1亿吨。
　　巴准铁路目前仅海勒斯壕南站及四道柳站具备装车条件，共连接3个装车专用线，装车能力达3600万吨/年。主要吸引神东圣圆实业有限责任公司所属武家塔露天矿、巴图塔煤矿、泰一亨煤炭有限责任公司所属煤矿煤炭。

表 1-14　巴准铁路正线车站设备概况表

序号	站名	车站中心里程	车站性质	股道数量（含正线）	闭塞方式
1	巴图塔(起)	K0+000	中间站	7	64D 半自动闭塞
2	海勒斯壕南	K13+960.41	中间站	16	自闭/自动站间
3	四道柳	K43+516.30	中间站	4	复线自动闭塞
4	纳林川	K87+064.18	中间站	2	
5	点岱沟(终)	—	区段站	16	自动、64D、64F、场联

注：数据来源于国家能源集团《运输产业主要设备设施技术手册》、国家能源集团《铁路正线车站统计表》；

目前，国家能源集团铁路运输业务主要分为煤炭运输和非煤运输，其中，煤炭运输是国家能源集团运输产业的主要板块，自有铁路正向主要承担蒙西、陕西、山西煤（焦）炭东运、外运业务。2019—2023 年国家能源集团铁路煤（焦）炭运输统计量如表 1-15 所示。由表 1-15 可知，2019—2022 年国家能源集团铁路煤（焦）炭运量均超过 10 亿吨。受疫情影响，2020 年煤炭运量略有下降，跌至 102613.60 万吨。为降低疫情对国家能源集团运输业的影响，国家能源集团快速响应、严格落实"一防三保"等防疫政策，成功实现 2021、2022 年铁路煤（焦）炭运量增长的运输目标。2023 年国家能源集团铁路煤（焦）炭运量达 112397.86 万吨，创历史新高。

表 1-15　2019—2023 年国家能源集团铁路煤（焦）炭运输统计量

单位：万吨

运输单位	2019 年	2020 年	2021 年	2022 年	2023 年
包神铁路	17866.38	17058.10	17902.60	17432.80	19735.7
神朔铁路	26423.81	26694.30	27282.70	25938.70	27665.8
塔韩铁路	—	348.80	350.40	398.00	—
甘泉铁路	732.97(管内)	587.60	300.00	772.40	895.63
朔黄铁路	30450.02	32631.70	34590.90	33110.00	31795.1

续表1-15

运输单位	2019 年	2020 年	2021 年	2022 年	2023 年
黄万铁路	4999.18	5131.50	5160.30	4682.50	4347.63
黄大铁路	—	—	1136.20	1623.10	1723.44
大准铁路	15513.86	13523.80	15614.60	15497.50	16998.2
准池铁路	5520.61	5448.40	6689.80	6995.90	6468.44
巴准铁路	2336.40	1189.30	2246.80	2369.00	2767.92
合计	103843.23	102613.50	111274.30	108819.90	112397.86

注：煤炭运量来源于国家能源集团 2019—2023 年《运输调度日报》；

黄大铁路于 2021 年 12 月正式建成并投入运营，因此，黄大铁路 2020 年无煤（焦）炭运量。

在国家能源集团充分用好铁路返空运力的大方针指导下，铁路成为国家能源集团推动非煤货物运输的主力军，近年来沿线铁路公司和物资、装备公司除了承担国家能源集团非煤产品外运服务外，还发展了敬业集团、天元锰业集团、宁夏钢铁集团、嘉友国际等一批优质客户。2020—2023 年国家能源集团铁路非煤运输统计量如表 1-16 所示。由表 1-16 可知，2020 年国家能源集团铁路非煤运量突破 2000 万吨，受疫情影响，2021、2022 年分别下降至 1865.39 万吨、1963.47 万吨。2023 年国家能源集团铁路恢复正常运营，全年完成的非煤运量达到 2234.21 万吨，创历史新高。分公司来看，物资公司排名首位，2023 年非煤运量占到总铁路非煤运输量的 61.76%；其次是包神集团，占到 16.78%，主要服务沿线化工品、铜精矿、兰炭等外运。

表 1-16 2020—2023 年国家能源集团铁路非煤运输统计量

单位：万吨

代理公司	2020 年	2021 年	2022 年	2023 年
朔黄铁路	182.07	196.85	201.37	241.98
包神铁路	435.48	489.99	472.48	374.86
新朔铁路	20.48	30.35	75.83	66.75
铁路装备	168.18	131.27	158.98	170.88
物资集团	1258.51	1013.46	1054.81	1379.82

续表1-16

代理公司	2020 年	2021 年	2022 年	2023 年
煤制油公司	0.96	0.17	0.00	0.00
煤炭经营分公司	13.78	3.30	0.00	0.00
合计	2079.46	1865.39	1963.47	2234.21

注：非煤运量来源于国家能源集团 2020—2023 年《运输调度日报》。

2. 港口运营情况

国家能源集团目前主要拥有黄骅、天津、珠海三个自有港口公司，主要提供煤炭下水、上水服务，并兼顾非煤运输。近年来，港口非煤业务迅速发展，主要货种为原油、兰炭、建材、石油焦等。

（1）黄骅港

国家能源集团黄骅港位于河北省黄骅市，主要承担国家能源集团的煤炭下水外运业务，是国家能源集团打造集疏运系统的重要节点，是陕西、山西、内蒙古等地煤炭外运的最短陆运港口。黄骅港以煤炭业务为主，兼顾锰矿石、铝矾土等非煤运输业务，是一座现代化综合性能源港口。

截至 2020 年底，黄骅港共拥有煤炭泊位 17 个，杂货泊位 4 个，油品泊位 1 个，累计完成煤炭下水量超 21 亿吨，杂货吞吐量超 4000 万吨、油品超 3000 万吨。2022 年，黄骅港年吞吐量达到 20513.80 万吨，煤炭下水量连续四年位居全国首位。

（2）天津煤码头

国家能源集团天津煤码头位于天津滨海新区，是一座提供煤炭装卸、储存、港口服务的专业化码头，与黄骅港共同打造了国家能源集团煤炭外运的便捷通道。天津港是人工深水港，目前主航道达 21 米，可使 30 万吨船舶成功进出港口，现有水域面积 336 平方公里，陆域面积 131 平方公里。

天津港目前有北疆港区、南疆港区、东疆港区、临港经济南部区域、南港港区东部区域等。南疆港区以干散货和液体散货作业为主，是煤码头的主要港区。2022 年，天津煤码头年运输量为 4519.90 万吨。

（3）珠海煤码头

国家能源集团珠海煤码头位于珠海港高栏港区，设计年吞吐量为 4000 万吨，码头后方堆场长约1543米，宽557米，堆场最大堆存量为220万吨。珠海煤码头主要装卸经黄骅港、天津港等北方港口下水的国内煤以及从澳大利亚等国的进口煤，通过多式联运等方式，服务于珠三角等地区有煤炭需求的市场。经过多年的发展，珠海煤码头已经成为一座集装卸、仓储、加工等多种功能于一体的现代化专业煤码头，在国家能源集团集疏运体系中发挥着重要的作用。2022年，珠海煤码头年运输量为1386.20万吨。

2019—2023年国家能源集团三大港口年运输总量如表1-17所示。由表1-17可知，2020—2023年三大港口年运输总量均超过26000万吨，其中，2021年三大港口年运输总量接近28000万吨。2023年三大港口完成的运量达27367.83万吨。分港口来看，黄骅港排名首位，2023年运输总量占到三大港口年运输总量的76.52%；其次是天津煤码头，占到16.72%，主要依托黄万—南环铁路、利用天津港集团矿石进口港等优势，提供铁路运输代理服务；珠海港年运输量占到6.76%，主要利用江海联运优势，重点发展水渣、陶瓷等建材服务。

表1-17　2019—2023年国家能源集团三大港口年运输总量

单位：万吨

港口	2019年	2020年	2021年	2022年	2023年
黄骅港	20636.79	20377.00	21483.30	20513.80	20941.87
天津煤码头	4426.92	4537.80	4639.10	4519.90	4575.55
珠海煤码头	—	1854.50	1786.40	1386.20	1850.41

注：2019年黄骅港煤炭统计装船量、非煤统计卸船量，天津煤码头煤炭统计装船量；2020—2023年黄骅港、天津煤码头统计装船量，珠海煤码头统计进港量。

3. 航运运营情况

国家能源集团航线覆盖黄骅、天津、龙口、秦皇岛等国内沿海、沿江主要港口，主要航线有：秦皇岛—广州、秦皇岛—厦门、秦皇岛—福州、秦皇岛—上海、黄骅—上海、天津—上海、京唐/曹妃甸—宁波、秦皇岛—宁波、秦皇岛—张家港、天津—镇江、龙口—台山、秦皇岛—南京。

2019—2023年国家能源集团航运公司年运输总量如表1-18所示。由

表 1-18 可知，国家能源集团航运公司年运输总量保持逐年增长的趋势，其中，2021 年运输总量成功突破 2 亿吨，2022 年运输总量突破 2.3 亿吨，2023 年运输总量超过 2.5 亿吨，创历史新高。航运运输量的稳定增长为国家能源集团拓展运输市场提供了有力的保障。

表 1-18　2019—2023 年国家能源集团航运公司年运输总量

单位：万吨

运输单位	2019 年	2020 年	2021 年	2022 年	2023 年
航运公司	11349.82	16227.10	20794.00	23583.90	25387.67

1.4　双向重载运输组织模式

传统意义上，双向重载运输通常是指采用重载铁路线路，在两固定区域间使用同一车种组织的大宗货物循环运输。本书将双向重载运输拓展为铁水联运双向重载运输，指的是运输企业采用铁路运输方式将煤炭等大宗货物从产地运输至港口，再通过航运方式实现下水，并利用煤炭返空船舶装卸二程矿石在港口上岸，经铁路运输至客户端，行程完全自主的双向货物运输路港航一体化的运输过程。

双向重载运输的核心在于"优化运输组织，变零散为直达，变分散考虑为系统安排，实现均衡运输"。图 1-3 是国家能源集团双向重载运输的全过程，由图 1-3 可知：铁水联运双向重载运输充分利用返程空车、空船的运能，能够提高机车车辆以及船舶的运用效率，降低空率，是铁水联运模式实现规模化、集约化、挖潜提效的有效措施。

1.4.1　货运组织模式

自有铁路将货物从"三西"地区运输至下水港口方向为正向运输方向；将货物从东部港口运输至"三西"地区方向为反向运输方向。

1.4.1.1　铁水联运正向运输组织

正向运输货物品类主要为煤炭，国家能源集团煤炭产业链供给端供给的是

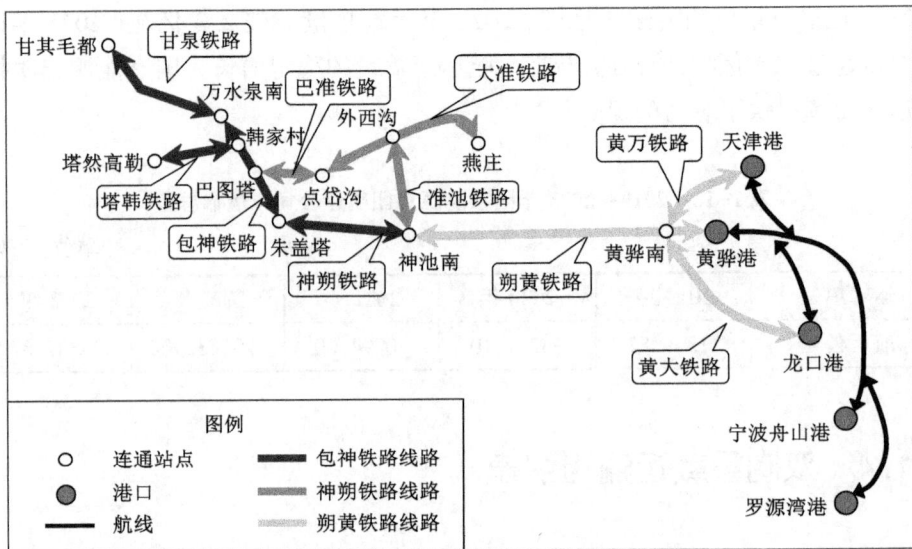

图1-3　国家能源集团双向重载运输示意图

国家能源集团自产煤和采购的商品煤，销售端需求来源于自有电厂、油化企业和市场用户，供需空间上主要依靠自有铁路、港口、航运以及其他相关运输体系衔接。因此，国家能源集团纵向管控的重心在于不断优化煤炭产运销一体化调运，全面保障煤炭供需之间的有效匹配与衔接。

　　煤炭来源主要为蒙西鄂尔多斯市东胜、准格尔地区和陕西榆林市神木、府谷地区以及神朔沿线晋北河保偏地区。国家能源集团煤运路网主要有三大通道：一是主干线运煤通道，煤炭经包神铁路—神朔铁路—朔黄铁路（—黄万铁路/黄大铁路）至黄骅港（天津港/龙口港），形成一路对三港的运输格局。二是部分煤炭经包神北线—巴准铁路—准池铁路—朔黄铁路至黄骅港，或通过黄万、黄大铁路运往天津港、龙口港。三是部分煤炭经包神北线—巴准铁路—大准铁路，在大同东站转大秦线至秦皇岛港和唐山港。

　　煤炭到达港口后装船下水，通过航运方式运输到港口经济腹地。煤炭装船的一般工艺流程如图1-4所示，以黄骅港为例，装船流程：筒仓→活化给料机→皮带机→装船机→船舶。

図1-4 煤炭装船工艺流程

```
                    ┌──────────┐
                    │ 螺旋卸车  │
                    └──────────┘
                                          取料
                    ┌──────────┐    ┌──────┐ 堆料 ┌──────┐堆料┌──────┐
┌────┐到港 ┌────┐翻卸│          │皮带│输送机│────→│堆料机│───→│ 堆场 │
│火车│对重 │地磅│───→│ 链斗卸车  │输送│      │      │      │    │      │
└────┘     └────┘    └──────────┘    └──────┘      └──────┘    └──────┘
                    ┌──────────┐
                    │ 翻车机    │
                    └──────────┘
                                    计量  ┌──────┐    ┌──────┐
                                    ────→ │装船机│───→│ 船舶 │
                                          └──────┘    └──────┘
```

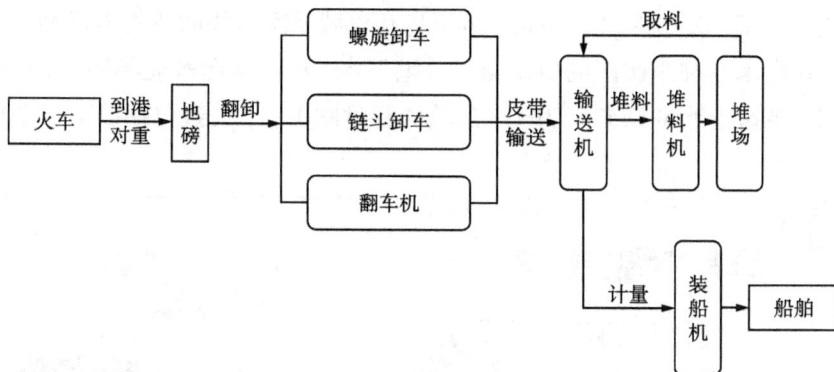

图 1-4　煤炭装船工艺流程

1.4.1.2　铁水联运反向运输组织

反向运输的拓展重点是非煤市场，主要货运品类有铁矿石、砂石料、兰炭等。反向运输的大物流业务承运依托国家能源集团电子商务平台，电子商务平台将国家能源集团大物流业务管理全流程线上化，实现大物流业务的外部用户准入、信息发布、竞价交易、合同签订、订单执行、装卸管理等全流程的线上一体化管理。

国家能源集团在烟台港开展矿石返程业务，利用自有煤炭返空船舶装卸二程矿石，主要在黄骅港 3#、4# 泊位上岸，经自有铁路运输至客户端。国家能源集团自有铁路朔黄铁路、黄万铁路、黄大铁路分别延伸至黄骅港、天津港、龙口港，自三个港口上水的货物，可通过自有铁路，自西向东运至内陆地区，不同货物运输径路不同，参见 1.4.2 节。

铁水联运反向运输组织形成了行程完全自主的矿石反向运输路港航一体化物流链，保证矿石反向运输的通道可控、畅通，提升国家能源集团物流在矿石运输的服务质量。

1.4.1.3　铁水双向重载联运全过程

国家能源集团已基本实现铁水双向重载运输，充分利用既有运输设施的富余能力，积极拓展货物运输业务，在实操层面完成了货物自我国中西部地区经由国家能源集团自有重载铁路运至东部沿海地区港口后装船运出。进而，将其他地区运至东部沿海地区港口上水的货物,装在先前完成卸车的空列车内,空车转变为重车,驶出港口装卸站,运至自有重载铁路沿线的货物需求地。

以正向承运神东矿区的煤矿至黄骅港下水、反向承运敬业集团所需的自黄骅港综合港区上水的铁矿石为例,运输流程见图1-5,大致包括以下几个环节:

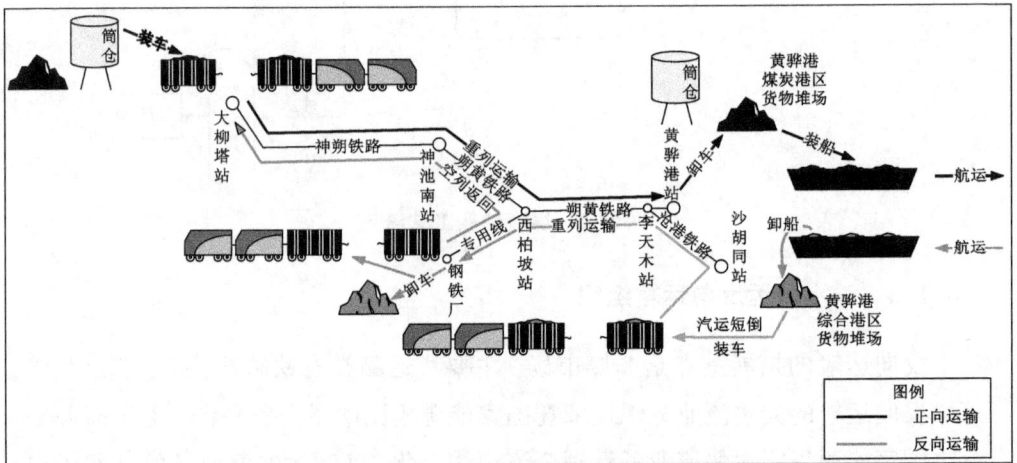

图1-5 铁水双向联运流程示意图

①利用筒仓或装载机在神朔铁路的大柳塔站完成装车后运出,列车的牵引质量包括5000吨、10000吨、16000吨、20000吨等。

②重列自西向东途经神朔铁路、朔黄铁路运至黄骅港。当列车运行至神池南站时,可能与其他列车组合以提高线路运力,存在5000吨与5000吨组合成为10000吨列车,10000吨与10000吨列车组合成为20000吨列车等多种情况。

③重列在朔黄铁路终到站黄骅港站的重车到达线办理交接手续,再被送至翻车机卸煤线,待翻车机将重列上装载的煤炭卸空后,空列开行至沧港铁路沙胡同站,等待自港口上水的铁矿石。

④自重列上卸下的煤炭经皮带输送机系统运送至港口边的巨型筒仓中存储,筒仓内的煤炭将通过出仓输送系统运至煤炭码头,再通过装船机进行煤炭装船作业,待自有船舶满载后,驶离黄骅港煤炭港区。

⑤重船到达目的地后卸空,空船装载铁矿石后返回至黄骅港综合港区接卸,卸空的船舶再去往黄骅港煤炭港区等待下次装船;卸下的铁矿石先通过汽

运方式运至沧港铁路沙胡同站，存放在堆场内，再通过皮带输送机系统将矿石装入先前在沙胡同站等待的空列中。

⑥装车完成后，重列驶离沙胡同站。沧港铁路与朔黄铁路在李天木站通过联络线连通，朔黄铁路与敬业集团的铁路专用线在西柏坡站相连通。重列途经沧港铁路、朔黄铁路后，运行至敬业集团的铁路专用线，重列上装载的矿石在钢铁厂区内卸下后，空列返回西柏坡站，而后再返回煤炭装车站。需要注意的是，此时空列返回的装车站可与先前使用相同车底的重列始发时的装车站不一致，根据实际生产过程中需求进行调配。

在国家能源集团未发展铁水双向重载联运时，铁路运输环节反向通常为空列，航运环节反向通常为空船，运输流程同样包含前述双向重载联运流程①、②、④的内容，流程③中重列上装载的煤炭卸下后，空列自黄骅港站返回煤炭装车站，流程⑤、⑥的内容是之前并未涉及的。

以上描述了以黄骅港为枢纽的铁水双向重载联运全流程，以天津港为枢纽的铁水双向重载联运全流程与之相类似，不同之处在于过程②中重列途经神朔铁路、朔黄铁路、黄万铁路运至天津港南疆港区，过程③中空列在天津南环铁路东大沽站等待，过程④中自有船舶满载后驶离天津港南疆煤炭码头，过程⑤中返程重船在天津港矿石码头接卸，卸下的铁矿石在天津港南疆港区内的南环铁路东大沽站装车，装入先前在此等待的空列中，过程⑥中南环铁路与黄万铁路在大港水库站相连通，重列途经南环铁路、黄万铁路、朔黄铁路、生产企业铁路专用线后，将货物运至厂区内卸下，空列再返回煤炭装车站。

综合来看，"铁水双向重载联运"打通了国家能源集团自有的铁路、港口、航运等运输服务之间双方向上的壁垒，扩大了服务覆盖面，方便了沿线部分非煤货物运输需求，初步形成了自有铁路线路上列车重去重回的运输场景，同时也为进一步拓展国家能源集团乃至其他类似企业铁水联运双向重载市场奠定了坚实的理论与实践基础。

1.4.2　市场运作效益分析

从国家能源集团双向重载运输承运的货物品类来看，正向运输主要以煤炭等大宗货物为主，反向运输主要以非煤货物为主。非煤货物的主要品类为大宗散货和化工品，在开展大物流业务的初期，国家能源集团主要是充分利用现有设施设备，开展适运货物的运输组织。其中，铁矿石是非煤货物的第一大货种，主要为敬业集团提供服务，超过运输总量的一半；砂石料是第二大货种，随着我国大规模基础设施建设，砂石运输成为阶段性繁荣货类，但 2019 年国家出台政策对砂石开采严格管制，砂石运输比例有所降低；第三是兰炭，主要为沿线钢厂和出口服务，比例在逐年提高；其余的主要货种还有水渣、树脂类等货种，与沿线地区产业发展和外贸进出口相匹配。

1.4.2.1 双向重载联运完成情况

随着双向重载联运相关流程逐渐完善，双方向的运输服务范围不断拓展。正向运输品类主要包括煤炭、铜精粉、铝锭、聚氯乙烯、聚丙烯等，反向运输品类主要包括铁矿石、铁矿粉、锰矿、氧化铝等。不同品类的运输径路不尽相同，正向煤炭运输的主要外运径路在 1.4.1 节中已作具体介绍，表 1-19 列出了正、反向非煤货物品类的径路示例，表中列举的并非各品类唯一的径路。

从表 1-19 中可以看出，非煤货物铁路运输环节的起讫点各不相同，并非全部位于国家能源集团自有铁路沿线车站，而是部分位于与自有铁路相连通的国铁货运站，例如从东乌铁路棋盘井站发运的铝锭，以及从黄骅港上水需要运至三新铁路上海庙站的锰矿。

国家能源集团不断拓展自身业务范围，对自有运输网络途经地区的非煤货运需求具有一定吸引力。从 2019 年、2021—2023 年国家能源集团双方向年运量水平（如图 1-6 所示）来看，正向煤炭年运量水平大致在 4.30~4.70 亿吨，正向非煤货物年运量水平大致在 0.06~0.10 亿吨；反向运输货物品类基本为非煤货物，年运量水平大致在 0.09~0.15 亿吨，2021—2022 年反向运量均超过 0.11 亿吨；双向总运量水平均超过 4.50 亿吨，2021 年总运量达到 4.83 亿吨。2023 年，非煤运量水平达 0.23 亿吨，创造非煤运输量历史新高。

总的来看，国家能源集团铁水双向重载联运业务开展顺利，每年铁路、航运承担的非煤货物运量已初具规模，运输通道、相关设施设备较为完备，当前采用的运输流程在保证主营的煤炭运输效率的同时为非煤货物提供高性价比的运输服务，部分货物原本采用公路—水路运输方式，如今选择铁路—水路运输方式，在一定程度上促进通道上的碳减排，此外对国家能源集团运输板块效益提升起到了促进作用。

表 1-19　双向非煤货物运输径路示例

序号	非煤货物品类	方向	运输径路
1	铜精粉	正向	甘泉铁路特默特站—（甘泉铁路—包神铁路—神朔铁路—朔黄铁路）→朔黄铁路李天木站—（联络线—沧港铁路）→沧港铁路千吨码头货场
2	铝锭		东乌铁路棋盘井站—（东乌铁路—联络线）→包神铁路沙沙圪台站—（包神铁路—神朔铁路—朔黄铁路）→朔黄铁路黄骅港站
3	聚氯乙烯		包神铁路东胜站—（包神铁路—神朔铁路—朔黄铁路）→朔黄铁路李天木站—（联络线—沧港铁路）→沧港铁路沙胡同站
4	聚丙烯		神朔铁路神木北站—（神朔铁路—朔黄铁路—黄万铁路）→黄万铁路郭庄子站
5	铁矿石、铁矿粉	反向	黄骅港综合港区—（邯黄铁路）→邯黄铁路渤海东站—（联络线—沧港铁路）→沧港铁路沙胡同站—（沧港铁路—联络线）→朔黄铁路李天木站—（朔黄铁路）→朔黄铁路西柏坡站→钢铁企业专用线
			龙口港（龙口港站）—（大莱龙铁路）→大莱龙铁路/黄大铁路大家洼站—（黄大铁路—朔黄铁路）→朔黄铁路西柏坡站→钢铁企业专用线
			天津港矿石码头→神华码头堆场—（汽运）→天津南环铁路→黄万铁路神港站—（黄万铁路—朔黄铁路）→朔黄铁路西柏坡站→钢铁企业专用线
			天津港矿石码头→天津港矿石堆场→天津南环铁路→黄万铁路神港站—（黄万铁路—朔黄铁路）→朔黄铁路西柏坡站→钢铁企业专用线
6	锰矿	反向	黄骅港综合港区—（汽运）→沧港铁路沙胡同站—（沧港铁路—联络线）→朔黄铁路李天木站—（朔黄铁路—神朔铁路—包神铁路）→包神铁路沙沙圪台站—（联络线—东乌铁路—三新铁路）→三新铁路上海庙站
7	氧化铝		丰联铁路丰镇站—（丰联铁路—大准铁路）→大准铁路二道河站

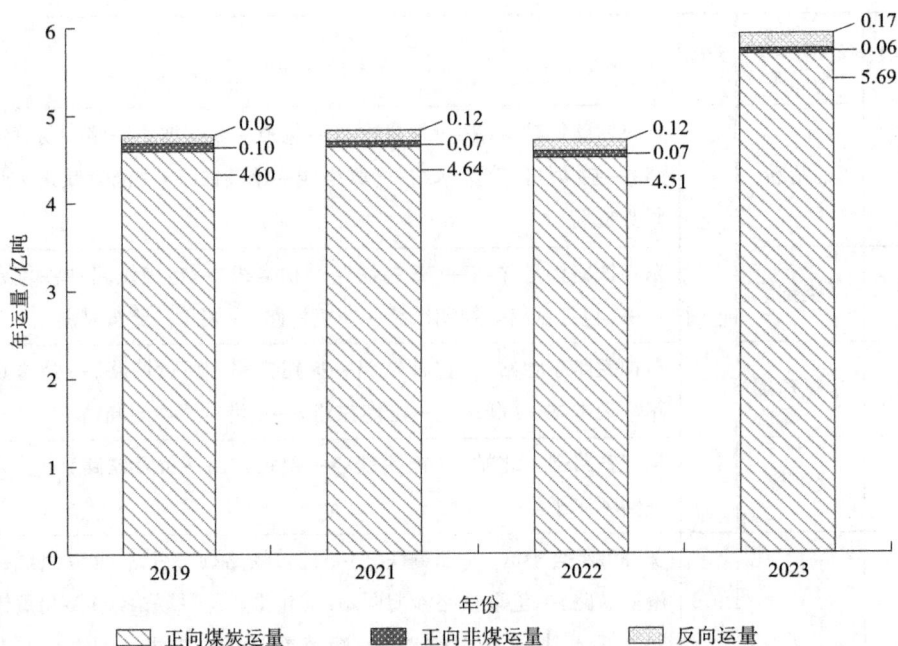

图 1-6   2019 年、2021—2023 年国家能源集团双方向年运量水平

1.4.2.2   国家能源集团铁路货运市场运作效益分析

国家能源集团铁路沿线以及沿线附近城市的市场包括山西太原周边、丰镇、包头、乌海、石嘴山和中卫等，是国家能源集团自有铁路与国铁竞争的主要货运市场，对于国家能源集团自有铁路而言，优势在于竞争市场所在城市至黄骅港、天津港的铁路运输距离，各站点与沿海主要港口的铁路运输距离如表 1-20 所示。

表 1-20   沿线主要涉及地市至两港运距表

单位：公里

地区	天津港	天津港		黄骅港	
	国铁	经神朔	经准池	经神朔	经准池
包头	1040	1070	1215	996	1141
乌海（公乌素）	1452	1067	1404	993	1330

续表1-20

地区	天津港	天津港		黄骅港	
	国铁	经神朔	经准池	经神朔	经准池
石嘴山	1488	1163	1500	1089	1426
中卫	1720	1395	1732	1321	1658
丰镇	641	—	957	—	883
原平	631	590	—	516	—

注：经神朔是指朔黄—神朔—包神运输路径；经准池是指朔黄—准池—巴准运输路径。

表 1-21 给出了主要运输市场至两港的运输费用的估算结果。其中，计算国铁 7 折费用主要是对标本区域公路运价水平以及地方铁路局集团利用 35 吨敞顶箱运输部分货类执行的运费标准；国家能源集团自有铁路 62 折水平主要是采用现有敬业集团等返空运输铁矿石执行的运费标准。

表 1-21 沿线主要涉及地市至两港运费估算表

单位：元/吨

	天津港		天津港				黄骅港			
	国铁		经神朔		经准池		经神朔		经准池	
	理论	7折	理论	62折	理论	62折	理论	62折	理论	62折
包头	187.2	131.0	181.1	119.9	232.4	151.7	178.4	118.2	229.7	150.0
乌海(公乌素)	261.4	183.0	220.4	152.8	264.0	167.4	217.7	138.8	261.3	165.8
石嘴山	267.8	187.5	251.5	163.5	295.1	190.7	248.7	161.7	292.4	188.9
中卫	309.6	216.7	281.5	193.5	325.1	220.5	278.8	191.9	322.4	218.9
丰镇	115.4	80.8	—	—	154.3	95.7	—	—	151.7	94.1
原平	113.6	79.5	70.8	43.9	—	—	60.7	37.6	—	—

注：包头、乌海、石嘴山、中卫利用国家能源集团铁路增加了公路短驳费用；以上均不含企业专用线费用及铁路装卸费。

由表 1-21 可知：

（1）仅从国家能源集团系统内运输路径来看，利用朔黄—神朔—包神比朔黄—准池—巴准路径更具优势；如果考虑到现有运价执行标准，朔黄—神朔—包神路径比朔黄—准池—巴准路径每吨运费减少 40~50 元。

（2）对于包头地区而言，从运距角度来看，利用天津港经神朔路径与国铁运距基本相同，经准池路径则要增加 150 公里左右；从运费角度来看，考虑到现有国家能源集团铁路与国铁之间的关系，以及新增的公路短驳运费，国家能源集团铁路与国铁运费相差不大，甚至高于国铁。从具体的两条线路来看，利用黄骅港经朔黄—神朔—包神路径比国铁更具优势，而利用朔黄—准池—巴准路径要比国铁费用高，主要原因在于公路短驳费用的增加。因此，包头地区是国铁和国家能源集团铁路竞争最为激烈的区域，国家能源集团将通过降低运费和加快与本区域企业及园区铁路的互联互通，增强自身竞争力。

（3）对于乌海及宁夏中北部地市而言，从国铁与国家能源集团铁路路径比较来看，无论国家能源集团通过天津港还是黄骅港，采用朔黄—神朔—包神路径，还是朔黄—准池—巴准路径，在运距、运费上都具有优势或者相当。但根据调研来看，上述地区现有铁路专用线或正在规划建设的铁路专用线都是以包兰铁路为衔接对象，而国家能源集团铁路缺乏最后一公里支撑，既增加了运费，也成为拓展本地区市场的重要瓶颈。在此区域要与国铁增加互联互通设施，才能更充分体现国家能源集团铁路的经济优势。

（4）对于乌兰察布丰镇地区而言，从国铁与国家能源集团铁路比较来看，国家能源集团铁路具有明显劣势，运距比国铁多出 250~300 公里。目前，天津港与乌兰察布等地区之间开行直通列车，辐射本地市场，每年锰、镍、铬矿等合金矿石运量约 2800 万吨。国家能源集团拓展本地区市场需要对标国铁运价开展业务。

（5）对于原平及山西中南部地区而言，从国铁与国家能源集团铁路比较来看，国家能源集团铁路具有运距优势。但是现有国家电投山西铝业和太原钢铁专用线都是衔接国铁系统，同时国家能源集团要拓展中南部市场还需要利用国铁南同蒲、太焦等铁路实现铁路直达。因此，国家能源集团要拓展本地区市场，也需要与国铁建立密切合作关系。

1.4.2.3　黄骅港、天津港市场运作效益分析

以铁矿石为例，表 1-22 分析了天津港、黄骅港至李天木站运输综合收入。其中，国家能源集团自有铁路运价执行标准价的 62 折；港口装卸费取值方面，天津港一程接卸 22.78 元/吨，黄骅港综合港区一程接卸 23.2 元/吨；黄骅港煤炭港区接卸费用按外贸一程接卸 23.20 元/吨和内贸二程转运 15.00 元/吨标准计算。

表 1-22　两港至李天木站铁矿石综合收入分析

单位：元/吨

		1 港口装卸费	2 铁路装卸费	3 公路短倒费	4 沧港至李天木站	5 南环线	6 黄万线	7 朔黄至李天木	8 二程费用	合计	国家能源集团收入
天津港	国能装车	22.78	5.60	2.00	—	7.77	6.40	3.27		47.82	15.27
	非国能装车	22.78	6.70	—	—	7.77	6.40	3.27		46.92	9.67
黄骅港	煤炭港区一程（港口站）	23.20	—					7.29		30.49	30.49
	煤炭港区二程（港口站）	15.00	—					7.29	24.00	46.29	11.29
	综合港区（沧港线）	23.20	—	15.00	9.00	—	—			47.20	0
	综合港区（港口站）	23.20	—	5.00				7.29		35.49	7.29

注：天津港和黄骅港综合港区装卸费按照一程接卸矿石考虑；

黄骅港煤炭港区港口装卸费分别按照一、二程计算。二程费用按照上表综合计算结果，由国家能源集团内部消化解决。

由于天津港没有自有的非煤作业码头，利用天津港国家能源集团装车、非国家能源集团装车两种装车方式情景下的国家能源集团收益分别为 15.27 元/吨和 9.67 元/吨，如果通过黄骅港自有码头一程和二程接卸，则分别可以获取

每吨 30.49 元和 11.29 元的收益。如果铁矿石按照一程 20 万吨级及以上码头通过黄骅港综合港区和天津港接卸,从国家能源集团角度看,利用天津港利益最大化;按照一程 10 万吨级及以下码头如果采用一程运输方式(根据全国沿海港口统计这部分占到全国进口规模的 25%、黄骅港约占 20%),则利用国家能源集团黄骅港煤炭港区+朔黄铁路利益最大化。

1.4.2.4 船舶双向运输市场运作效益分析

为充分利用船舶返程运力,国家能源集团拟利用自有船队发展煤炭南下返程带矿业务。考虑到长三角地区宁波舟山国家矿石储运基地正在推进建设,结合国家能源集团远海自有船队船型,国家能源集团将以宁波舟山港(4.5 万吨级船舶)为返程节点进行运输。

1. 供需现状

2020 年我国海运进口铁矿石 12.1 亿吨,分区域的铁矿石需求与钢铁工业布局基本相适应,其中环渤海地区完成 7.2 亿吨,占全国的 59.6%;长三角地区(含连云港港)完成 3.5 亿吨,占全国的 28.8%;华南及西南地区完成 1.4 亿吨,占全国的 11.6%。从供给能力来看,基本形成了与区域钢铁工业布局相适应的大中小码头布局,其中 10 万吨级及以上铁矿石专业及通用码头供给能力 9.1 亿吨。经到港船型数据分析,10 万吨级及以上大型铁矿石专用泊位成单量占总外贸进出口的 75% 左右,供给能力基本适应需求。分区域来看,环渤海地区供给能力得到一定缓解,加上黄骅港、日照港在建 1 亿吨供给能力,将基本适应进口需求;长三角地区供给能力不足问题十分明显,缺口较大,长江沿线需求每年约有 3000 万吨经山东沿海中转;华南及西南地区总体适应发展需要。总体来看,铁矿石南北跨区域间运输需求动力不足,二程运输主要集中在长江口外至长江沿线地区和山东沿海至长江沿线地区。

2. 经济效益

按照自有船舶满载,正常年份煤炭海运运价计算,以宁波舟山港为节点进行返程运输(含港口装卸费),通过理论测算,双向运输均比单程运输具有经济性,如表 1-23 所示。

表 1-23　宁波舟山港转水经济效益分析

单重(煤炭)循环作业			双重循环作业(卸船港与转水港不为同一港口)		
作业时间	天数	备注	作业时间	天数	备注
船舶到港外锚地等待时间	3	黄骅港锚地等待进港	船舶到港外锚地等待时间	3	黄骅港重载运输船舶锚地等待进港
船舶到港卸船作业时间	—	—	船舶到港卸船作业时间	2	黄骅港卸矿石作业时间
船舶到港装船作业时间	1	船舶进港+排压舱水+装船作业时间	船舶移泊至装船泊位装船作业时间	2	黄骅港移泊+煤炭装船作业时间
船舶重载南下航行时间	3	黄骅港—长三角港	船舶重载南下航行时间	3	黄骅港—长三角港
船舶到港锚地等待时间	2	长三角卸船港锚地等待进港	船舶到港锚地等待时间	2	长三角卸船港锚地等待进港
长三角港卸船时间	2		长三角港卸船时间	2	
转水港锚地等待时间	—		转水港锚地等待时间	2	空船转水港锚地等待时间
转水港装船作业时间	—		转水港装船作业时间	1	转水港装船作业时间
船舶返空北上航行时间	3	长三角港—黄骅港	船舶重载北上航行时间	3	长三角港—黄骅港
小计	14	—	小计	20	—
一、每年循环次数	24	365*0.9/循环时间	一、每年循环次数	17	365*0.9/循环时间
二、单船年收入(万元)	4320	按正常年份煤炭每吨40元	二、单船年收入(万元)	4514	按正常年份煤炭每吨40元+矿石每吨19元
三、双循环增加费用(万元)	—		三、双循环增加费用(万元)	136	含泊位使用费、拖轮费、锚地等待费等

续表 1-23

单重(煤炭)循环作业			双重循环作业(卸船港与转水港不为同一港口)		
作业时间	天数	备注	作业时间	天数	备注
四、国家能源集团港口铁矿石装卸收入(万元)	—	—	四、国家能源集团港口铁矿石装卸收入(万元)	1148	按黄骅港15元/吨计算
五、国家能源集团合计收入(万元)	4320	正常年份	五、国家能源集团合计收入(万元)	5525	正常年份
六、单吨收入增加均摊到矿石运量(元)	0	—	六、单吨收入增加均摊到矿石运量(元)	15.8	—

仅从自有船公司看,双向运输经济效益增加不显著。例如,宁波舟山港单船年收入增加约 194 万元。从国家能源集团整体角度来看,因港口操作量增加,港口经济效益大幅增加。宁波舟山港按照一程外贸接卸+二程内贸转运 16.50 元/吨进行计算;黄骅港以实地调研数据为准,按外贸一程接卸 23.20 元/吨、内贸二程转运 15.00 元/吨计算。经测算,如通过宁波舟山港中转,收入增加可达 1148.00 万元。综上分析,对国家能源集团而言,包括港口装卸费,经宁波舟山港完成船舶矿石返程运输,年收入将增加约 1205.00 万元。与去程运输煤炭、返程空回的情况相比,若能组织实现返程运输矿石的双向重载运输过程,可为国家能源集团带来可观的经济效益。

第 2 章

双向重载运输模式及其创新

传统重载运输的组织是针对重载方向大规模运输需求设计的，从列车编组、车站与装卸点作业到车辆类型选择都体现了重载货物的需求特征，一般难以兼顾小批量的其他货物。本章针对国家能源集团相关运输设施的配置状况，研究了路港航双向一体化运输（供给）服务的特点，从多元化需求角度分析了面向非煤运输业务的市场改革方法，即运输代理机制的打造；介绍了国家能源集团智慧综合管控系统及电子商务平台，研究了适合双向业务拓展的运输价格机制及需要采取的设备设施改造方案。

2.1 路港航双向一体化模式

国家能源集团拥有集煤炭生产与采购、自有铁路运输、港口装卸、航运、煤炭销售等业务于一体的产业链，其中自有铁路运输、港口装卸、航运业务是国家能源集团运输产业的主体，将产业链上、下游串联，除了提供煤运服务外，正在积极推进金属矿石、化工制品等非煤货运业务，以实现运输通道双向运力资源最优配置，通过路港航双向一体化模式，使得双向各业务环节紧密协同、高效运转。

2.1.1　国家能源集团路港航双向一体化内涵

国家能源集团拥有神东矿区、准格尔矿区、胜利矿区及宝日希勒矿区等优质煤炭资源，神朔铁路、朔黄铁路、包神铁路等 10 条自营铁路，黄骅港、天津煤码头、珠海煤码头三大港口和码头，以及 40 艘自有货船，成了我国唯一一个能够独立提供从矿到路、路到港或路到厂，以及港到港或港到厂的覆盖"生产—运输—销售"全链条的供应商。

在"运输"这一环节，国家能源集团提出了"路港航双向一体化"的创新模式。该模式包含两个层面的意思：一是组织形态层面，国家能源集团实现了运输通道双方向上铁路、港口、航运三大模块的相互贯通，已具备各模块所需的基础设备设施。二是管控方式层面，通过"运"的高效一体化将煤炭与非煤品各品类的"产"与"销"有机衔接，保障货物供需两端之间的有效匹配。

国家能源集团朔黄铁路的东端伸入黄骅港煤炭港区，实现了正向运输路港航无缝衔接。目前，非煤品类货物主要在综合港区、河口港区接卸，邯黄铁路、沧港铁路分别通往综合港区、河口港区，朔黄铁路已实现与这两条铁路的连通，这为国家能源集团自有铁路成为黄骅港疏港通道的一部分创造了条件。

此外，国家能源集团黄万、黄大铁路的一端与朔黄铁路相接，另一端直达天津港、龙口港，标志着自有铁路连通了沿海地区三大港口——黄骅港、天津港、龙口港，形成了"多路对一路、一路对三港"的运输格局。三大港口的集群发展，突破了原有单一港口限制，极大地压缩了运输成本，有效提升了国家能源集团自有运输设施设备在市场中的竞争力。

国家能源集团依托现有铁路、港口基础设施，加快建设"铁路—港口—航运"双向一体化集疏运体系，已在实际运营中实现了路港航的重去重回，力求打造铁水联运的无缝化联运示范基地，助力运输服务高效运转以及运输模式创新发展。

2.1.2　自有铁路与港口综合利用效率提升

路港航双向一体化模式的推广应用，保障了国家能源集团自有铁路、港口的实际运营过程的高效性。"高效性"将通过自有铁路、港口综合利用效率的提升幅度来诠释与评估。

2.1.2.1　铁水联运综合利用效率概念

目前学界对于效率的定义尚未达成统一，不同学者对于效率的定义有所差异，主要有如表 2-1 所示的几种，广泛认为效率是投入与产出的关系，对于自有铁路与港口一体化系统来说，综合利用效率的高低代表资源配置是否合理，在一定程度上能够反映综合系统的规模和供求关系。依据帕累托对效率的定义，将自有铁路与港口综合利用效率的评价指标划分为成本型指标和效益型指标两类，通过投入产出关系评价自有铁路与港口的综合利用效率。

表 2-1　不同经济学家对效率的定义

代表人物	对效率的定义
萨缪尔森	效率意味着不存在浪费，即经济在不减少一种物品生产的情况下，就不能增加另一种物品的生产时，它就是有效的
帕累托	对于某种资源的配置，如果不存在其他生产上可能的配置，使得该经济中的所有人至少和他们的初始时情况一样良好，且至少有个人的情况比初始时严格地更好，那么资源配置就是最优的
樊纲	社会利用现有资源进行生产所提供的效用满足的程度，因此，也可一般地成为资源的利用效率

2.1.2.2　自有铁路、港口综合利用效率的划分

1. 综合技术效率

综合技术效率(Overall Technical Efficiency，OTE)是指在既定的投入要素条件下，自有铁路与港口的产出效率，衡量整个系统的运营效率，与自有铁路与港口的生产经营活动以及运营管理等相关。自有铁路与港口的综合技术效率的高低能够很好地衡量投入与产出是否合理。拟设置技术效率指标评价自有铁路与港口的综合技术效率。

2. 规模效率

"规模效率"(Scale Efficiency，SE)的内涵与经济学中的"规模报酬"相近。经济学中对企业的规模报酬的定义是，企业内部各种投入指标按照相同比例增

减变动时，企业产出指标的变动情况。拟设置生产指标和财务指标衡量自有铁路与港口的规模效率。

3. 纯技术效率

纯技术效率（Pure Technical Efficiency，PTE）是指自有铁路与港口基础设施的运营能力，是综合技术效率剔除其规模效率之后的效率值。纯技术效率受自有铁路和港口自身的管理和技术等因素影响，例如铁路和港口生产设备技术水平落后，将会直接造成资源利用不足，从而使国家能源集团路港航双向一体化资源配置水平无法达到最优，限制整个系统的长期发展。自有铁路与港口的纯技术效率通过构建设置设施设备指标体系经评估得到。

2.1.2.3 构建流程

基于对自有铁路与港口综合利用效率概念的定义，按照以下流程建立指标体系以评价国家能源集团路港航双向一体化的综合利用效率，如图 2-1 所示。

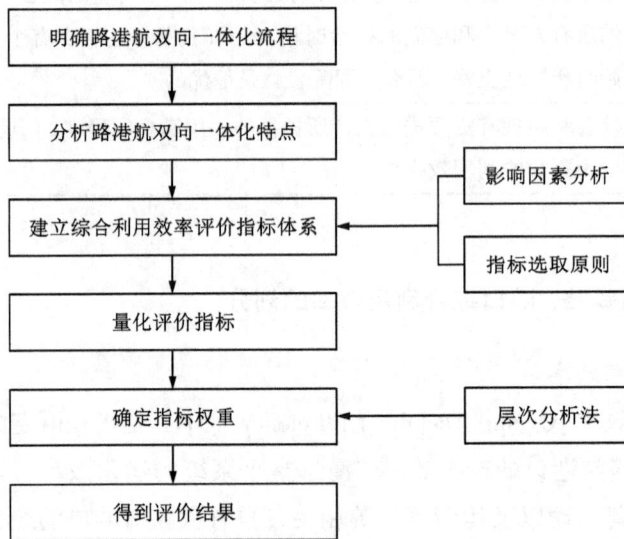

图 2-1　综合利用效率评估指标体系筛选流程

在国家能源集团路港航双向一体化的背景下，考虑不同子企业的特点，根据指标选取原则建立综合利用效率评价指标体系，并选取层次分析法确定指标权重，最终得到国家能源集团自有铁路与港口综合利用效率评价结果。

2.1.2.4　指标选取

1.指标选取原则

若要科学评价路港航双向一体化系统的综合利用效率，评价指标体系的科学构建十分重要；只有构建出适合综合评价方法的指标体系，才能得到准确、客观、可靠的评价结果。因此，构建的指标体系必须能够充分反映矿企子系统、铁路子系统、港口子系统和航运子系统综合利用效率的内涵，同时还得保证符合科学性、完整性、实用性等。路港航双向一体化系统综合利用效率评价指标体系的构建应遵循以下几条原则：

（1）目标明确。各项指标都应在一定程度上反映自有铁路与港口利用效率，紧扣系统构成要素、内涵及特征，尽可能准确、有针对性地反映系统运行状况。

（2）角度全面。重载铁路集疏运系统是一个复杂的多层次的系统，其一体化程度受多方面因素影响，在做评价时，单一的某项指标显然不能全面反映系统运行状况。应从系统整体角度出发，综合考虑多项指标，才能建立一个较为完善的评价体系。

（3）尽量独立。为了简单满足第二条原则可以选取尽可能多的指标，但是部分指标之间存在关联性，指标之间相互影响。应尽量避免相关性过强的指标同时存在，减少指标间的表意重复及相互包含。

（4）实际可行。指标选取不宜过多或者过于复杂，数据应易于获取、易于处理，并注意定性和定量指标相结合。

2.评价指标的选取

国家能源集团路港航综合利用效率评价指标体系是对路港航双向复合系统运营状况进行综合评价与研究的依据和基础。因为路港航双向复合系统是个多目标、多层次、多因素的复杂系统，所以该复合系统的综合利用效率评价指标体系应是由若干个单项指标构成的有机整体，它应该能够反映矿企、铁路、港口、航运四个子系统在各个方面运行状态及发展状况，对路港航双向复合系统的运营效率和综合能力利用水平进行恰当的评价。拟采取模块式评价体系，以系统的结构为主线建立评价指标体系，指标选取以路港航双向复合系统的子系统为单位进行，包括铁路子系统指标、矿企子系统指标、港口子系统指标以及航运子系统指标四个部分，这种模式下的指标体系更加清晰、明确、有条理。

首先，根据路港航双向综合利用效率评价指标体系的构建原则，对路港航双向复合系统综合能力利用效率的内涵及表现形式进行分析，分别从综合技术效率角度设置技术效率一级指标，从规模效率角度设置生产指标和财务指标2个一级指标，从纯技术效率角度设置设施设备一级指标；然后针对不同子系统各自的特点，结合实际运输各环节确定二级评价指标，并将二级指标分为效益型指标和成本型指标两类，构建国家能源集团自有铁路与港口综合利用效率评价指标体系，确定指标数据，为后续指标体系的评价做好准备。

（1）矿企子系统指标体系

矿企子系统是国家能源集团路港航双向复合系统的重要组成部分。煤炭生产由各生产企业负责，煤炭运输主要由集团所属的铁路和港航公司负责，煤炭销售主要由集团所属的销售集团统一负责，客户涉及电力、冶金、化工、建材多个行业。根据国家能源集团矿企子系统的特点，从生产指标、技术效率指标、财务指标三方面筛选出 8 个指标，构建矿企子系统的指标体系，如表 2-2 所示。

表 2-2 矿企子系统指标体系

子系统	一级指标	二级指标	单位	指标类型
矿企子系统指标体系	生产指标 X_1	商品煤产量	百万吨	效益型
		自产煤销售量	百万吨	效益型
		外购煤销售量	百万吨	效益型
		矿企全员劳动生产率	万元/人	效益型
	技术效率指标 X_2	百万吨死亡率	%	成本型
	财务指标 X_3	煤炭经营毛利率	%	效益型
		煤炭经营收益率	%	效益型
		煤炭经营收益	亿元	效益型

表 2-2 中，全员劳动生产率指标是指在一定时期内创造的新增价值与其相适应的劳动消耗量的比值，体现了单位劳动者在一定时间内为国家创造的税收，为企业创造的利润，以及为个人创造的工资。其计算公式如式（2-1）。

$$全员劳动生产率=\frac{应发工资总额+固定资产折旧总额+营业盈余+生产税净额}{年平均从业人数}$$

$$(2-1)$$

式中，营业盈余是指企业本年的营业利润加补贴，体现了生产经营活动所创造的新增价值，是全员劳动生产率的核心要素。

根据国家能源集团 2019—2022 年《运输调度日报》及《中国神华年度报告》，结合获取的指标数据，统计并整理出如表 2-3 所示矿企子系统的指标体系及数据。

表 2-3　矿企子系统指标体系及数据

指标	单位	年份			
		2019	2020	2021	2022
商品煤产量	百万吨	282.7	291.6	307	313.4
自产煤销售量	百万吨	284.8	296	312.7	316.2
外购煤销售量	百万吨	162.3	150.4	169.6	101.6
矿企全员劳动生产率	万元/人	155.39	149.38	—	159.88
百万吨死亡率	%	0	0.340	0.597	0
煤炭经营毛利率	%	27.1	27.4	27.6	35.9
煤炭经营收益率	%	17.8	17.4	19.6	39.6
煤炭经营收益	亿元	350.69	330.47	573.82	715.65

注：数据来源于国家能源集团 2019—2022 年《运输调度日报》《中国神华年度报告》。

(2)铁路子系统指标体系

铁路运输是国家能源集团重要的主营业务之一。截至 2022 年底，国家能源集团控制并运营的铁路线路营业总里程达 2408 公里，是我国第二大铁路运营商。表 2-4 给出了国家能源集团重载铁路子系统的指标体系。

表 2-4　铁路子系统指标体系

子系统	一级指标	二级指标	单位	指标类型
铁路子系统指标体系	生产指标 X_1	自有铁路货物周转量	十亿吨公里	效益型
		煤炭年运量	万吨	效益型
		非煤货物年运量	万吨	效益型

续表2-4

子系统	一级指标	二级指标	单位	指标类型
铁路子系统指标体系	技术效率指标 X_2	铁路年运输计划完成率	%	效益型
		日均装车	列	效益型
		日均卸车	列	效益型
		装车站能力	万吨/年	效益型
		卸车站能力	万吨/年	效益型
		铁路正向运输能力利用率	%	效益型
		铁路反向运输能力利用率	%	效益型
		技术站到发线通过能力利用率	%	效益型
		技术站咽喉通过能力利用率	%	效益型
		货车周转时间	天	成本型
		中时	min	成本型
		停时	min	成本型
		列车检修时间所占比重	%	效益型
		铁路碳排放因子	kg CO_2/吨公里	成本型
		铁路碳排放量	吨	成本型
	财务指标 X_3	铁路业务收入	亿元	效益型
		铁路业务成本	亿元	成本型
		铁路毛利率	%	效益型
		铁路经营收益率	%	效益型
		铁路经营收益	亿元	效益型
	设施设备指标 X_4	铁路线路运营里程	公里	效益型
		自备货车车辆数	辆	效益型
		机车保有量	台	效益型
		装车站个数	个	效益型
		卸车站个数	个	效益型

国家能源集团重载铁路子系统包括集疏运三个环节，是联结矿企子系统和

港口子系统的重要纽带。重载铁路集疏运子系统的发展必须与通道子系统相匹配，对于铁路通过集中货源、扩大装卸场地、改善装卸条件、建立集散基地来保证货源不流失，提高运输效率至关重要。为评价铁路子系统的综合利用效率，需考虑装卸能力、运输能力、设施设备利用率、碳排放等因素，因此设置生产指标、技术效率指标、财务指标、设施设备指标 4 个一级指标，并筛选出 28 个二级指标。

根据国家能源集团 2019—2022 年《运输调度日报》及《中国神华年度报告》，结合获取的指标数据适当取舍指标，统计结果如表 2-5 所示。

表 2-5　铁路子系统指标体系及数据

指标	单位	年份			
		2019	2020	2021	2022
自有铁路货物周转量	十亿吨公里	285.5	285.7	303.4	297.6
煤炭年运量	万吨	45960.0	43811.6	46429.5	45148.1
非煤货物年运量	万吨	1905.87	2079.46	1865.39	1963.47
铁路年运输计划完成率	%	101.79	97.23	99.78	97.45
日均装车	列	194	126	230	255
日均卸车	列	40	31	42	53
装车站能力	万吨/年	75947	75947	75947	75947
卸车站能力	万吨/年	10501	10501	10501	10501
铁路正向运输能力利用率	%	82.11	44.23	47.23	85.22
铁路反向运输能力利用率	%	0.56	0.84	0.71	2.02
货车周转时间	天	4.60	4.60	4.60	3.99
铁路业务收入	亿元	397.01	387.23	406.99	401.97
铁路业务成本	亿元	162.25	161.79	215.46	247.10
铁路毛利率	%	59.1	58.2	47.1	41.4
铁路经营收益率	%	43.5	43.2	40.0	50.7
铁路经营收益	亿元	172.72	167.23	162.76	133.01
铁路碳排放因子	$kg\ CO_2$/吨公里	0.01124	0.01124	0.01124	0.01124

续表2-5

指标	单位	年份			
		2019	2020	2021	2022
铁路碳排放量	万吨	320.9020	321.1268	341.0216	334.5024
铁路线路运营里程	公里	2155	2371	2408	2408
自备货车车辆数	辆	—	52492	53002	54302
机车保有量	台	840	841	858	882
装车站个数	个	46	46	46	46
卸车站个数	个	16	16	16	16

注：数据来源于国家能源集团2019—2022年《运输调度日报》《运输产业主要设备设施技术手册》《铁路机车设备统计表》《铁路专用线（装卸车站）统计表》《中国神华年度报告》。

（3）港口子系统指标体系

国家能源集团拥有黄骅港、天津煤码头和珠海煤码头3家专业公司，设计吞吐能力2.7亿吨/年。港口智能化水平及卸车装船效率、港区粉尘控制等清洁作业技术、污水处理和回收能力等均处行业领先地位，是国家能源集团路港航双向一体化的重要组成部分。为全面评价港口子系统利用效率，设置生产指标、技术效率指标、财务指标和设施设备指标4个一级指标，并根据港口子系统的特点和实际运输过程中各环节情况，筛选出15个二级指标，如表2-6所示。

表2-6　港口子系统指标体系

子系统	一级指标	二级指标	单位	指标类型
港口子系统指标体系	生产指标 X_1	港口运输总量	万吨	效益型
		集装箱吞吐量	万TEU	效益型
	技术效率指标 X_2	港口装船效率	吨/小时	效益型
		码头堆存能力	万吨	效益型
		港口卸车效率	吨/小时	效益型
		港口卸车计划完成率	%	效益型
		港口装船计划完成率	%	效益型
		港口平均货物堆存期	天	成本型

续表2-6

子系统	一级指标	二级指标	单位	指标类型
港口子系统指标体系	财务指标 X_3	港口业务收入	亿元	效益型
		港口业务成本	亿元	效益型
		港口毛利率	%	成本型
		港口经营收益率	%	效益型
		港口经营收益	亿元	效益型
	设施设备指标 X_4	码头泊位个数	个	效益型
		装卸设备数量	个	效益型

根据国家能源集团 2019—2022 年《运输调度日报》及《中国神华年度报告》，结合获取的数据，统计并整理出如表 2-7 所示港口子系统的指标体系及数据。

表 2-7　港口子系统指标体系及数据

指标	单位	年份			
		2019	2020	2021	2022
港口运输总量*	万吨	25063.71	26769.30	27908.80	27801.16
集装箱吞吐量**	万 TEU	56.59	73.07	87.10	101.00
港口装船效率	吨/小时	6700	6700	6700	6901
码头堆存能力	万吨	824	824	864	864
港口卸车效率	吨/小时	4400	4400	4400	4448
港口卸车计划完成率	%	96.79	100.34	100.09	96.16
港口装船计划完成率	%	97.92	101.68	100.52	97.74
港口平均货物堆存期	天	46	46	46	46
港口业务收入	亿元	59.26	63.59	64.40	64.41
港口业务成本	亿元	25.08	27.83	32.41	34.81
港口毛利率	%	57.7	56.2	49.7	46.0
港口经营收益率	%	42.8	42.1	41.9	64.8
港口经营收益	亿元	25.35	26.75	26.99	23.82

续表2-7

指标	单位	年份			
		2019	2020	2021	2022
码头泊位个数	个	56	56	56	58
装卸设备数量	个	323	323	323	323

注：*2019年黄骅港煤炭统计装船量、非煤统计卸船量，天津煤码头煤炭统计装船量；2020—2022年黄骅港、天津煤码头统计装船量，珠海煤码头统计进港量。

**2022年黄骅港、天津煤码头统计装船量，珠海煤码头统计进港量。

**沧州港务集团 http：//www.czgwjt.com/list-content.asp？id=2536。

(4)航运子系统指标体系

国家能源集团拥有货船40艘，载重规模218万载重吨、年运能5500万吨。2021年，国内煤炭运输需求旺盛，但航运市场运力较为紧缺。国家能源集团航运分部以保供创效为目标，发挥产业链协同优势，提升船舶装卸周转效率，优化运力配置和航线布局，全力保障内部电厂煤炭运输。

航运子系统是路港航双向一体化的重要构成部分，为综合评价国家能源集团航运利用效率，从综合技术效率评价角度，设置了船舶运能利用率和航运计划完成率等二级指标；从规模效率评价角度，设置了毛利率、收益率等财务指标和航运货运量、航运周转量等生产指标；从纯技术效率评价角度，设置了自有船舶数量、航线数量等设施设备指标。具体指标体系如表2-8所示。

表2-8　航运子系统指标体系

子系统	一级指标	二级指标	单位	指标类型
航运子系统指标体系	生产指标 X_1	航运货运量	亿吨	效益型
		航运周转量	十亿吨海里	效益型
	技术效率指标 X_2	船舶运能利用率	%	效益型
		航运计划完成率	%	效益型
	财务指标 X_3	航运毛利率	%	效益型
		航运经营收益率	%	效益型
		航运经营收益	亿元	效益型
	设施设备指标 X_4	自有船舶数量	艘	效益型
		航线数量	条	效益型

根据国家能源集团 2019—2022 年《运输调度日报》及《中国神华年度报告》，结合获取的指标数据，统计并整理出如表 2-9 所示航运子系统的指标体系及数据。

表 2-9 航运子系统指标体系及数据

指标	单位	年份			
		2019	2020	2021	2022
航运货运量	亿吨	1.10	1.13	1.21	1.36
航运周转量	十亿吨海里	89.6	93.0	112.1	133.6
船舶运能利用率	%	200.0	205.5	220.0	248.0
航运计划完成率	%	102.31	100.17	126.02	116.58
航运毛利率	%	12.6	12.4	19.2	14.0
航运经营收益率	%	7.0	6.7	15.8	13.6
航运经营收益	亿元	2.32	2.09	9.81	6.42
自有船舶数量	艘	40	40	40	40
航线数量	条	11	11	11	11

注：数据来源于国家能源集团 2019—2022 年《运输调度日报》《中国神华年度报告》。

2.1.2.5 指标分组及一致化处理

考虑到选取的指标个数较多，对所选指标进行分组处理，将国家能源集团路港航双向复合系统的指标划分为生产指标、技术效率指标、财务指标和设施设备指标 4 组。由于各评价指标的单位、数量级各不相同，如不进行数据的一致化处理，可能导致之后的计算不准确或者计算结果发生强烈动荡，因此在对指标数据进行分组整理之前应首先对数据进行一致化处理。

数据一致化常用的处理方法有直线型标准化方法、折线型标准化方法和曲线型标准化方法，根据指标特点选择直线型标准化方法对指标数据进行处理，即假定指标数据的实际值与不受量纲影响的评价值之间存在线性关系，使得指标数据的评价值随着实际值呈相应比例的变化。

将路港航双向一体化综合利用效率评价指标分为效益型和成本型两类指

标，用 $x_{ik}(j)$ $(i=1, 2, 3, 4, 5; k=1, 2, 3, \cdots, n; j=1, 2, \cdots, m)$ 表示第 i 组的第 k 个指标在第 j 年的实际取值，x_{ik} 表示第 i 组的第 k 个指标实际值的集合，X 表示评价指标集。

对于评价指标 $x_{ik} \in X$，设论域为 $d_{ik} = [\min x_{ik}, \max x_{ik}]$，其中 $\min x_{ik}$，$\max x_{ik}$ 分别表示评价指标 x_{ik} 的最小值和最大值。一致化处理后的评价指标取值定义为式（2-2）。

$$x'_{ik} = f_{d_{ik}}(x_{ik}), \quad i=1, 2, 3, 4, 5; k=1, 2, 3, \cdots, n \qquad (2-2)$$

x'_{ik} 为 x_{ik} 经过一致化处理后的取值，且 $x'_{ik} \in [0, 1]$。其中 $f_{d_{ik}}(\cdot)$ 是定义在评价指标 x_{ik} 的论域 d_{ik} 上的一致化处理标准函数。根据综合利用效率评价指标的类型，给出指标数据标准化的处理函数：

成本型指标（越小越好）

$$x'_{ik}(j) = f_{d_{ik}}(x_{ik}(j)) = \begin{cases} 1 & x_{ik}(j) \leqslant \min x_{ik} \\ \dfrac{\max x_{ik} + \min x_{ik} - x_{ik}(j)}{\max x_{ik}} & x_{ik}(j) \in d_{ik} \end{cases} \qquad (2-3)$$

效益型指标（越大越好）

$$x'_{ik}(j) = f_{d_{ik}}(x_{ik}(j)) = \begin{cases} \dfrac{x_{ik}(j)}{\max x_{ik}} & x_{ik}(j) \in d_{ik} \\ 1 & x_{ik}(j) \geqslant \max x_{ik} \end{cases} \qquad (2-4)$$

根据式（2-2）~（2-4），对指标体系中的效益型、成本型指标分别进行一致化处理，并按照指标分组原则综合整理。

2.1.2.6　确定指标权重

采用层次分析法确定各级指标权重。层次分析法简称 AHP 法，是由美国运筹学家 T. L. Saaty 在 20 世纪 70 年代总结提出的多指标多目标综合决策分析方法，主要原理为把复杂的问题分层比较、综合优化，将最下层问题逐步向上层整合，最终转化为底层相对于高层的排序问题。

在自有铁路与港口综合利用效率评价指标体系中，每一项指标对准则层的影响程度不同，每一项准则对目标层的影响程度也不同，对系统整体利用效率影响程度大的指标权重数值大。在充分综合考虑数据可行性的情况下，结合德尔菲法和层次分析法（The Analytic Hierarchy Process，AHP）计算各级评价指标的权重。

首先采用德尔菲法向专家征求意见，请专家依据表2-10的标度对相邻层级中低层指标相对于高层指标的重要程度进行两两比较。

表 2-10 指标比较标度表

标度 d	含义
1	两个指标具有同等重要性
3	两个指标相比，前者比后者稍显重要
5	两个指标相比，前者比后者明显重要
7	两个指标相比，前者比后者强烈重要
9	两个指标相比，前者比后者极端重要
2，4，6，8	奇数标度的中间值，重要度顺次排序
倒数	前一指标相对于后一指标的重要度为 d，则后一指标相对于前一指标的重要度为 $1/d$

通过指标比较得到各位专家对各评价指标的判断矩阵，其一般形式如表2-11所示。

表 2-11 判断矩阵的一般形式

	C_1	C_2	…	C_n
C_1	C_{11}	C_{12}	…	C_{1n}
C_2	C_{21}	C_{22}	…	C_{2n}
⋮	⋮	⋮	⋮	⋮
C_n	C_{n1}	C_{n2}	…	C_{nn}

随后求出各专家判断矩阵的特征根，做一致性检验，进行列行向量归一化处理等，求得指标权重数值 W。采用 yaahp 层次分析软件进行指标权重的计算及一致性检验。

以一级指标为例，将专家打分的平均结果形成判断矩阵，如表2-12所示。

表 2-12　一级指标判断矩阵

一级指标	生产指标 X_1	技术效率指标 X_2	财务指标 X_3	设施设备指标 X_4
生产指标 X_1	1	1/4	1/2	4
技术效率指标 X_2	4	1	5	7
财务指标 X_3	2	1/5	1	2
设施设备指标 X_4	1/4	1/7	1/2	1

运用 yaahp 软件计算得到一级指标权重，如表 2-13 所示。

表 2-13　一级指标权重计算结果

一级指标	指标权重	一致性比例
生产指标 X_1	0.1630	
技术效率指标 X_2	0.5985	
财务指标 X_3	0.1718	0.0878
设施设备指标 X_4	0.0668	

由表 2-13 可以看出，一级指标权重计算结果满足一致性检验，在四个一级指标中，技术效率指标所占权重最大，即技术效率对于综合利用效率的评价结果具有重要影响作用，其次是财务指标、生产指标。设施设备指标对于评价结果影响较小，这是因为国家能源集团路港航的基础设施设备已基本完备，相对于其他影响因素其提升和改进空间较小。类似地，对不同一级指标下的二级指标建立判断矩阵，得到各二级指标的综合权重 W，如表 2-14 所示。

表 2-14　二级指标综合权重计算结果

一级指标	一级指标权重	二级指标	二级指标权重	一致性检验
生产指标	0.1630	商品煤产量	0.0072	
		自产煤销售量	0.0068	0.0989<0.1
		外购煤销售量	0.0029	

续表2-14

一级指标	一级指标权重	二级指标	二级指标权重	一致性检验
生产指标	0.1630	矿企全员劳动生产率	0.0036	0.0989<0.1
		自有铁路货物周转量	0.0455	
		煤炭年运量	0.0231	
		非煤货物年运量	0.0073	
		港口运输总量	0.0192	
		集装箱吞吐量	0.0089	
		航运货运量	0.0129	
		航运周转量	0.0256	
技术效率指标	0.5985	百万吨死亡率	0.0037	0.0821<0.1
		铁路年运输计划完成率	0.0633	
		日均装车	0.0309	
		日均卸车	0.0216	
		装车站能力	0.0149	
		卸车站能力	0.0112	
		铁路正向运输能力利用率	0.0851	
		铁路反向运输能力利用率	0.0618	
		货车周转时间	0.0635	
		铁路碳排放因子	0.0097	
		铁路碳排放量	0.0540	
		港口装船效率	0.0178	
		码头堆存能力	0.0096	
		港口卸车效率	0.0204	
		港口卸车计划完成率	0.0304	
		港口装船计划完成率	0.0323	
		港口平均货物堆存期	0.0462	
		船舶运能利用率	0.0108	
		航运计划完成率	0.0114	

续表2-14

一级指标	一级指标权重	二级指标	二级指标权重	一致性检验
财务指标	0.1718	煤炭经营毛利率	0.0068	0.0958<0.1
		煤炭经营收益率	0.0068	
		煤炭经营收益	0.0033	
		铁路业务收入	0.0152	
		铁路业务成本	0.0143	
		铁路毛利率	0.0272	
		铁路经营收益率	0.0283	
		铁路经营收益	0.0153	
		港口业务收入	0.0074	
		港口业务成本	0.0069	
		港口毛利率	0.0110	
		港口经营收益率	0.0103	
		港口经营收益	0.0050	
		航运毛利率	0.0055	
		航运经营收益率	0.0053	
		航运经营收益	0.0032	
设施设备指标	0.0668	铁路线路运营里程	0.0156	0.0966<0.1
		自备货车车辆数	0.0246	
		机车保有量	0.0100	
		装车站个数	0.0042	
		卸车站个数	0.0031	
		码头泊位个数	0.0013	
		装卸设备数量	0.0047	
		自有船舶数量	0.0019	
		航线数量	0.0012	

2.1.2.7　综合效率评价模型与评价结果

基于计算得到的指标权重 W，建立自有铁路与港口综合利用效率测算模型，如式（2-5）。

$$Q_{综合}(j) = \sum \sum W_{ik} \cdot \left[x'_{ik}(j) \cdot \lambda_{ik} + (1 - x'_{ik}(j)) \cdot \lambda'_{ik} \right],$$

$$\begin{cases} x_{ik} \in X_1, \lambda_{ik} = 1, \lambda'_{ik} = 0 \\ x_{ik} \in X_2, \lambda_{ik} = 0, \lambda'_{ik} = -1 \end{cases} \qquad (2-5)$$

式中：W_{ik} 为第 i 组第 k 个二级指标的权重；x_{ik} 为第 i 组第 k 个二级指标；x'_{ik} 为 x_{ik} 经过一致化处理后的取值，且 $x'_{ik} \in [0, 1]$；X_1 为效益型指标集合；X_2 为成本型指标集合。

根据指标权重及实际数据，国家能源集团 2019—2022 年自有铁路与港口综合利用效率，以及综合技术效率、规模效率、纯技术效率如表 2-15 所示，自有铁路和港口综合利用效率在此期间提升幅度超过 10%，已达到 12.02%。

表 2-15　国家能源集团 2019—2022 年自有铁路与港口综合利用效率

年份	2019	2020	2021	2022
综合利用效率/%	79.56	79.72	85.55	91.58
综合技术效率/%	75.06	75.81	81.31	87.07
规模效率/%	77.57	77.64	82.45	87.09
纯技术效率/%	96.76	97.64	98.62	99.98

具体来看，2022 年综合技术效率较 2019 年提升了 12.01%，其中部分技术效率指标（如铁路年运输计划完成率、日均装卸、航运计划完成率等）在经历 2020 年的低谷后迅速回升，并超过 2019 年水平；2022 年规模效率较 2019 年提升了 9.52%，其中部分生产指标（如商品煤产量、自产煤销量、自有铁路货物周转量、港口运输总量、集装箱吞吐量、航运周转量等）与部分财务指标（如港口业务收入、港口经营收益、航运毛利率等）年增长率不断提升；2022 年纯技术效率较 2019 年提升了 3.22%，其中铁路线路运营里程、机车保有量等设施设备指标呈现持续增长趋势，装卸车站数量、码头泊位个数、装卸设备数量等指标保持稳定。

2019—2022 年期间，综合技术效率、规模效率和纯技术效率得到全面改善，使得综合利用效率显著提升，这充分体现了路港航双向一体化模式对于提升铁水联运综合效率具有显著成效。

2.1.3 运输产业经济效益增长

路港航双向一体化模式将国家能源集团运输产业的业务范围从煤炭运输转变为多品类运输，国家能源集团主营的煤炭运输业务运输规模均保持年运量 4 亿多吨的水平，非煤运输业务并未影响煤炭运输效率，自有铁路、港口、船舶等运输设施设备得到充分利用。国家能源集团聚焦于市场需求现状、改进生产工艺、提供增值性运输服务，试点任务开展后各运输板块边际效益实现一定增长，如表 2-16 所示。

表 2-16 运输产业边际效益

年份	2019	2020	2021	2022
铁路非煤运输效益/亿元	3.02	4.88	5.23	5.20
航运非煤运输效益/亿元	0.13	1.39	1.40	0.96
经济效益增长量/亿元	3.15	6.27	6.63	6.16

具体看来，试点任务开展后集团铁路、航运非煤运输边际效益实现增长，2021 年铁路非煤运输边际效益成功突破 5 亿元。在路港航双向一体化模式助推下，运输产业经营状况稳中向好，扩大服务覆盖面，积极创收，同时为沿线地区提供低成本运输服务，实现多方互惠互利。

2.2 多元市场营销策略

国家能源集团高度重视大物流发展，将大物流工作作为国家能源集团长远发展的新动能。加大市场营销力度，是打开重点区域市场的重要突破口。国家能源集团采用多元市场营销策略，有效承接地方产业结构调整带来的运输需求，推动国家能源集团由传统运煤专线加快向现代物流企业转型。

2.2.1　市场营销思路及方向

打造国家能源集团现代化大物流体系能够拓展国家能源集团铁路反向运输的市场，推动双向重载运输的发展。为加快打造国家能源集团现代化大物流体系，国家能源集团发布的相关文件指出：要分阶段、有策略地开展物流营销，不同阶段要采用不同的营销策略。市场培育期，各公司均可承担货代职责，调动一切可调动的资源，尽快打开市场；未来依据物流业务的发展情况，逐步整合、规范物流业务市场，建立专业化货物营销队伍，打造国家能源集团物流品牌。为进一步开拓非煤运输市场，加快打造现代化大物流体系，国家能源集团采用了多种营销策略吸引货源。

2.2.1.1　多元营销保货源

在市场开拓营销策略方面，国家能源集团各下属子公司结合市场发展特点及自身优势，深入市场调查，了解客户多样化需求，通过提供个性化的运输组织方案和客户建立长期稳定的合作关系，有助于集团不断拓展优质客户。物资公司通过与敬业集团、黄骅港通过与中捷石化深度合作，成为国家能源集团大物流业务的主力军；其他各公司也通过积极走访营销、加强运输调度服务等方式拓展市场空间，与宁夏钢铁集团、宁夏天元锰业集团、嘉友国际等客户形成了良好的合作关系。

在品牌建设营销策略方面，国家能源集团聚焦集团品牌优势、研制优秀战略，定制集团品牌战略——"RISE"品牌战略，为集团品牌建设工作提供了重要的理论支撑。其中，包神铁路集团品牌建设为集团运输产业高质量发展提供了强劲动力，逐步释放品牌效应。"包神物流"全面延伸产业链，为客户提供安全优质高效运输，打造了"包神铁路""包神服务""包神一体化调度""智慧包神""甘其毛都口岸集运"等服务品牌。

在价格营销策略方面，国家能源集团将以基准运价为主、按货物周转量规模阶梯优惠、锚定汽运价格定期调整，给予各铁路经营子公司自主制定运价下降幅度的权利。各子公司可根据货运市场和客户群等实际情况和"量价互保"关系，按照整体利益最大化和"增量提效"原则，以客户运量或客户运量占本单位年度货运总量的比重等因子为基础，自行制定内外一致的"量大从优""阶梯运价"等方式的运价浮动政策。运价浮动政策经国家能源集团价格领导小组审批同意后即可执行。灵活运用量价互保等营销手段，吸引社会重点客户。

在运输模式营销策略方面，结合腹地资源、企业布局和上下游产业链相互关系，国家能源集团将开展两种供应链营销模式：

一是供应链产业链营销。借鉴国家能源集团拓展敬业集团模式，重点关注沿线大中型企业和物流企业，提供从原材料到产成品的物流体系设计，通过铁路、公路、港口、园区等提供全程物流系统服务，如包钢集团，可以统筹其铁矿石进口、钢材外运、焦炭调入、水渣运输等设计安排。再如，中铝集团、东方希望集团在山西吕梁地区布局氧化铝产能均超过300万吨，而包头的包头铝业和东方希望集团包头稀土铝业拥有电解铝产能近300万吨，通过山西铝土矿进口、氧化铝运输、铝锭外运组织，锁定其企业关系，进行全程产业链运输。

二是集团性营销。建龙集团、杭州锦江、中煤集团、兖州煤业、宁夏宝丰能源集团、中铝集团、东方希望集团等企业在腹地内多区域均有布局，且国家能源集团掌握着一定或全部的采购权，可在集团统一营销上下功夫。如建龙集团在乌海、石嘴山、吕梁均布局有钢铁企业，宁夏宝丰能源集团在宁东、鄂尔多斯等地布局有化工企业，杭州锦江在山东、山西等地布局有氧化铝企业，国家能源集团的非煤运输业务可以辐射这些集团在腹地内布局的所有企业，形成集团性合作关系。

2.2.1.2 重点区域拓市场

国家能源集团将以宁夏中北部(含乌海、鄂西)、包头(含包神沿线、甘泉)、山西中南部及太原周边和河北中南部作为四大重点区域，以铁矿石、合金矿石、化工品、金属制品和焦炭五大货种为重点，加强与沿线大中型生产企业和物流企业合作，培育和拓展非煤运输市场。

针对沿线区域内的大型企业，签订运输协议或物流包运合同。国家能源集团与沿线企业如敬业集团、包钢集团、建龙集团、东方希望集团、中铝集团等开展战略性合作，融入企业物流链，提供企业全流程物流链服务。在作业流程方面，从软条件上，积极主动与客户对接发运货物量和发运时间，优化运输组织方案，提高调车作业效率；细化专用线及装车环线的装卸作业，缩减装车时间，压缩列车停时，加速车辆周转。从硬条件上，补充自有铁路两端与港口、货物需求地之间的基础设施配置，港口端优化货物接卸流程，推动建设与货物需求地之间的铁路专用线，从而提升货物运输效率，提升对非煤货物的吸引力。

针对沿线区域内小微企业，国家能源集团与沿线的其他物流企业如嘉友国际、宁夏富海物流公司、宁夏然尔特智慧物流公司等合作共同开发市场，国家能源集团铁路提供品牌、场站以及运输服务等，在沿线开展高质量的物流服务。

2.2.1.3　激励机制抓落实

国家能源集团下设非煤运输营销专责小组，建立实施激励约束机制，将目标指标、主要任务和重点工程纳入经营目标责任考核和绩效考核范围，对腹地内敬业集团、包钢集团、建龙集团、中铝集团、东方希望集团、兖州煤业、中煤集团、宁夏宝丰能源集团等运量大的企业，实行重点突破。营销专责小组专门对接企业货运需求、做好运输计划调度衔接等工作，保障大物流业务顺利执行和实施目标落地。

国家铁路集团通过建设企业园区专用线，"散改集""公转铁"来提高"白货"运输市场的占有率。对于国家能源集团而言，"十四五"期间是国家能源集团建立拓展非煤市场重要缓冲期，非煤运输将成为国家能源集团应对煤炭运输需求下降寻找发展新动能的重要抓手。首先，需要拓展非煤货物运输品类，国家能源集团从铁矿石单一品种已经拓展到焦炭及钢材的运输，紧抓运输结构调整机遇，灵活运用量价互保等营销手段，吸引社会重点客户；其次，在"散改集"运输需求方面积极作为，国家能源集团将围绕产业链进行破局，围绕"散改集"拓展铁水联运，以反向、大宗散货及集装箱运输业务为开发重点，通过全程供应链组织营销模式提升非煤整体服务水平，创新非煤领域服务新生态。

2.2.2　具体营销措施

国家能源集团开展大物流业务以来，各子公司积极推进大物流业务营销工作，非煤运输业务因此取得长足进步，下面是各子公司开展大物流营销工作的实例。

新朔铁路公司认真研判形势，成立大物流营销团队密切关注市场变化，全面摸清管内各煤矿、站台煤源情况，由"坐商"变"行商"，挖掘新的煤炭发运客户以及有新的发运需求的非煤客户，深入了解地方客户的发运需求；实时关注汽运价格，积极引流上线；抢抓"公转铁"有利时机，落实以客户为中心的客户经理负责制和 24 小时工作办结制，大力提升服务质量，在服务好既有客户的前提下，按照"全员营销、全面覆盖、全力增量"的原则，鼓励全体员工参与铁路运输市场营销工作，积极开发周边货源，实现公司增运增收。2021 年 3 月 9 日，第一列以全员营销方式组织的万吨列车顺利开行。

2021 年下半年以来，新朔铁路公司紧紧把握市场风向，因势利导，充分吸收巴准线周边货源，代理承办丰镇市新丰热电公司供煤、巴准线托克托电厂供煤运输业务，既解沿线电厂的燃"煤"之急，又能有效提高管内电煤发运量，实现了"供"与"求"的双赢；及时收集市场信息，摸排货源，研判铁路周边煤炭运输市场，协调准能集团、销售集团等单位，加大管内"公转铁"电煤发运力度。

2021 年以来，准能集团紧盯全年生产经营目标，合理规划两个露天煤矿生产布局。公司严格落实冬季设备防寒越冬工作，紧抓和林电厂"公转铁"长协煤装车的落实，全力争取外购煤增量。截至 2021 年 12 月 12 日，准能集团商品煤年累计完成 5953 万吨，同比增幅 8.2%，创近五年同期新高，为保供持续发力。

2022 年以来，朔黄铁路公司加快落实运输结构调整的有关要求，科学研判山东地区运输市场需求，做好"引流上线"，有效实施"量价互保"政策，精心培育核心客户群体，推进"公转铁"战略落地见效。国家能源集团与敬业集团、山东高速轨道交通集团、龙口港等相关单位密切对接，协调安排外贸铁矿粉运输计划，做好水转铁运输。截至 2022 年 5 月 16 日，龙口港至朔黄铁路铁矿粉反向运输年累计完成 100.254 万吨，较 2021 年提前 59 天突破百万吨节点。

自国家能源集团发展非煤运输业务以来，朔黄铁路公司全面发挥"多路对一路、一路对三港"的区位优势，采取"上游不足管装补，煤炭不足非煤补"的经营策略，创新营销模式以拓展业务辐射范围，逐步建立起辐射京、津、冀、鲁、晋、陕、蒙、宁等地的市场营销网。朔黄铁路公司积极拓展疏港运输市场，紧密对接西部地区工矿企业，推动集装箱海铁联运，先后开通了金属及非金属矿石、矿物性建筑材料、聚烯烃以及各类集装箱等三十余项非煤运输业务，运量水平逐年大幅提升。

2.3 运输业务代理机制

国家能源集团非煤运输业务采用货物运输代理制，由代理货物的单位总包负责运输全程中的协调服务、运费结算等。原则上，同一客户只能由一个代理公司负责接洽。

2.3.1　非煤运输定价业务代理

国家能源集团大物流业务的代理公司主要分为铁路代理公司和港航代理公司两类，如图 2-2 所示。其中，铁路代理公司包括朔黄铁路、包神铁路、新朔铁路三大铁路公司，也包括物资公司、宁夏煤业煤制油分公司和煤炭经营分公司等；港航代理公司有黄骅港务公司和航运公司。

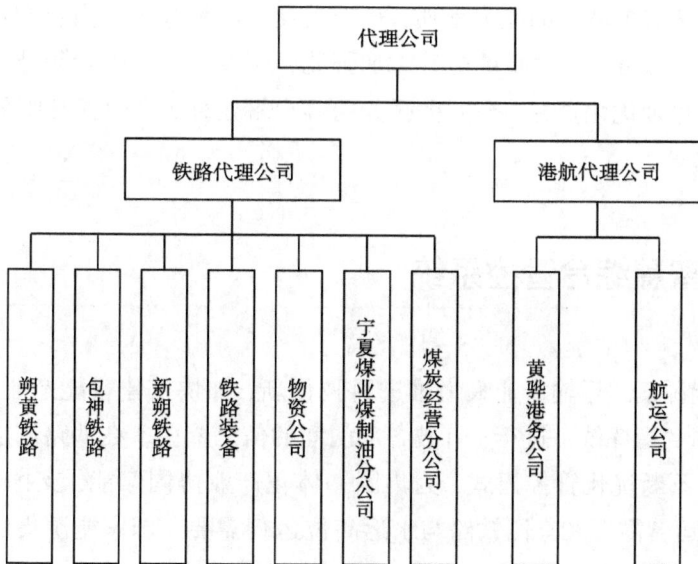

图 2-2　国家能源集团代理公司

基于货物运输代理的非煤运价制定方式及审批、竞价流程优化了大物流服务机制，与传统"一事一议""一企一案"的报批方式相比，国家能源集团运输业务的代理服务模式加快了审批速度，显著提高了客户服务质量和效率，能够更加有效地应对非煤货物市场价格的波动和公路运价灵活多变的挑战，具有良好的推广前景。

2.3.2　非煤运输协调服务代理

非煤运输业务中，代理公司采用主动式营销策略，积极主动地发掘稳定客户，与目标客户进行交流沟通，更好地了解客户需求、竞争对手情况以及市场发展趋势；将传统的船代、货代制模式引入铁路货运，为客户提供接卸、日常管理、监装等一整套代理服务，以服务换贸易，借助中间商整合市场资源，选取实力、信誉俱佳的中间商合作，通过中间商整合发运量小、货物品类较杂的小型贸易商，实现集中供货，化零为整。

在提升专业化服务质量方面，代理公司可不断完善服务制度，落实公司具体细则，创新服务体系建设，提升服务供应能力，升级服务内容，确保服务到位。充分发挥所属单位优势，加强电商货物质量检测以及技术监督基础设施建设，提升质量服务队伍的能力素质，规范检测、监督等服务内容和标准，促进全系统产品、服务、技术质量提升。加强物流运输、信息平台等技术、管理和模式创新，整合优化资源，努力将服务向客户端延伸，大力提升服务价值链的整体贡献水平。

2.4 智慧综合管控系统

国家能源集团运输产业大力推进科技创新，加快搭建智能产业协同平台，实现集团调度指挥统一进行，打破各部门间的信息壁垒。在铁路调度信息系统的助力下，不断优化管控模式，为集团一体化产业协同赋能，支撑集团"产销运"一体化运营需要和集团铁路与水运高位运行需要。国家能源集团依托新兴技术，打造"一体化集中管控、智能化高效协同、可视化高度融合"独具特色的工业互联网平台，通过提供全程物流供应链策划服务，发展供应链金融服务，实现全运输类型的平台业务全覆盖和集团现货化品销售业务全面上线。

2.4.1 铁路调度信息系统

国家能源集团是集煤炭、电力、铁路、港口、化工等全产业链业务于一体，以产运销一体化经营为特色的特大型能源企业，铁路运输是国家能源集团产运销一体化经营中的纽带环节，与上下游单位、专业关联密切，其业务特点有别于中国国家铁路集团和其他以单一运输服务为主体的铁路运输运营机构。铁路调度信息系统的建设既要立足于铁路运输，又要服务于国家能源集团产运销一体化大局，在满足铁路运输生产需要、提高调度指挥效能的基础上，为铁路运输周边相关各单位及部门提供紧密协作的信息化平台。

铁路调度信息系统以货运营销为导向、计划为龙头，全面整合、科学运用机车、车辆、人员等运力资源，实现调度业务的纵向一体化和横向一体化，即集团总部、铁路公司、站段三级运输组织机构的纵向一体化，以及车务、机务、车辆、货运、营销各专业工种的横向一体化，从计划编制全局优化的角度全面提升集团智能化组织水平。以车流推算为驱动高度集成综合运用各类信息，以列车运行线为载体实现"一图一表一票"，融合构建综合动态运行图，在此基础上实现运输计划的智能、协同、精准编制。同时，与列车调度CTC系统有机结合，实现计划编制、下达、调整、执行、反馈的闭环管理，达到"计划质量最优化、效率效益最大化、统计分析自动化、安全保障源头化"的目标。

2.4.1.1　系统架构

铁路调度信息系统总体功能涵盖国家能源集团铁路主体运输组织流程，包括计划调度、列车调度、货运调度、机车调度、车辆调度、施工调度、车站管理、货运营销、统计分析等功能模块，各模块分散独立部署，同时又紧密关联互动，在统一平台下合力构建国家能源集团铁路运输组织数字化链条，完成国家能源集团铁路专业协同、上下联动的调度生产任务。系统按照一个平台、两级部署、三级应用架构设计，可以满足集团总调度室、铁路公司调度指挥中心、站段各级铁路调度指挥机构的运输业务需求，涵盖计划、行车、货运、机车、车辆、车站、施工、统计等主体业务。铁路调度信息系统新建 2 个数据中心，157 个车站集控装备，实现对国家能源集团铁路货物运输组织全过程的管控及全线信号行车设备的集中远程遥控。国家能源集团铁路调度信息系统总体架构图如图 2-3 所示。

2 个中心系统包括北七家调度信息中心和神池南 TDCS/CTC 中心，2 个中心通过集团骨干传输网进行互联互通，突破了传统 TD 结合(传统 TD 结合系统实现了 TDCS 和铁路运输管理信息系统之间的有限信息共享)限制，实现物理分离逻辑统一。北七家调度信息中心采用云平台架构，搭建虚拟计算环境，主要包括存储服务器集群、应用服务器集群、接口服务器集群、网关服务器集群、网络及信息安全等关键设备；神池南 TDCS/CTC 中心主要包括数据库服务器、应用服务器、通信前置服务器、接口服务器、对外时钟服务器、运维服务器及网络、信息安全等关键设备。

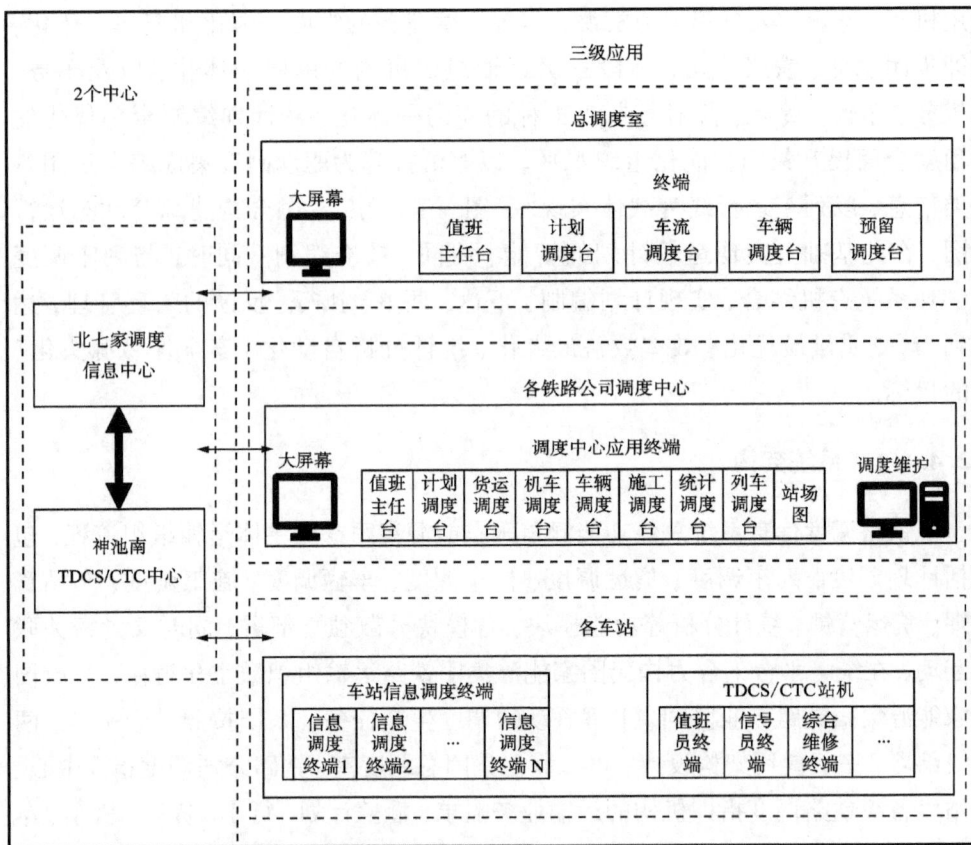

图 2-3 国家能源集团铁路调度信息系统总体架构图

铁路调度信息系统中网络系统按 2 套专网设计，分别承载综合调度信息系统、TDCS/CTC 系统，2 个中心互联租用了"点对点"的运营商传输资源，实现中心间的数据高效对接。

（1）综合调度信息系统网络架构。北七家调度信息中心集中部署综合调度信息系统，各铁路公司调度中心及车站部署应用终端。

（2）TDCS/CTC 网络架构。神池南 TDCS/CTC 中心集中部署 TDCS/CTC 中心系统，各铁路公司调度中心设置远程调度台终端，车站设备部署于车站现场。

2.4.1.2　数据设计

铁路调度信息系统数据架构分为静态基础数据层和动态业务数据层。基础数据是指描述设备或资源属性的静态数据，是各应用模块运行所依赖的数据基础；业务数据是指系统的动态业务数据，是各应用模块正常运行产生的生产数据。

基础数据可分为线路基础设施类、运输基础字典类、运输业务规则类。其中，线路基础设施类包括线路字典、车站字典、区间字典、股道字典等；运输基础字典类包括车种字典、机型字典、品类字典、组号字典、运行图参数等；运输业务规则类包括编组规则、隔离规则、作业标准、运杂费字典、机车交路、计价区段、牵引区段等。

业务数据是在系统运行过程中，随着系统应用实时产生的生产数据，具体包括车流数据、列车数据、基本图数据、编组数据、现车数据、调车数据、货运计划数据、运单数据、货票数据、装卸作业数据、车底编组数据、车统数据、机车周转数据、乘务运用数据、机车状态数据、天窗数据、施工计划数据、施工流程数据、调度命令数据、统计分析数据等。

2.4.1.3　系统功能

铁路调度信息系统有效加强了集团煤炭、运输和港口产业之间横向协同配合力度，提升了铁路公司之间的沟通效率，打破了公司之间的壁垒，增强了运输生产安全、提升了指挥智慧化，实现以下总体功能。

（1）基于统一数据，实现以列车开行计划牵动各专业协同、上下联动的调度指挥体系；深化 TD 结合，计划与行车形成闭环，达到管理与控制一体；集团总部可实时盯控运输实况，消除频繁人工摸排联络的弊端。提取聚合分析一线生产数据，实现铁路运输生产数据平台功能，建立调度数据发布平台，基于数据标准规范和信息安全规范，向相关授权专业系统开放数据接口，促进国家能源集团产运销一体化数字链条的构建。

（2）实现一体化运输、非煤运输、反向运输、地方煤运输等各类运输计划的一体化管理功能，以统筹运力资源，制订运输计划。

（3）实现"一张图""一条线""一张表""一张票"调度计划管理功能，集基本图、日班计划、阶段计划于一体，构建上下联动、专业协同的综合动态运行图，以一张图直观展现主体资源运用和运输要素；以运行线为载体打通相邻调度区域间的列流、车流、货流，从机制上消除分界口信息盲区；以一条线为基础实时跟踪列车组合拆解、甩挂作业过程，辅助以车号识别采集校核动态刷新列车编组顺序表；管内货运制票一票到底，形成货物一体化运输的信息基础。

(4)实现现车状态的实时追踪与闭环管理，包括车站现车的自动接入转出、列车报文与车号识别的自动校核、空重状态的自动更新、运非状态的自动转换。根据机车的挂入摘出计划，实现自动推算未来机车结存分布。机车动态表自动生成，与调度命令协同联动，完成机车运用状态的实时追踪与管理。跟踪机车和乘务状态，实现乘务超劳预警和机车超整备公里预警功能。

(5)实现施工作业全过程一体化控制和闭环管理。实现施工调度命令、运行揭示命令的闭环管理。

(6)实现夜间预制票功能，保障夜间发车效率。实现寒冷季节防冻车超时预警功能，实时跟踪装车进度及重车运行情况，在系统预置的寒冷季节时段，依据防冻时间标准，对超阈值的列车进行实时分级预警。实现从装车到取送、发车、在途运行、沿途作业、接车、卸车等运输活动的全生命期管理。

(7)提供铁路相关外部单位对系统的统一访问接口。对于煤源、运销、港口、电厂等铁路运输相关外部单位，经授权可访问本系统，掌握行车相关信息，避免频繁的人工摸排联络，提升工作效能。通过与煤炭销售物流调运模块(TSW)系统互联互通，协同联动销售与铁路的生产组织流程，并预留与煤源单位、港口、电厂等专业的互联互通能力，助力产运销一体化发展。实现一键生成车站、铁路公司、集团级报表功能，消除人工计算、层层统计、级级上报。

铁路调度信息系统的建设是一项庞大复杂的系统工程，涉及部门和专业众多，同时不同运营性质和运营规模的铁路运输企业在机构设置和业务特点上差异性较大。铁路调度信息系统的建设应因地制宜，方能取得良好的建设成效。在对目标企业的既有业务现状进行需求调研分析的前提下，结合企业发展愿景和信息技术发展趋势，对业务流程进行优化重构，从管理和技术两方面共进推动系统建设步伐，随着业务应用的逐步深入，不断调整优化系统建设方案。

2.4.2　电子商务平台

电子商务平台以服务国家能源集团自有物流运输为主，外化运力为辅，为大物流业务的开展提供安全、便捷、高效的专业化数字交易平台。该平台运用信息技术实现物流、资金流、信息流相融合，运用智能化技术实现货品、计划（行车计划）、车型相匹配，运用数字技术实现表单、合同、流程数字化。

电子商务平台的具体工作流程如图 2-4 所示。客户提出交易申请后，大物流管理部门制订大物流计划，通过电商平台进行运力挂牌或竞价销售。不同客户在平台上提交保证金、竞价并支付预付款，铁路公司或港口对竞价进行审批并公开发布中标客户，平台对未中标客户返还保证金并结束交易，对中标客户生成请车计划并由大物流管理部门审批。铁路公司根据审批计划装车，通过货票系统计算装车费用并生成执行单，同时电商平台根据请车情况生成运输订单，与执行单相互关联。根据运输订单，大物流/铁路调度系统进行物流跟踪，待货物交付后，通过集成 ERP（Enterprise Resource Planning）结算结果分配运输费用，由铁路公司或港口通知财务，平台交易结束。

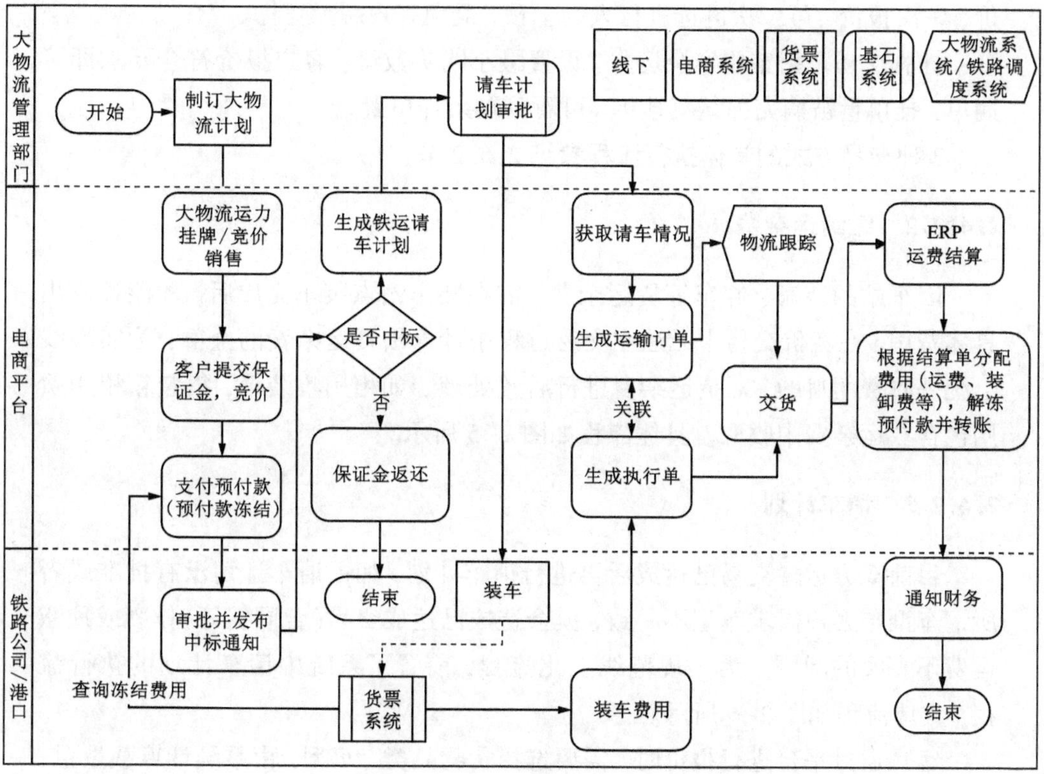

图 2-4　电子商务平台业务流程

在运力交易、运杂费缴纳、请车计划及跨公司结算等环节中，通常需要根据运营实际，在充分考虑客户类型和运费的多种情况的基础上，细化、优化作业流程，确保交易公开、公正、高效。针对各环节重难点，电子商务平台采取的主要优化措施及流程如下。

2.4.2.1　运力交易

铁路货运客户一般分为独立客户和代理客户，铁路货运费用一般由运费、货运杂费、代理服务费组成，因此在方案设计时充分考虑铁路客户类型及费用的多种情况，以公开竞价、密封竞价、挂牌交易3种交易方式实现运力销售。

公开竞价是指发现市场价格，限制竞价时间，为促进客户之间相互竞争，客户需在有限的时间内完成报价，可看到其他报价，正向加价、多次报价，系统自动遴选，没有人为干预。

密封竞价是指发现市场价格，客户相互之间看不到对方报价，客户正向加价、一次报价，可二次遴选进行人为干预，避免客户恶意竞标。

挂牌交易是指销售富余运力，设置最小购买数量，客户报价符合要求即可摘单，挂单量被摘完即结束挂单，可看到剩余挂单量。

3种交易方式的具体执行流程参见2.5.2节。

2.4.2.2　缴纳运杂费

因车站的装车、卸车等货运杂费，需在装车站点装车完成后，才能计算出具体费用，在竞价交易中无法在交易过程中计算出货运杂费的金额，为实现线上统一收费的目的，对货运杂费进行后置处理。如租用集装箱，集装箱租用费用包含在运杂费中收取。具体流程如图2-5所示。

2.4.2.3　请车计划

目前双方运输交易已达成后再进行请车计划，如果请车计划没有批准或者所请车型与客户需求车型不一致，就会造成已达成交易（合同签订）作废或预缴运费不真实的问题。为了规范线上化流程，前置了系统中请车计划的执行流程，具体流程如图2-6所示。

客户通过平台进行报价时，需要选择货物品类、车型，由系统计算载重量，并根据客户申请结果计算总运费。客户支付预付款后，系统进行筛选排序，选

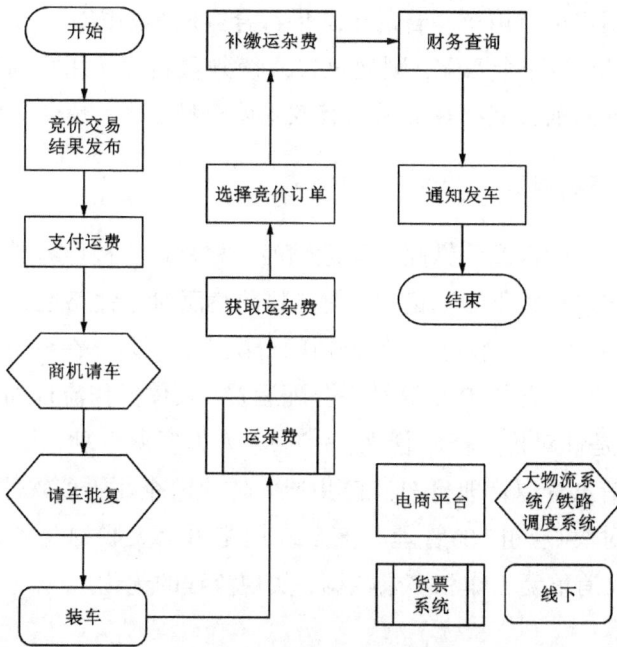

图 2-5 运杂费缴纳流程图

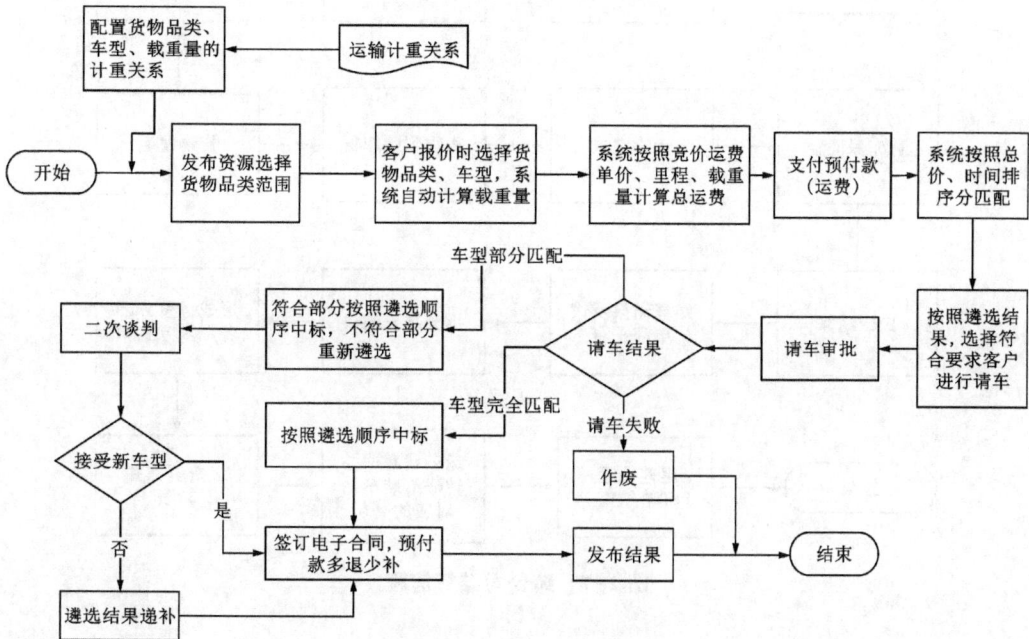

图 2-6 请车计划流程图

择符合要求的用户进行请车。若请车结果符合客户车型需求，按照系统遴选顺序中标；若车型不能完全匹配，则通过二次谈判重新确认用户需求，进而达成交易。请车计划的前置能够在交易前有效确认车型需求，减少交易作废。

2.4.2.4 跨公司结算

铁路一体化运营涉及跨铁路公司运输时，需要货主按照各铁路线、站费率到不同铁路公司进行线下缴纳运费，但是目前集团对于铁路运力竞价产生的超额(大于标准运费)运费没有具体的公司间分配方案，因此在系统处理时采用开放时的方式，通过集成 ERP 结算结果分配运费，具体操作流程如图 2-7 所示。

集成 ERP 是针对物资资源管理(物流)、人力资源管理(人流)、财务资源管理(财流)、信息资源管理(信息流)集成一体化的企业管理软件，其核心管理思想就是实现对"供应链"的管理。该系统把逻辑上关联的业务紧密连接在一起，能够完全取消重复工作和多余数据，实现流程的优化。

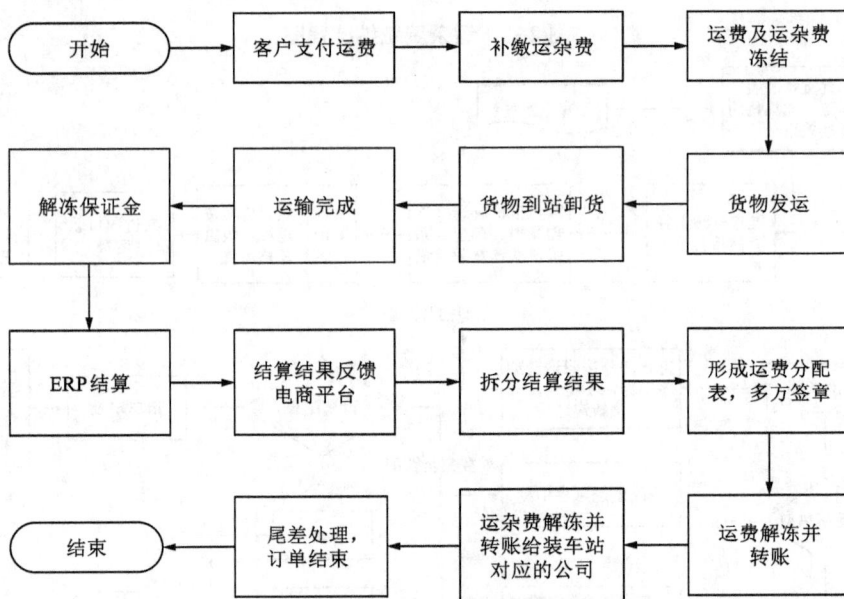

图 2-7 跨公司结算流程

当前，电商平台的煤炭板块已全面覆盖国家能源集团煤炭长协销售合同的签订工作和现货煤炭的采销业务；运输板块涵盖了海运、汽运、铁运业务，推进铁路运力销售，实现了全运输类型的平台业务全覆盖；化品板块在实现国家能源集团现货化品销售业务全面上线的基础上，积极研讨采购业务的线上化可能性。2022 年上半年，国家能源集团电商平台电子交易量达到 17561 万吨，电子交易额 716 亿元，参与电子交易外部客商 2430 家。其中，煤焦交易 5446 万吨，占比 31%，交易额 452 亿元，占比 63%；运力交易 11795 万吨，占比 67%，交易额 72 亿元，占比 10%；化品交易 318 万吨，占比 2%，交易额 190 亿元，占比 27%。

可以看出，电商平台交易模式的优势已初步显现：

一是信息公开透明。通过提供信息类服务，解决了信息的不透明、不对称的问题，使得交易建立在客户对流程、运价充分了解的基础上，能够有效提高服务质量及客户体验。

二是交易流程简化，交易效率高。通过提供撮合交易、专场交易等服务，简化交易流程，省略不必要手续和环节，有效地促进供需双方达成购销意向。

三是贸易中间环节少。原有煤炭贸易方式中间环节较多，煤炭企业须同时面对多个中间商。有了电商平台后，生产商、物流商、需求方只需通过平台完成签约，提升了交易效率。

四是提供金融服务。通过平台交易，能够解决行业上下游各方的融资需求，为企业带来可观的利润来源，助力大物流业务迅速发展。

电商平台的出现使铁路与水运一体化生产模式发生了较为明显的变化，对于国家能源集团积极稳妥推动大物流工作、建立协同机制、开拓完善集装箱多式联运服务、扩展路港航物流服务范围极具重要意义。

2.5　运输价格浮动体系

调整运输结构、提高综合运输效率、降低全社会物流成本，对提升实体经济竞争力至关重要。随着近年国家对于物流产业宏观政策支持力度的加大，互联网经济带动物流信息技术日趋成熟；同时，国家深化国民经济布局调整和国有企业战略性改组力度，煤炭、冶金、石化、建材、电力等与铁路运输关联度较高的行业纷纷实行限产压库政策。国家能源集团面对机遇与挑战并存的局面，深入贯彻落实国家发展战略，充分合理利用铁路运力资源，通过启动大物流运输业务，建立了正反向钟摆铁路运输模式。近年来，国家能源集团非煤运输的业务范围不断扩大，运量显著提升，成为集团运输产业拓展发展空间、提质增效的新兴力量。非煤运输业务规模和数量的增加，也对国家能源集团非煤运输定价管理机制提出新的要求。如何优化非煤运输定价管理机制，建立有利于非煤运输业务增加的非煤定价管理体系，成为国家能源集团定价管理的新主题。

为充分发挥集团"一体化"产业链优势，提升利用运输产业能力，构建市场化大物流运价管理体系，做强做优大物流业务，巩固和扩大市场份额，增强国家能源集团市场竞争力和整体效益，在确保正向煤炭运输的前提下，根据非煤运输供求关系，国家能源集团通过浮动运价使得非煤运输市场需求与运力资源相匹配。

2.5.1 运价浮动管理体系

2.5.1.1 组织构架及职责划分

非煤运输定价工作由国家能源集团（本节简称"集团公司"）统一管理，下属单位实行分级负责，非煤定价组织架构及职责划分如图 2-8 所示。

非煤运输定价的日常管理工作由集团公司销售价格协商议事领导小组（以下简称"集团公司价格领导小组"）负责。集团公司总调度室负责制订非煤运输价格相关制度，并监督执行；负责将重大定价事项提交集团公司价格领导小组审议、批复；负责监督、考核非煤长协运价申请的执行情况；负责确定可用于非煤运输的剩余运力、协调处理非煤运输定价相关事宜。集团公司财务部负责审核各单位非煤运输相关的单位完全成本、单位变动成本数据以及收入并测算收益。集团公司煤炭与运输管理部（以下简称"煤炭运输部"）参与审核集团公司非煤长协运价申请；研判非煤运价浮动执行效果。

中国神华协助集团公司做好下属子（分）公司的大物流业务管理工作。成立非煤运输定价领导小组，由调运部牵头，财务、审计、纪检等相关部门参加。调运部负责监测和分析市场价格相关信息以及定价授权内非煤长协运价申请的拟定、批复或申报；负责监督和分析非煤长协运价申请的执行效果；负责经办集团公司可用于非煤运输的剩余运力的竞拍交易定价。

国家能源集团	
➤　**集团公司价格领导小组** 　　　负责日常管理工作。 ➤　**总调度室** 　　　负责制订相关制度,并监督执行; 　　　将重大定价事项提交集团公司价格领导小组审议、批复; 　　　监督、考核非煤长协运价申请的执行情况; 　　　确定剩余运力、协调处理非煤运输定价相关事宜。 ➤　**财务部** 　　　负责审核各单位非煤运输相关的单位完全成本、单位变动成本数据; 　　　审核收入、测算收益。 ➤　**煤炭运输部** 　　　参与审核非煤长协运价申请,研判执行效果。	
中国神华	子(分)公司
➤　授权内非煤长协运价申请的拟定、批复、申报等; ➤　监督和分析非煤长协运价申请的执行效果; ➤　经办集团公司非煤运输剩余运力的竞拍交易定价。	➤　授权内执行非煤运输定价; ➤　本单位非煤长协运价申请的拟定、审核、批复、申报等; ➤　监测和分析市场价格相关信息。

图 2-8　国家能源集团非煤定价组织架构及职责划分

子(分)公司负责具体非煤长协运价申请的审核、批复等,成立非煤运输定价领导小组,由负责运输的部门牵头,财务、审计、纪检等相关部门参加。牵头部门同时负责执行非煤运输定价,负责监测和分析市场价格相关信息,负责本单位非煤长协运价申请的拟定、批复或申报。

2.5.1.2　客户评级的差异化管理

非煤运输定价根据客户评级进行差异化管理,综合考虑客户与集团的既有合作情况、客户运量和运费的贡献程度、对集团铁路的依赖程度、运量兑现率以及潜在的可争取货运量等方面,结合客户信息的维护分析结果,将客户分为长协客户和普通客户两类:长协客户对集团贡献度高、稳定度强、诚信度高、潜力大,并且具备一定的特殊属性,可与集团保持长期、稳定的合作关系；普通客户对集团的贡献度相对较低，稳定度一般，诚信度一般，潜力有限，客户属性一般，与集团的合作程度相对较弱，可能还需要进一步发展和培育。

在识别客户类型的基础上，对不同客户采用差异化定价模式，提供差异化服务。针对长协客户，集团与客户签订量价互保协议，按照分级授权的定价上下限模式，根据国家能源集团、中国神华、子(分)公司的授权情况进行价格审批；集团在约定期限内为客户提供具备竞争力的非煤运输协议运价并承诺准时完成特定装卸站点或线路经由的货物运量，以此来稳定客户和货流。对于普通客户，集团实行竞拍运价，按照底价竞拍模式，由中国神华组织实施价格竞拍，竞拍运价通过集团公司电子商务平台来实施，由国家能源集团或中国神华定期公布可竞拍运力资源，设置竞拍底价，社会客户和代理公司通过竞拍形成最终运价方案并获得相应的运力，其体系关系如图 2-9 所示。

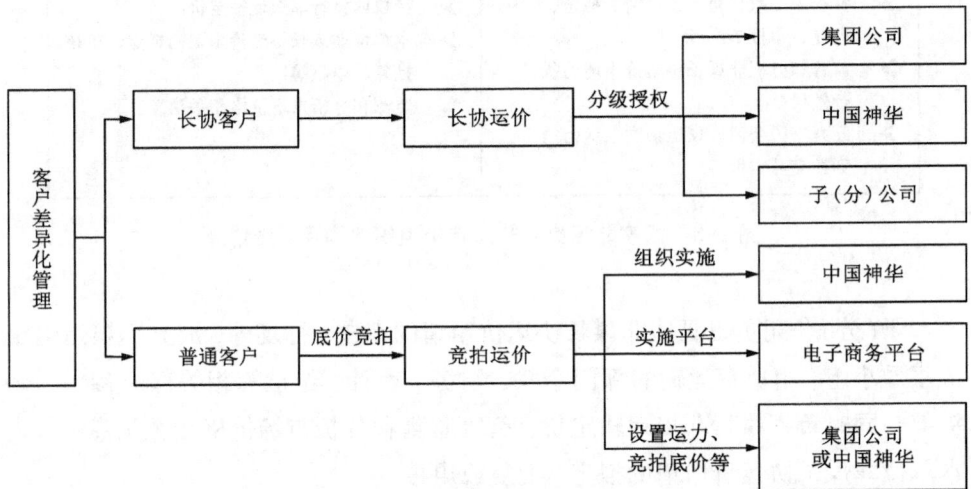

图 2-9　客户评级的差异化管理

2.5.2　非煤业务价格优惠机制

2.5.2.1　非煤业务运价浮动管理机制

国家能源集团发布的相关文件指出：要建立灵活的浮动运价管理体制，进一步完善浮动运价机制，针对不同货类、不同运距、不同运量规模制定基准运价和灵活的浮动运价政策，在市场竞争充分的领域要扩大浮动幅度，提升一线人员的决策权限，提高市场变化的快速反应能力。集团公司建立以"基准运价为主、按货物周转量规模阶梯优惠、锚定汽运价格定期调整"的规范运价策略，按计费径路收费，因运输组织需要进行绕行时，各线路运价执行"径路变更、总运费不变"的原则，按同比例浮动进行结算，以此提升集团公司运价透明度和品牌信誉度。

非煤运输定价的货运基准价率、浮动幅度根据国家政策调整，定价的授权可结合市场环境、经营目标、运输成本等因素的变化进行动态调整。非煤运价根据客户类型可分为长协运价和竞拍运价。

长协运价的浮动基础是国家批复的货运基准价率、浮动幅度及集团公司制定的货运基准价率。其中，上浮在不超过10%的范围内，根据运输市场情况灵活调整；下浮重点针对因运价影响竞争力，采用运价下浮能够新增运量或利用空闲运力，显著提升集团公司的市场份额或经济效益。由于正向运输的能力紧张，为保证更加精细化的价格管理，正向按径路进行划分；反向运输能力相对宽松，为充分利用运输能力，取最大可能下浮幅度开展价格管理，如表 2-17 所示。

表 2-17　非煤运输长协运价授权分配

运输性质	长协运价授权分配		
	国家能源集团	中国神华	子(分)公司
正向	均由集团审批	—	—
反向管内	下浮 30% 及以上	下浮 20%~30%	下浮 20% 及以内
反向跨子(分)公司	下浮 30% 及以上	下浮 20%~30%	下浮 20% 及以内协商定价

正向非煤运输长协运价均由国家能源集团审批，反向非煤运输长协运价方面，国家能源集团授权中国神华审批的非煤长协运价：子(分)公司管内及跨公司反向运输下浮 20%~30% 的定价。审批通过后报集团公司备案。子(分)公司结合市场需求和能力状况，根据定价授权制订长协客户非煤运输定价浮动范

围、执行期和基本运量等具体方案。授权子（分）公司审批的非煤长协运价包括：

反向管内运输，在下浮幅度不超过20%的范围内由承运单位自行定价，批准后报中国神华备案。

反向跨公司运输，在下浮幅度不超过20%的范围内由公司间协商定价，批准后报中国神华备案。

竞拍运价通过国家能源集团电子商务平台来实施，国家能源集团定期发布可竞拍运力资源，在运输方案设计时应充分考虑铁路客户类型及费用的多种情况，如表2-18所示，包含了2.4.2节已提到的公开竞价、密封竞价、挂牌交易3种方式，社会客户和代理公司通过竞拍形成最终运价方案并获得相应运力。

表2-18 各交易方式对应的运输方案情况

交易过程 / 内容	发布资源							报价					遴选		请车			执行
	多客户类型	多装车站	集装箱	站间差额	计重规则	多货物品类	车型设置	运费竞价	代理费竞价	自定义车型	保证金	预付运费	优先级排序	自动遴选	自动请车	二次谈判	自动作废订单	运杂费收取
密封竞价	√	√	√	×	√	√	√	√	√	√	√	√	√	×	×	√	×	√
公开竞价	√	√	√	√	√	√	×	√	√	√	√	√	√	√	√	×	√	√
挂牌交易	√	√	×	×	×	√	×	×	×	×	√	×	√	×	×	×	×	×

2.5.2.2 运价的申报与批复流程

1. 长协运价

针对非煤长协业务，代理公司结合非煤运输业务的市场开拓需要，在充分调研的基础上，向国家能源集团提出非煤长协运价申请。包括但不限于以下方面：

（1）市场背景分析

代理公司需充分调研并分析市场背景，包括所运货物特点及客户货物规模、运输需求规模、现有运输格局、预计可争取运量，结合相关装卸站点和线路经由、装载方式（含车型/箱型）等，向子（分）公司提出非煤长协运价的浮动建议。

（2）运输方式价格分析

代理公司充分调研通道内其他运输方式及其价格波动信息，包括替代径路、替代运输方式（含国铁、公路）的运价波动、运价里程以及全程运输费用变动，分析替代运输方式的货运价格变动及发展趋势。

（3）铁路成本和收益分析

代理公司需预测定价方案实施后铁路成本和效益增加情况。

（4）运价方案制订

代理公司需要确定非煤运价方案执行的起止时间、兑现考核方式等。

子（分）公司非煤运输定价归口管理部门根据需要，对代理公司提出的非煤长协运价申请进行分析、测算及审核后，提交至本单位非煤运输定价领导小组集体研究讨论、综合评估并提出处理意见。子（分）公司对授权范围内的非煤长协运价申请提出审核意见，在定价授权范围内对于审核通过的申请进行批复，由子（分）公司审核、签发，同时抄送中国神华。超出子（分）公司定价授权范围的报中国神华办理。

中国神华收到子（分）公司的非煤长协运价申请后，应征求相关公司意见，协调有关事宜并及时组织审核。经中国神华非煤运输定价领导小组集体研究讨论、综合评估后，提出处理和审核意见，并在定价授权范围内进行批复、审核、签发，同时抄送国家能源集团及相关子（分）公司。超出中国神华定价授权范围的报国家能源集团办理。

国家能源集团收到中国神华提报的非煤长协运价申请后，由总调度室牵头，会同相关部门对运价申请进行审核，征求各方意见，协调有关事宜，并提交国家能源集团价格领导小组会议研讨审批。国家能源集团对会议审议通过的运价申请应下发批复予以明确；对未通过的应及时反馈至中国神华。对需要由国家能源集团会议研讨审批，但确需紧急批复的非煤长协运价申请，应经总调度室审核并报集团公司分管领导同意后，由总调度室先行批复执行，再由国家能源集团价格领导小组会议审议确认。子（分）公司如需对既有非煤运输定价方案进行调整，应执行上述长协运价申报与审批流程，并将原方案相关内容完整列明，说明调整原因。长协运价的申报与批复流程如图 2-10 所示。

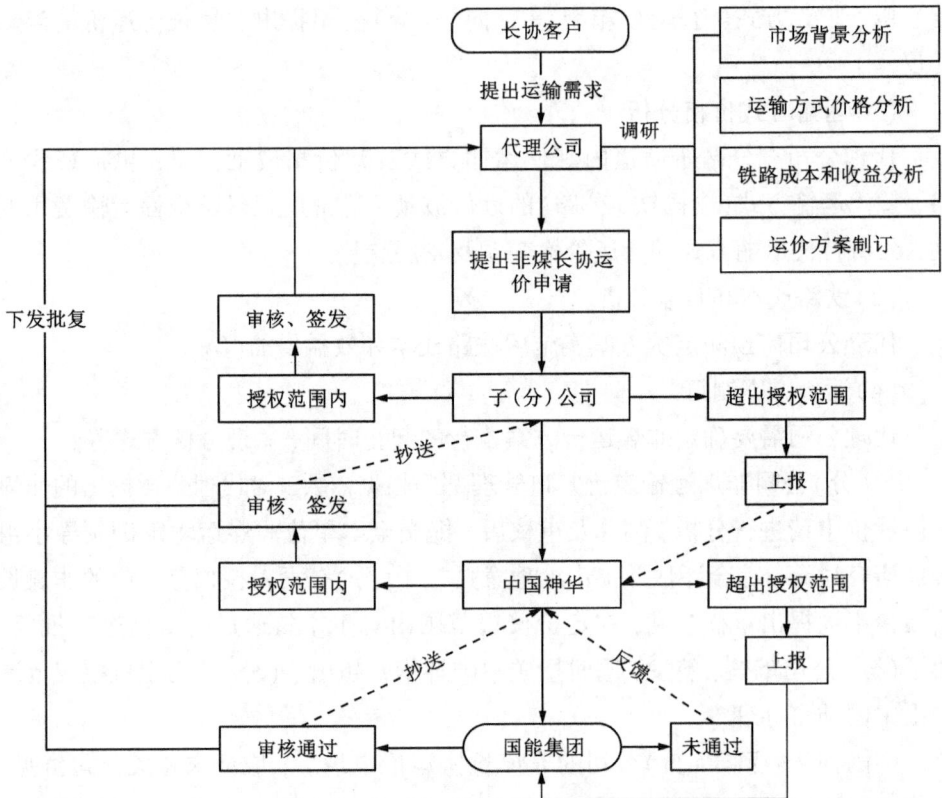

图 2-10　长协运价的申报与批复流程

2. 竞拍运价

（1）密封竞价

采用密封竞价模式，客户之间无法看到对方的报价，客户可正向加价、一次报价，为避免客户之间的恶意竞标，业务人员可以对系统遴选结果进行人为二次遴选，具体执行流程如下。

集团公司发布资源，配置计重规则，设置多装车站点单卸车站范围、每列车数、列数、保证金收取方式、集装箱启用等。客户通过选择装车站点、卸车站点、货物品类、车型，对运费单价进行竞价，系统自动根据货物品类、车型、运费单价计算总运费，并按照总运费、时间对客户报价结果进行排序。业务人员根据系统推荐遴选结果手动选择提报给调度系统进行请车，请车批复后，可根据请车结果决定是否二次遴选。装车完毕后，通过集成货运制票系统获取运杂费票据，并生成交易执行单，客户根据执行单补缴运杂费。

（2）公开竞价

采用公开竞价模式，客户需在有限的时间内完成报价，可看到其他客户的报价。客户可正向加价、多次报价，系统将自动遴选，没有人为干预，具体执行流程如下。

集团公司发布资源，配置计重规则、站点间运费差额，设置基准站点运费、多装车站点单卸车站范围、每列车数、列数、保证金收取方式、集装箱启用等。因出价时间有限，客户先对基准站点运费单价进行竞价，待竞价结束后再完善装卸车站点、货物品类等信息。系统自动根据货物品类、车型、站点差额、基准运费单价计算总运费。系统按照总运费、时间对客户报价结果进行排序。系统根据自动遴选结果向调度系统请车，系统自动判断请车结果。装车完毕后，通过集成货运制票系统获取运杂费票据，并生成交易执行单，客户根据执行单补缴运杂费。

（3）挂牌交易

销售富余运力时，集团公司将采用挂牌交易模式，设置最小购买数量，客户报价符合要求即可摘单，挂单量被摘完即结束挂单，客户可看到剩余挂单量，具体执行流程如下。

集团公司发布资源，配置计重规则，设置多装车站点单卸车站范围、各站点基础运费、每列车数、列数、保证金收取方式、集装箱启用等。缴纳保证金即可摘单，系统根据摘单量、基础运费单价、里程计算运费，摘单成功需支付运费预付款；代理客户代理费需线下收取。系统按照报价时间、发运量、自动核减挂单总量，摘完为止。系统根据摘单结果向调度系统请车，系统自动判断请车结果。目前挂牌没有订单执行补缴功能，运杂费需线下收取。

2.6 设备设施科技革新

国家能源集团双向重载运输正在朝着一个更高速、更普及、更安全的方向发展。这一切的实现都要有先进技术设备的支持做后盾，具体来看，实现实时动态监测、优化运载技术、提升机车性能、绿色低碳发展，都是实现双向重载运输朝更高层面上发展所必备的条件。

2.6.1 运输组织革新，实时仿真监测

2021年9月27日，铁路装备公司"基于驮背运输的多式联运成套技术及战略体系研究"项目荣获全国现代物流科技创新奖一等奖。该项目建立了成套的驮背运输组织方案和运价标准，在运输组织方面取得了突破性的创新，完成了公路运输和铁路运输的顺畅衔接。

2021年9月28日，由朔黄铁路公司联合西南交通大学研发的国内首台重载铁路调度仿真实训与自动考评系统顺利通过验收并正式投入运营。该系统可以帮助调度员全方位地了解、掌握调度系统中的操作流程，提高应对突发事件的处理能力。

2022年7月1日，以朔黄铁路公司为首研发的"重载铁路线路修理优化决策技术及设备健康管理系统"顺利通过验收，填补了国内重载铁路线路优化决策管理空白。

2.6.2 优化运载技术，开拓双向运输

2021年6月19日，国家能源集团成功在石家庄举办了"国家能源集团朔黄铁路重载移动闭塞技术发布及开通会"。重载移动闭塞技术的成功开通，标志着朔黄铁路成为我国率先应用移动闭塞系统的第一条铁路，同时也标志着国家能源集团在国内率先开行了基于重载移动闭塞系统的重载列车。

2021年11月2日，国家能源集团"包神铁路神木北站3亿吨扩能改造工程"顺利竣工验收。经过扩能改造，包神铁路整体运能将达至3亿吨，神朔铁路的运输能力将得到15%的提升，极大地提升了国家能源集团煤运的供给能力。

2021 年 11 月 21 日，国家能源集团顺利试开行了朔黄铁路至龙口港下水的煤炭列车。本次列车满载优质煤炭从包神铁路巴图塔站始发，运至山东省龙口港。卸后的空车装载进口铁矿粉反向运输至河北石家庄地区，顺利完成了双向运输的"重来重回"。

2.6.3　提高机车运能，安全检测护航

2021 年 6 月 25 日，包神铁路神木北站顺利开行了全球首台 24 轴大功率电动机车。在提升电力机车单机牵引能力方面取得了重大进展，实现了重载机车技术研究的重大突破。

截至 2021 年 10 月 18 日，包神线智能驾驶"3+0"万吨列车的总重吨公里超过了 350 万吨公里。"3+0"万吨列车智能驾驶技术的顺利运行，填补了我国在重载列车智能驾驶方面的多项空白，首次实现了全国范围内全过程自动化控制的重载列车运营。

2021 年 12 月 7 日，大准线顺利完成国内首台 GTC-80 II 型重载铁路相控阵钢轨探伤车的车体标定线运行及探伤系统测试验收工作，解决了现有钢轨探伤车存在伤损检出率低等问题。

2022 年 9 月 28 日，新朔线顺利试运行了全国首台大功率氢能源动力调车机车，加速了运输方式的绿色转变，标志着我国重载铁路大功率氢能源动力装备的市场化运用取得重大突破。

2.6.4　运输低碳发展，抑尘技术创新

2022 年 5 月 8 日，国家能源集团江苏常州电厂正式投入使用了江苏省首台抑尘卸船机，经相关部门检测认定，抑尘排放指标比国家港口行业排放标准降低了 97%，技术效能已达到国家领先水平，为行业绿色转型提供了强大的推动力。

2022 年 6 月 11 日，由国家能源集团胜利能源独立研发的智能控制抑尘装置正式投入应用。新装置的使用，大大提高了输煤系统的降尘、抑尘能力，避免了工作人员与粉尘的直接接触，为运输系统的绿色发展提供了强大的技术支持保障。

2022 年 8 月 25 日，国家能源集团黄骅港务以 96.8 分的成绩被评为全国首家五星级"中国绿色港口"的专业化干散货港口。黄骅港务自主研发设计了本

质长效抑尘系统、皮带机洗带装置等突破性技术，实现了从源头抑尘；坚持构建以"两湖三湿地"为主体的生态水系统，实现含煤污水零排海；大力推进港点岸电项目的建设，促进码头泊位全覆盖。

综上，通过对现有设备的更新、运输组织的优化，能够消除在提高运输质量的同时可能造成的安全隐患。因此，改善技术设备是国家能源集团发展双向重载运输过程中必不可少的安全手段。

第3章

双向重载运输组织方案

由于正、反向线路货物运输品类与需求时空规律的不同，利用重载线路开展双向运输业务有必要针对运输基础设施重构运输组织方案。本章从货源组织、技术作业标准、运行图铺画、港站作业协调组织等角度探讨了国家能源集团利用既有运输基础设施开展双向运输服务的组织方案，研究提出了装卸与中转技术作业标准修订、消除双向运输能力瓶颈、优化多环节联动组织以最终提升双向运输效率的运输组织方法。

3.1 货源组织

货源组织是在运输企业充分了解货物运输特点、流向和流量的基础上，组织并完成运输计划的组织活动。只有在充分了解企业当前运输组织情况的基础上，才能根据现状特点规划出适宜的组织方案。优化货源组织方案将极大地缩短货运时间、提高企业运输效率，增强运输企业综合竞争力。

3.1.1 国家能源集团反向运输货源(品类)调研及其分析

国家能源集团反向运输货源主要是指非煤品货物，广义的铁路非煤品货物是指除了煤炭以外，适合铁路运输的货物；狭义的铁路非煤品货物是指具有高附加价值、批量较小的货物。传统铁路非煤品货物包括能源矿产、化工产品、电子电器产品、农副产品等, 具体非煤品货物如表 3-1 所示。

表 3-1　铁路非煤品货物

货物品类名称	货物品类名称	货物品类名称	货物品类名称
能源矿产	化工产品	金属制品	建材、木材
粮油食品	轻工日用品	医药	啤酒饮料
工业机械	电子电气设备	服装	农副产品
零担	农副产品	集装箱	棉花
化肥农药	盐	饲料	其他

由于铁路非煤品货物种类较多且运输特点各有不同, 因此, 铁路运输企业应当对沿线的运输市场开展需求分析, 并根据不同的货物类型制订针对性的运输方案, 适当调整升级运输基础设施以提高运输服务水平和运输效率。

2016 年, 神华集团(2017 年变更为国家能源集团)发布了《关于加快打造神华现代化大物流体系的决定》(神华党组〔2016〕98 号), 自开展大物流业务开始, 非煤运输业务方面取得了一定的成效。根据 2016—2021 年国家能源集团大物流业务调研, 反向运输货物类别中主要包含铁矿石、铁矿粉。具体发运方、装车站、终到站如表 3-2 所示。

结合表 3-2 可以看出, 铁矿石从东部沿海港口货运站装车后, 主要通过整车方式运至内陆钢铁集团炼钢厂, 发运方主要包括河北敬业集团、石家庄钢铁公司、包钢集团等。由于铁矿石和铁矿粉运输过程中均不需要防水、防潮, 并且需要定时喷洒环保抑尘剂的运输特性, 因此, 运输的车辆类型通常为敞车。

表 3-2　反向运输货物运输业务情况

年份	发运方	货物	装车站	终到站	装载方式	车型
2016	河北敬业集团	铁矿粉	神港	三汲	整车	敞车
	河北敬业集团	铁矿石	沙胡同	三汲	整车	敞车
	宁夏勇利涛实业公司	铁矿石	东大沽	棋盘井	整车	敞车
	石家庄钢铁公司	铁矿石	神港	西柏坡	整车	敞车
	宁夏钢铁集团	铁矿石	东大沽	上海庙	整车	敞车

续表3-2

年份	发运方	货物	装车站	终到站	装载方式	车型
2017	宁夏陆港物流公司	铁矿石	神港	棋盘井	整车	敞车
2018	甘肃酒钢集团	铁矿石	神港	棋盘井	整车	敞车
	包钢集团	铁矿石	沙胡同/太师庄	达拉特/万水泉南	集装箱/整车	敞车
	宁夏申银烧结公司	铁矿石	沙胡同	棋盘井	整车	敞车
2019	宁夏天元物流集团	锰矿石/铁矿石	沙胡同	上海庙	整车	敞车
2020	天津多丰物流公司	铁矿石/锰矿石	沙胡同/神港	东胜/上海庙	集装箱	敞车
	乌海市包钢万腾钢铁公司	铁矿石/锰矿石	沙胡同/朔黄管内	上海庙/棋盘井/公乌素	集装箱	敞车
	天津聚晟达国际物流公司	铁矿石	黄骅港/神港	上海庙/棋盘井	整车	敞车
	山西擎力远物流公司	铁矿石/氧化铝	黄骅港/黄骅南/神港/沙胡同	丹洲营/二道河/薛家湾	整车/集装箱	敞车
2021	河北敬业集团	铁矿石	沧港铁路沿线	西柏坡	集装箱	敞车
	河北敬业集团	铁矿石	龙口港货场	三汲、西柏坡	集装箱	敞车

　　铁矿石(粉)运输业务主要在回程方向，表 3-3 给出了 2019—2023 年铁矿石(粉)年运量情况。不难看出，铁矿石(粉)为国家能源集团运输产业大物流的主要货物品类，2020 年铁矿石(粉)运量高于 2019 年，铁矿石(粉)在运输产业大物流总运量中的占比从 44.56% 提升至 66.35%；受疫情及我国从蒙古国进口矿石矿粉量增长等因素影响，2021 年和 2022 年国家能源集团运输产业大物流业务中铁矿石(粉)运量较 2020 年略有下降。2023 年国家能源集团运输产业大物流业务中铁矿石(粉)运量大幅提升，铁矿石(粉)运量达 1649.00 万吨，创历史新高。

表 3-3　2019—2023 年铁矿石(粉)年运量

年份	2019	2020	2021	2022	2023
运量/万吨	894.31	1379.72	1195.44	1056.13	1649.00
与运输产业大物流年运量的比值/%	44.56	66.35	64.09	53.79	73.80

3.1.2　近年非煤业务分布及其发展

3.1.2.1　非煤运输通道

非煤运输通道,从广义上来讲,指的是完成非煤品货物运输及装卸作业的线路设施、信号设备、机车设备、车站装卸设备;从狭义角度看,仅包括完成非煤品货物运输的铁路线路。

目前国家能源集团开通的非煤运输通道有:

甘泉线—包神线—神朔线—朔黄线通道:2016 年,包神铁路承运嘉友国际物流股份有限公司的铜精粉运输业务,在甘泉线特默特站装车,依次途经包神线、神朔线、朔黄线,在朔黄线的李天木站交出,最终运至黄骅港千吨码头站完成全线运输。

塔韩线—包神线—神朔线—朔黄线—黄万线通道:2016 年,国家能源集团杭锦能源公司承运伊利集团的化肥运输业务,在塔韩线塔然高勒站进行装车,依次经过包神线、神朔线、朔黄线,在黄万线的万家码头站交出,最终运至东大沽站完成全线非煤运输。

包神线—神朔线—朔黄线通道:2016 年,国家能源集团铁路货车公司承运宁夏煤业有限责任公司的聚丙烯运输业务,在包神铁路烯烃专用线进行装车,经沙沙圪台站接入,途经神朔线,最后到达朔黄铁路郭庄子站完成全线非煤运输。

神朔线—朔黄线通道:2016 年,国家能源集团铁路货车公司承运陕西奥维乾元化工有限公司的化肥运输业务,在柳树沟站装车,经神朔线的阴塔站接入、朔黄线的李天木站交出,最终到达朔黄线的黄骅港千吨码头站完成全线运输。

朔黄通道:2016 年,朔黄铁路承运石家庄钢铁有限责任公司的铁矿运输业务，在神港站装车，运至西柏坡站卸车，成功拓展了国家能源集团反向非煤运输市场。

朔黄线—准池线—大准线通道：2016 年，朔黄铁路承运北京汇丰盛和国际贸易有限公司的氧化铝运输业务，在朔黄线的原平南站进行装车，途经准池线，运至大准线的二道河站完成全线非煤运输。

大准线通道：2020 年，新朔铁路承运山西擎力远物流有限公司的氧化铝运输业务，在丰镇站装车，经丹洲营站接入，最终到达二道河站完成全线非煤运输。

黄大线—朔黄线通道：2021 年，朔黄铁路承运敬业集团的铁矿石运输业务，在龙口港货场进行装车，经黄大线的羊口站接入，最终运至朔黄线的三汲站和西柏坡站完成全线非煤运输。2022 年，敬业集团铁路专用线正式通车，实现了敬业集团钢铁厂与朔黄铁路之间的无缝衔接，打通了货运"最后一公里"。

3.1.2.2 非煤货物运输业务分布

国家能源集团目前开展的非煤运输业务包括多种货物种类，不同货物运输业务的客户也分布在国家能源集团自有铁路沿线，如图 3-1 所示。

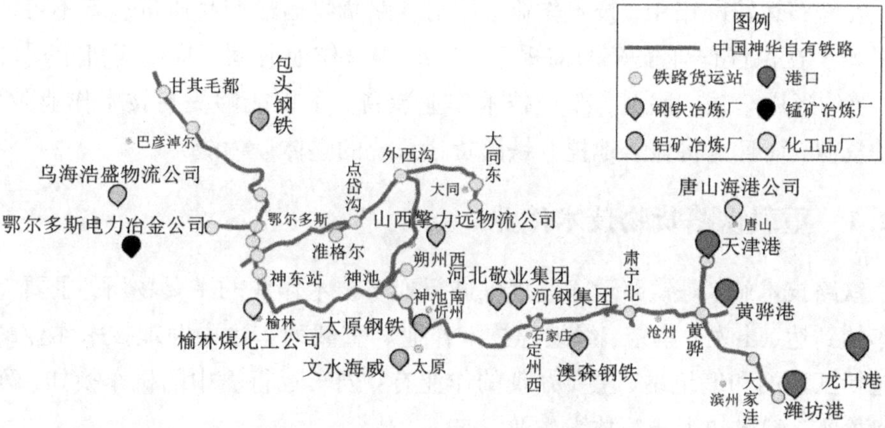

图 3-1 主要非煤货物运输业务客户分布

从图 3-1 可以看出，钢铁冶炼厂主要集中在河北和山西等地，主要由朔黄铁路服务；锰矿冶炼厂集中在宁夏附近，需要通过部分地方铁路运输；铝矿冶炼厂和化工品厂分布较分散，但基本上处于国家能源集团自有铁路沿线。

3.1.2.3　非煤货物运价率

运价率通常是指货物运输的单位运价，是运输服务供应商向货物托运人收取运费的标准，需要综合考虑货物的运输距离和运输数量等影响因素。为了运费计算的统一性和方便性，通常将单位货物在单位里程中应收的运费称为运价率，并按照运输里程制定相应的运价率表。制定合理的非煤货物运价率，有助于体现铁路运输的经济性，拓展国家能源集团非煤运输市场，吸引更多的货源。

对比国家能源集团正反向运价率得到，正向非煤业务运价率较高，正向上包神线运价率在 0.18~0.22 元/吨公里，而反向非煤业务运价率基本低于 0.15 元/吨公里。反向运输的低运价率将刺激反向非煤运输市场，释放国家能源集团运输潜力。

3.2　技术作业标准

在铁路运输网络中，技术作业效率对铁路货物运输产品质量有着不可低估的影响。在保证作业安全的前提下，压缩技术作业时间，将提高机车周转效率，节约运用车数。因此，改进技术作业装备，不仅能够提高技术作业效率、节约资源，而且也将显著地提升铁路货运系统的整体运输能力。

3.2.1　重载铁路货物技术作业

铁路技术站，是铁路运输过程中进行列车技术作业的主要场所，主要完成列车的到达、出发、集结、编组等技术作业。重载列车途中办理技术作业的车站包括区段站和编组站，主要办理的作业有：列车运行途中的机车换挂、列车技术检查、编组和中转等技术作业。

重载铁路组合站主要接发的列车有单元式重载列车和组合式重载列车。单元式重载列车一般不在车站进行复杂的技术作业，只需进行列车技术检查、机车换挂和乘务组换班等；组合式重载列车需要在技术站进行列车解编、组合等作业,技术作业大致包含三个部分:列车到达、列车组合和列车出发。

其中,重载铁路技术站列车的组合作业特点如下:

(1)组合作业主要包括列车到达、重车小列在组合场组合、列车出发等过程。

(2)组合作业主要以"列"为单位进行组织和调整。

(3)组合场主要进行回送空车大列的分解和重车小列的组合作业。

(4)组合场进行完重车小列的组合作业后,需将去向不同的小列在卸车端进行分解技术作业。

重载列车组合站接发的列车都是 5000 t 及以上的重载列车,列车长度较长,通常在车站到发线上完成列车的组合作业。组合作业大致流程为:当重载列车安全停稳在某一股道后,安排相关技术人员进行摘挂列车和技术检查作业,等待与之相组合的列车到达后,本务机车出入库、入线,安排中部机车进行列车组合。为缩短列车组合时间、提高组合作业效率,在办理接发车进路时,通常将同一到站或同一去向的列车安排在同一到发线上进行相关作业。

目前,国家能源集团重载铁路运用货车按属性主要分为国铁专用车、神华自备车和管内自备车;按车种主要分为 C64、C62、C70、C80B、C80C、C80E、KM98 等。其中,两万吨、万吨货物列车主要由 C80、C70 车种组成;管内普通货物列车主要由 C64、C62、C70、KM98 等车种编组而成。其中,敞车主要用于运输煤炭、矿石、木材、钢材、建材、集装箱等货物。通过大物流运输实践,以及国家能源集团以煤为主的装备设施条件,集团大物流运输业务的发展以大宗散杂货、长距离反向运输、集装箱运输为主要方向。在开展非煤运输之初,集团就十分重视集装箱运输,积极推进焦炭、铜精粉、矿石、铝锭等货种入箱,组织开展化工品、块煤、兰炭等集装箱专列运输。2017—2019 年,铁路大物流运输总量的 8% 左右采用集装箱运输。此外,为保证货物完整性和行车的安全性,集团将部分装载货物的集装箱放置于敞车上进行运输,并重点组织集装箱"装载加固"作业环节,根据运输车辆种类、货物特征制订更具针对性的装载加固方案。为提高铁路编组站作业效率,减小到发线占用时间,国家能源集团对列车编组方案进行了相关规定,2021 年列车编组规定如下:

(1)两万吨货物列车:朔黄管内由 C80 型车辆组合成两万吨列车时,编组为 216 辆。

(2)万吨货物列车:C80/C80B 型车辆组合万吨列车时,编组为 108 辆;管内 C70 型车辆组合万吨列车时，编组为 116 辆；利用 C64 编组万吨列车时，编组为 132 辆（66+66）。目前，C64 编组万吨重车限在神朔线、朔黄线管内编组。

（3）管内普通货物列车编组：C64 型车辆编组普列为 66 辆；C80/C80B 型车辆编组普列时，编组为 54 辆；C70 型车辆编组普列时，编组为 58 辆。

（4）C64 型大号车管内编组为 66 辆，如交出接轨铁路局集团有特殊规定的，按其规定进行改编，空车返回管内后必须进行补轴作业，恢复满轴运行。

3.2.2　重载铁路装卸技术作业

以单元式重载列车为例，列车从装车地到卸车地的作业流程大致为：始发技术站将空车运至装车地，在装车地用环线或贯通装车线进行装车作业。装车作业完成后，组织重车返回始发技术站进行列车的技术检查作业。而后，单元式重载列车上线运行至卸车地。列车到达卸车地后先进入技术站进行列车到达的相关技术作业，继而进入卸车点不摘机车连续进行卸车作业。卸车作业完成后，空车返回至终点技术站，办理相关作业后返回始发技术站，即完成了单元式重载列车的一次循环作业。

3.2.2.1　装车作业

单元式重载列车通常在大型矿点进行装车作业，由于列车通常采用"不解体、直入直出、整列接卸"的装卸方式，因此，在大型装（卸）车点通常设有环形铁路线进行整列不停车装（卸）作业。

当采用环行铁路线进行装车作业时，装车设备通常为大容量的筒仓或定量漏斗或高架溜槽，亦可在堆料场下打造一座隧洞，由洞顶的漏斗装车。装车时，空车直接驶入环形装车线，线路上的车位表示器可与机车上的自动调速器实现自动化联控，空车慢行驶过漏斗煤仓或隧洞式堆料场，完成定量的装车作业。

当矿点产量较小且位置较为分散或受地形条件影响不能设置整列装车设备时，通常选用集运的方式装车，采用大型载重自翻汽车或皮带输送机将待装货物运至集运站的环行线上进行装车。

单元式重载列车通常采用环形装车系统或贯通式装车系统。当装车点位于大型矿点且地形条件允许时，尽可能地采用环形装车系统；其他类型的装车点尽可能地采用贯通式装车系统以提高装车作业效率。

3.2.2.2　卸车作业

卸车点通常位于港口或大型电厂附近以减少运输中转环节,尽可能地将货物直接运送入厂。在卸车地,运输煤炭、矿石等大宗货物的单元式重载列车,通常需要高效的卸车设备辅助卸车作业,一般在地面上铺设环线或贯通式整列卸车线以及与列车车型、卸车方法相匹配的设备。通常采用漏卸和翻卸的卸车方式。

漏卸是用自动启闭底开门的漏斗车编成重载列车,当重载列车运行至卸车点时,自动开启列车底门进行卸车,货物直接掉落于线路两旁的料坑内。

翻卸是用装有高强度旋转式车钩的专用敞车编成重载列车,当列车驶入卸车线时,通常采用自动或半自动式的车辆就位器来控制车辆的运行,将专用敞车固定在翻车机内进行翻转卸车,直接将货物卸于线路两旁的料坑内。翻卸方式通常应用于开行单元式重载列车的国家,如美国和澳大利亚。

3.2.2.3　案例分析

朔黄铁路作为我国西煤东运第二大通道的重要组成部分,年运输能力达3.5 亿 t,开通运营 21 年累计运输货物近 40 亿 t,有力地担负起了保障国家能源运输大动脉安全畅通的使命。随着年运量的大幅度增加,部分车站到发线及咽喉能力不足,信号闭塞、设备老化,装卸站能力缩减,下游分流能力饱和等问题逐渐显现,严重制约了运输需求。据统计,车辆在企业专用线内的停留时间约占其总停留时间的60%,有些甚至达到70%以上,因此企业专用线工作效率与铁路运输效率关系重大。例如,装卸作业完成后,由于各种原因调车机车未能及时取车,造成已装卸完毕的车辆继续占用货位,浪费装卸线作业能力;完成装卸作业的车辆未及时牵出至调车线。以上各作业环节衔接不紧密都将延长车辆在站停留时间。

(1)积极协助推进宁武西、龙宫、东冶、西柏坡专用线建设,研究投用后的货源及运输组织,丰富管内"毛细血管",提升管内装车能力。推动黄大线疏解线、王佐下行疏解线的建设,释放黄骅南站西咽喉接发车能力,实现肃宁北下行双进路接车,满足肃宁北站以东返空接车需求;打通羊口至大家洼的运输通道,实现黄大铁路电力机车直通大家洼站。

(2)优化站段运输组织。结合各站段实际情况开展车站整合作业,将某区域的装卸作业集中到一处基础设备完善的车站办理，关闭作业量较小和作业困难的车站。

（3）提高货场和企业专用线的装卸车能力。国家能源集团加大货场和企业专用线的资金投入，增加卸车货位和装卸车能力，改善照明设施，创造夜间作业条件，保证车站调车作业和装卸车作业的连续性。

在进行相关优化后，朔黄铁路装卸作业时间得到了一定的压缩，部分车站装卸作业时间如表 3-4 所示。

表 3-4 双向重载运输业务开展前后装卸站装卸作业时间

站名	装卸用时/min	
	2015 年	2021 年
宁武西	480	289
西柏坡	330	297
新曲站	180	130
神港	90	80

3.2.3 重载铁路中转技术作业

编组站中转时间是铁路货物周转时间中的一个重要指标，中转时间的延长会导致货物周转时间的延长。货物周转时间的延长直接影响货物运输的时效性和机车车辆运用的效率，对铁路企业和货主都将造成严重的经济损失。

中转作业按照作业性质可分为无调中转和有调中转。相应地，中转停留时间可分为无调中时和有调中时，中转列车可分为无调中转车和有调中转车。无调中转车是指在技术站不进行改编作业，只在到发场进行列车技术检查、摘挂机车等技术作业后继续运行的列车。有调中转车是指在技术站除了进行技术检查、摘挂列车等技术作业外，还需要变更列车质量、运行方向和换挂车组的列车。

3.2.3.1 中转停留时间的计算方法

将无调中转车数和有调中转车数分别记作 $N_无$、$N_有$，中时、无调中时、有调

中时分别记作 $t_{中}$、$t_{无}$、$t_{有}$，则 $t_{中}$ 的计算公式为式(3-1)。

$$t_{中} = \frac{\sum N_{有} t_{有} + \sum N_{无} t_{无}}{\sum N_{有} + \sum N_{无}} \tag{3-1}$$

式中：$\sum N_{有} t_{有}$ 为当日有调车的中转停留时间；$\sum N_{无} t_{无}$ 为当日无调车的中转停留时间；$\sum N_{有}$ 为当日有调车总数；$\sum N_{无}$ 为当日无调车总数。

有调中转车的技术作业环节包括列车到达、列车解体、车辆集结、列车编组和列车出发。若考虑列车在车站作业的等待时间，则有调中转车的停留时间计算公式为式(3-2)。

$$t_{有} = t_{到} + t_{待解} + t_{解} + t_{集} + t_{编} + t_{待发} + t_{发} \tag{3-2}$$

式中：$t_{到}$ 为到达作业时间；$t_{待解}$ 为等待解体时间；$t_{解}$ 为解体作业时间；$t_{集}$ 为集结时间；$t_{编}$ 为编组作业时间；$t_{待发}$ 为等待出发时间；$t_{发}$ 为出发作业时间。

无调中转列车只在车站到发线上进行必要的技术检查作业，若考虑列车在车站的作业等待时间，则无调中转停留时间计算公式为式(3-3)。

$$t_{无} = t_{到} + t_{待发} + t_{发} \tag{3-3}$$

由上述分析可得，货车中转停留时间和各项作业环节紧密相关，任何环节都是牵一发而动全身，所以只有加强站区管理，多专业、多角度、深层次消除各因素对中转停留时间的影响，才能使得中转停留时间得到进一步的压缩，为加快车辆周转，提高车站运输能力提供有力保障。

3.2.3.2　案例分析

朔黄铁路是我国"西煤东运"的重要组成部分，煤炭运量占运输总量的99%以上。国家"双碳"战略的提出为朔黄铁路的发展带来新机遇，朔黄铁路进一步优化运输组织、整合运输资源、提高运输效率，支撑国家能源集团物流发展规划。肃宁北站是朔黄铁路的重要区段站之一，在国家能源集团集疏运体系构建中发挥着非常重要的作用，主要承担列车的到发、列检、机车整备、摘挂作业，在朔黄铁路中起着承上启下的作用。为全面提高朔黄铁路输送能力，优化集疏运系统是朔黄铁路快速发展的必然选择。

因此，为提高车站作业能力，国家能源集团对肃宁北站进行了如下的优化组织以压缩肃宁北站中转停留时间。

1. 压缩到达列车技术作业时间

具体措施包括：加速车辆技术检修，加强货运检查作业，提高列检作业效率。优化直通列车站内无调中转技术作业，组织列检人员提前出场；合理配置列检人员或增加列检人员预备数量以解决列车集中到达时人员不足的问题。

2. 优化车站作业流程和有调中转车的组织方法

具体措施包括：优化车站作业流程来消除生产环节时间虚糜，加强对列车作业时间的控制。当车流不足时，组织人员采用以下措施：灵活调整列车解编顺序以满足列车开行要求，在保障安全的前提下压缩技术作业时间，组织接续列车快速作业。当车流接续时间不满足车站技术作业时间标准时，一方面对站存车流进行预编预检，另一方面对到达的接车流组织快检快编作业，实现车流接续，组织本站货物作业车补轴。

3. 使用新设备、新系统

具体措施包括：在保证安全的前提下缩短驼峰区线路有效长度，无线列调更换先进的数字信号，维护升级车号识别系统。

4. 加强站区管理，建立健全效率指标考核办法

具体措施包括：在车站安全管理实施逐级负责制的基础上，实施班组考核和工效挂钩考核办法，对现行五班四运转的行车班组，加大对中时的考核，由统计员对各行车班组每月的中时完成情况进行统计，车站根据中时完成情况，对完成任务的班组进行奖励以提高职工的主观能动性。车站抽出专职人员负责对管内职工进行技能培训和考核，以提高职工的整体素质。

通过目前已采取的部分措施，肃宁北站的中转停留时间取得了明显的成效，提高了车站技术作业效率。2015 和 2021 年神木北站中转停留时间如表 3-5 所示。

表 3-5   双向重载运输业务开展前后肃宁北站中转停留时间

站名	2015 年		2021 年	
	无调中转/min	有调中转/min	无调中转/min	有调中转/min
肃宁北站	60	120~150	40	45~60

3.3　列车运行图铺画

　　铁路列车运行图运用二维坐标的原理对列车运行的时空关系进行图解表示，是铁路行车组织的重要技术文件。结合重载铁路列车运行图，可以计算得到当前线路的运输能力及能力利用率，进而分析制约运能提高的瓶颈点，根据实际情况作出调整。通过优化列车运行图，可以压缩不必要的作业时间，进而提升机车利用率，为运输企业实现提质增效提供助力。

3.3.1　重载铁路运行图要素

　　重载列车运行图的要素主要包括：列车在区间的运行时分、列车在中间站的停留时分、列车在基本段和折返段所在站的停留时分、列车在技术站及装卸车站的技术作业过程及停留时分、车站间隔时分以及追踪列车间隔时分等。

　　1.列车在区间的运行时分

　　重载列车在区间的运行时分指的是，列车在相邻两车站或者是线路所之间运行所消耗的时间。

　　2.列车在中间站的停留时分

　　由于重载列车在中间站需要办理列车的接发、会让、越行等作业，因此会产生重载列车的中间站停留时分，此外若是途中进行技术检查、乘务人员换班、故障车辆的检修作业，也会造成重载列车在中间站进行停留。

　　3.列车在基本段和折返段所在站的停留时分

　　由于机车的运用方式不同，因而重载铁路上机车在基本段和折返段的停留时分也不尽相同。确定这部分停留时分时，主要采用分析计算和查标相结合的方法。

　　4.列车在技术站及装卸车站的技术作业过程及停留时分

　　重载列车在组合分解站要进行列车的组合、分解作业，在车站到发场要办理列车的发车作业，在装卸车站要进行列车的装卸作业，这部分作业过程所消耗的时间一般可根据相关规章制度进行查定。

　　5.车站间隔时分

　　重载列车的车站间隔时分是指，车站办理两列重载列车的出发、到达、通过作业所需要的最小间隔时间，主要包括：不同时到达间隔时间、会车间隔时间、同方向列车连发间隔时间、同方向列车不同时到发间隔和发到间隔时间、相对方向列车不同时通过间隔时间。这些间隔时间可根据相关的规章制度及车站技术作业时间标准进行查定。

6. 追踪列车间隔时分

重载列车的追踪间隔时分主要分为两类：一类是列车以闭塞分区的方式在区间运行的最小间隔时间；另一类是列车在车站的追踪间隔时间。这些追踪列车间隔时分受多方面因素的影响，主要也是根据相关规定进行查定确定。

除此之外，编制列车运行图前还应确定线路基本信息，如线路等级、闭塞类型和连锁方式等。以朔黄铁路为例，其列车运行图部分数据如表3-6所示。

表3-6 朔黄铁路列车运行图部分数据

运行图要素	部分数据信息
线路等级	国家Ⅰ级电气化铁路
闭塞类型	自动闭塞
连锁方式	计算机联锁
列车在区间的运行时分	神池南站至港口Ⅲ场站：843 min 港口Ⅲ场站至神池南站：844 min
列车在基本段和折返段所在站的停留时分	神池南站：105 min（交流机车牵引普列、万吨列车到开）
列车在技术站及装卸车站的停留时分	神池南站无调中转时间：50 min 神池南站装卸技术作业时间：363 min
追踪列车间隔时分	技术站普通货物列车追踪间隔时间为9 min；万吨列车追踪间隔时间为12 min，2万吨列车追踪间隔时间为15 min。中间站根据设备情况按黄灯开车掌握列车追踪间隔时间
列车编组	普通货物列车：C64，66辆；C70，58辆；C70E，58辆；C80，54辆；KM98，52辆 万吨货物列车：C64，132辆；C70，116辆；C70E，116辆；C80，108辆；KM98，104辆 1.6万吨货物列车：C80，108辆+C64，66辆；C80，108辆+C70，58辆；C80，108辆+C80，54辆 2万吨货物列车：C80，216辆

续表3-6

运行图要素	部分数据信息
列车铺画	共铺画 100 对货物列车,其中 2 万吨列车 40 对(含 1.6 万吨共线),万吨列车 40 对,普通货物列车 20 对(含非煤共线 6 对)。反向铺画非煤货物普通列车 14 列

注:数据来源于国家能源集团《2021 年铁路列车运行图技术标准》。

3.3.2　重载铁路运输能力计算

3.3.2.1　计算方法

当列车运行图为平行运行图时,相同区段内同方向行驶的列车速度均相同,并且上下行列车在同一车站均采用相同的交会方式。平行运行图中同一区段的列车运行线均按照相同的铺画规律一组一组地进行周期性排列,则一组列车所占用区间的时间称为运行图的周期 $T_{周}$,如式(3-7)。

$$T_{周} = \sum t_{运} + \sum t_{起停} + \sum \tau_{站} \tag{3-7}$$

式中:$\sum t_{运}$ 为列车区间运行时分,含上行和下行列车运行时间;$\sum t_{起停}$ 为起车和停车附加时分;$\sum \tau_{站}$ 为车站间隔时间(含不同时会让时间和不同时到达时间)。

平行运行图最大的区间通过能力(万吨对数),如式(3-8)。

$$N_{万} = \frac{(1440 - t_{天窗})}{T_{周}} \cdot \gamma_{使} \cdot n \tag{3-8}$$

式中:$t_{天窗}$ 为日均天窗作业时间;$\gamma_{使}$ 为区间时间可供有效利用的系数;n 为一个运行图周期中所包含的列车对数。

年输送能力,如式(3-9)。

$$G_{输能} = (N_{万} - \varepsilon_{客}\, n_{客}) \times \partial \times Q_{总} / K_{波} \times 365 \tag{3-9}$$

式中:$G_{输能}$ 为年输送能力;$\varepsilon_{客}$ 为客车扣除系数;$n_{客}$ 为客车对数;∂ 为静载重系数;$Q_{总}$ 为牵引质量;$K_{波}$ 为线路月间货运波动系数。

3.3.2.2　案例分析

朔黄铁路作为我国"西煤东运"运输大动脉,国家能源集团煤、电、路、港、航、油、化工程的重要组成部分，在全国路网中占有重要地位。然而，随着年运量的飞速增长，该线路的承载能力趋于饱和。大准铁路既有线路条件下的综合运输能力供给与市场运输需求之间的矛盾较为突出，面对我国旺盛的能源供应需求，进一步提高朔黄铁路的运能势在必行。

铁路通过能力加强的策略可分为提高列车质量和增加行车密度两种。其中，朔黄线路中双线区段的图定输送能力为 3.84 亿吨。神池南至宁武西区段虽已实现双向自动闭塞，运输能力有所释放，但相对现阶段的运输需求来说，该地段仍是朔黄煤炭运输通道的瓶颈地段。分析运行图统计资料，同时考虑技术设备情况，神池南—宁武西区间全日运行情况可简化为"2+2"追踪模式(上下行各 2 列追踪)，区间运行情况如图 3-2 所示。

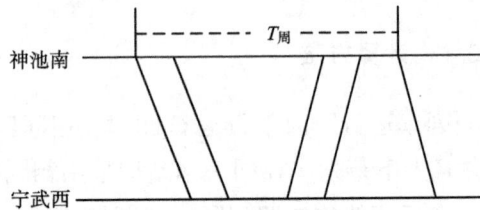

图 3-2 "2+2"追踪模式下区间运行图

根据上述公式计算神池南—宁武西区段年输送能力。其中，客车扣除系数取值为 1.3；静载重系数取值为 0.78；普通列车牵引质量为 6000 吨，万吨列车牵引质量为 11600 吨；月间货运波动系数取 1.0。大准线折合每日天窗时间约为 60 min；通过能力系数取 0.85；朔黄铁路实际运行图资料显示自动闭塞区段万吨列车追踪间隔时间为 12 min。本次通过能力计算中涉及的区间运行时分、起停车附加时分均在表 3-7 中取值。由表 3-7 中数据计算可得，当采用"2+2"追踪模式时，神池南—宁武西区段运行图周期为 77 min，区间最大通过能力(万吨对数)为 30 对，年输送能力为 10061.96 万吨。

表 3-7 朔黄铁路某一区间 2021 年列车运行时间示例

区间	区间距离/km	上行(神池南—宁武西)			下行(宁武西—神池南)		
		运行时分/min	起车附加时分/min	停车附加时分/min	运行时分/min	起车附加时分/min	停车附加时分/min
神池南—宁武西	15.9	19	4	4	18	4	4

结合当前资料可得，相较于朔黄线路的图定输送能力(3.84 亿吨)，神池

南—宁武西区间的年输送能力仅为 10061.96 万吨，因此该区间为运输能力困难区间。为提高全线运输能力，可通过增开万吨列车、增加万吨列车到发线数以及压缩列车运行时间的方式进行组织优化。

3.3.3　重载铁路旅行速度分析

列车旅行速度是指列车在一定铁路区间里程范围内行驶的平均速度。一般情况下，旅行速度表示列车在两个车站之间单向运行的平均速度，用两站之间的铁路全程除以列车从其中一个车站抵达另一车站所耗的时间。旅行速度能直观地反映铁路运营速度。

由前述分析可以得到，区间运行时分将影响运行图周期，从而影响线路年运输能力。因此，当运输能力紧张且不便于对线路进行工程扩建时，通常采用压缩列车区间运行时分的方法提高线路整体运输能力。以朔黄线路中神池南—宁武西区段为例，研究通过压缩区间运行时分对旅行速度和线路运输能力提升的影响。计算结果如表 3-8 所示。

表 3-8　缩短区间运行时间对提升旅行速度和运输能力的影响

序号	区间运行时间/min	旅行速度/($km \cdot h^{-1}$)	运输能力/万吨
1	26.50	36.00	10061.96
2	26.20	36.41	10140.98
3	25.80	36.98	10248.30
4	25.50	37.41	10330.28

分析序号 1 和 2 中的数据可得，当区间运行时间由 26.50 min 减少至 26.20 min，减小幅度为 1.13% 时；区间旅行速度将由 36.00 km/h 提高至 36.41 km/h，提升幅度为 1.14%；区段年运输能力将由 10061.96 万吨提升至 10140.98 万吨，提升幅度为 0.79%。因此，通过缩短区间运行时分可有效提高列车旅行速度和运输能力，缓解运输能力不足的问题。

3.3.4　瓶颈点分析

随着《中长期铁路网规划》《新时代交通强国铁路先行规划纲要》的推进

实施，从总体上看，虽然我国铁路长期存在的运能紧张、运输瓶颈制约等状况正在缓解和消除，但一些地区、部分时段运输能力不足的情况仍然存在。例如，部分跨区域通道、重点枢纽点线能力仍然紧张，制约着路网运输效率和效益的提升。铁路通道能力瓶颈的识别与消解是加强铁路通道能力的重要途径。

3.3.4.1 能力瓶颈产生的原因

铁路运输系统包括线路、枢纽、车站、机辆设施设备等子系统，它们相互衔接、相互影响、共同协作，形成铁路运输通道能力。当路网结构、设施设备、运输结构等发生变化，引起区域路网、线路区段、枢纽或车站结点出现车流梗阻、运输不畅时，就出现运输通道能力瓶颈，它是影响铁路运输安全，降低运输效率和效益的重要限制因素。例如，部分新线引入既有铁路形成的路网共线段，合流区段通过能力紧张；部分既有线更换大功率机车实现牵引质量提高后，供电能力不足导致追踪间隔过大；部分枢纽车流结构变化导致相关技术站、联络线能力不足；部分车站咽喉新引入岔线，导致咽喉能力紧张等。

为消除铁路运输通道能力瓶颈，畅通路网运输、加快车流中转、提升客货运输服务能力和质量，解决的途径主要是围绕干线、枢纽、客货运设施展开，在深入挖潜提效的基础上，综合运用相关分析方法，快速、准确识别制约瓶颈，根据铁路运输通道能力瓶颈的症结类型，有针对性地通过技术设备扩能改造或铁路基础建设等工程手段，实现运输能力的扩大或补强，从而消除瓶颈。在解决铁路区间通过能力瓶颈方面，主要从线路区间正线数目匹配，牵引方式统一，到发线有效长及牵引质量协调，限坡统一，车站站间距合理性，信联闭设备改造等方面着手解决；在解决枢纽及铁路车站通过能力瓶颈方面，主要从枢纽联络线建设，技术站扩能改造，车站咽喉改造等方面着手解决；在解决货运设施能力瓶颈方面，主要从新建或改扩建货物线、仓库、装卸设施、集疏运道路等方面加以解决。

3.3.4.2 朔黄铁路瓶颈

随着基础设施的不断完善，先进生产技术的投入运用，朔黄铁路已经逐步成为国家能源集团煤炭运输通道的核心干线。但朔黄铁路运能和运量的矛盾愈发突出，运输瓶颈制约着朔黄铁路运输能力的提升。

1. 道岔能力利用率不均衡

通过对现有数据的分析处理得到,朔黄铁路沿线车站道岔能力利用率不均衡,部分车站能力利用率较低。同时,各车站正线、到发线最高利用率有较大差异,各车站作业负荷不均衡。

2. 管内装车能力政策影响较大

朔黄铁路管内仅有 4 个车站可办理煤炭装车任务,分别为神池南、宁武西、龙宫、东冶,日均最大装车能力为 15 列,年装车能力 2170 万吨。但近年来主要受集团销售政策、污染防治政策等因素影响,货源组织极不稳定,实际日均装车 2~5 列左右,利用率仅达到 12.0~31.9%,严重影响了管内装车任务。

3. 两万吨列车停靠站不足,影响天窗日运输任务

按照集团列车运行图规定,2022 年朔黄铁路两万吨列车天窗日图定开行 32 列,目前天窗日受两万吨站场分布及停靠两万吨列车站点不足的制约,实际日均开行 24 列。按照平均每小时开行 1.4 列计算,东冶至小觉、西柏坡至肃宁北、肃宁北至沧州西区段不能满足停靠需求。

3.4 港站作业协调

港口是铁水联合运输中重要的中转节点,港口作业效率将直接影响整个联运系统的运输效率。煤运港口是一个较为复杂的中转作业系统,主要完成煤炭的装卸车作业、装卸船作业以及煤炭的储存和加工作业。高效的港口作业可以将铁路运输系统和航运系统实现有机衔接,充分发挥"铁水联运"的巨大优势。

3.4.1　铁水联运业务港口中转作业过程与时间

在铁水联运模式中,首先由铁路运输系统将煤炭运至港口,在港口卸煤场所进行卸车作业,然后将煤炭直接运送至码头装船或者经过存储和一定程度的加工作业后再运至码头装船,进而,由铁路运输转为水路运输继续完成煤炭运输业务。因此,煤炭在港口的中转作业流程可以简化为:卸车作业、储存和加工作业、装船作业,港口煤炭运输中转作业过程如图 3-3 所示。

煤炭在港口的中转作业过程中,除了卸车、储存和装船环节外,还有诸

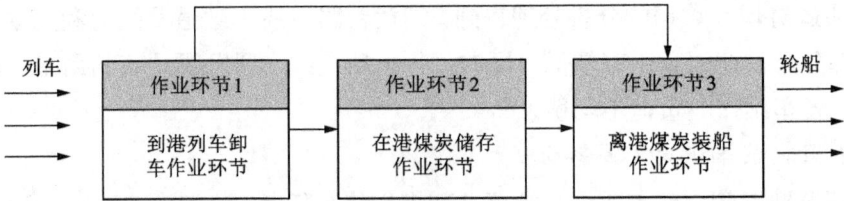

图3-3　港口煤炭中转作业环节

如煤炭的路港交接、堆料以及煤炭分类加工、防护处理等多方面作业环节。因此，可将煤炭的中转作业流程进一步地描述为：列车驶入港口→列车进行路港交接→在卸车场所进行卸煤作业→皮带机将煤炭运输至堆料场→堆料机在堆料场对煤炭进行加工处理→取料机取料→皮带机将煤炭运输至码头→装船机将煤炭运至船舶→船舶驶离港口，完成煤炭在港口的整个中转作业流程。在图3-3的基础上，进一步完善煤炭在港口的中转作业流程，具体如图3-4所示。

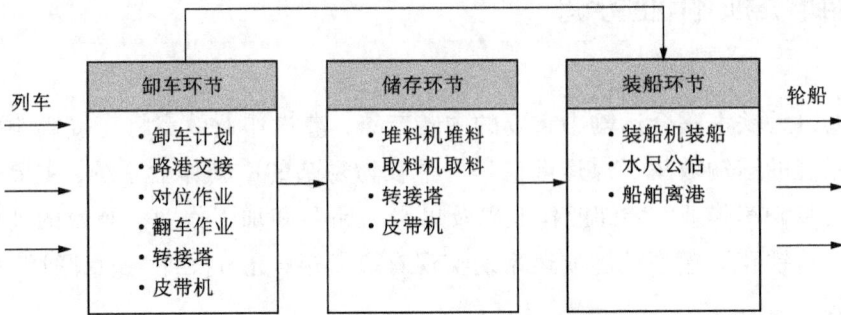

图3-4　港口煤炭中转作业流程图

反向非煤运输组织过程与正向煤炭运输组织环节相似。但组织流程相反，先组织非煤货物卸船，再根据具体需要进行货物的存储与处理，最后按照实际运输计划安排货物送装至列车。作业过程与作业持续时间如图3-5所示。

船舶到达、出发时间		船A																船A	
作业地点	作业名称						作业持续时间												
到达锚地	船舶到达作业																		
出发锚地	船舶出发作业																		
	送往出发锚地																		
码头	卸船																		
	结束作业																		
	解缆绳																		
	装车Ⅰ道																		
	装车Ⅲ道																		
港站	取至集结线																		
	车辆集结																		
	编组直达列车																		
	直达列车出发作业																		
	送往码头装卸线																		
	空车直达列车到达作业																		
直达列车到达出发时间																			

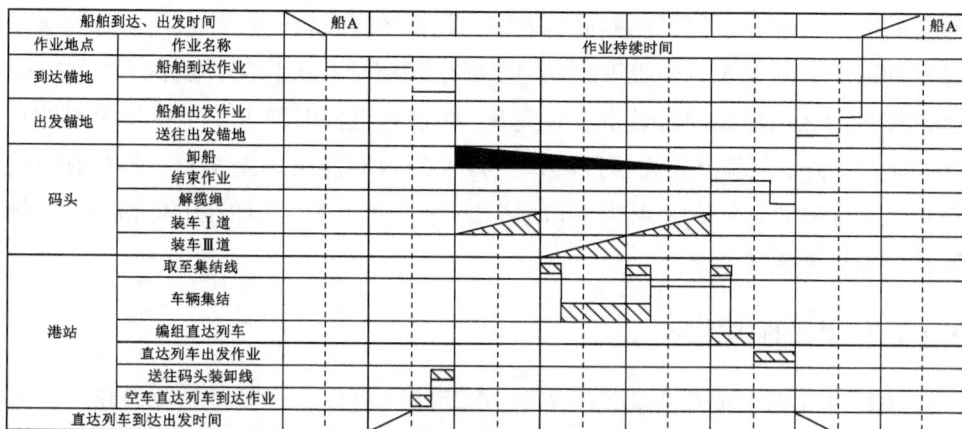

图 3-5　港口作业技术流程图

3.4.2　双向重载业务开展前后港口作业变化

黄骅港是我国内蒙古、陕西等中西部地区煤炭外运距离最短的出海口之一，是北方重要的煤炭装船港，也是朔黄铁路沿线地区对外开放的重要窗口。国家能源集团黄骅港务公司是国家能源集团煤炭铁水联运的咽喉要地，是国家能源集团一体化产业链上的重要一环。近年来，黄骅港务公司积极采取以下措施提高港口生产作业效率。

3.4.2.1　作业设备更新

2022 年 6 月，国家能源集团黄骅港务公司成功完成了港区内 3#、4#通用散杂货码头配套的 10 台门机整装上岸工作。其中，5 台门机为四连杆带斗门座式起重机，主要完成矿石等大宗散货的装卸作业；另外 5 台为四连杆门座式起重机，可以满足集装箱、大件杂货的装卸作业要求。此外，门机上配备了智能称重计量系统、自动上水除尘系统等装置，提升了黄骅港作业的效率和安全性能。

3.4.2.2　作业时间缩短

2022 年 7 月 15 日至 7 月 25 日，黄骅港煤炭港区连续 10 天组织实施 5 万吨级重载双向通航作业，累计组织 15 次双向通航，涉及船舶 46 艘次，实现

5 万吨级重载双向通航常态化。2021 年 10 月，5 万吨级重载双向航道工程顺利竣工验收。为进一步提升船舶周转效率，黄骅港区决定开展常态化 5 万吨级重载双向通航。随着 5 万吨级重载双向通航组织以及相关保障措施深入实施，黄骅港煤炭港区的船舶周转效率有效提升，单船在港停时较上半年平均用时缩短 20.9%。此外，黄骅港正在推进港口 7 万吨级双向航道一期工程，原有航道将被拓宽至 300 米，将大大增强港口船舶通行能力，减少船舶在港停留时间，提高港口整体经济效益。

3.4.2.3 作业能力提升

2023 年 1 月，黄骅港新建的两个 20 万吨级泊位正式通过验收并获批对外开放，矿石码头接卸能力增幅近 50%。新的泊位开放后，原有的"2+6"移泊作业模式升级为更高效的"4+6"作业模式，在 4 个 20 万吨级泊位减载作业后，船舶移泊至另外 6 个 10 万吨级泊位继续完成卸船作业，既压缩了大型船舶锚地等待时间，也扩大了港口货源辐射范围。

3.4.2.4 作业环境改善

开行双向重载业务后，国家能源集团更加注重港口作业的清洁化与低碳化。2022 年 10 月 16 日，黄骅港务正式启动实施泉州电厂输煤系统清洁生产改造项目，推动清洁生产和生产智能化两个科技项目转化应用，标志着黄骅港务首次实现科技成果推广。清洁生产科技项目运用全流程粉尘治理技术，对现有输煤系统进行改造优化，降低作业现场洒落煤风险，提升清洁生产水平；生产智能化项目运用全流程生产智能化技术，通过煤堆建模、自动堆取料算法等技术，实现单机设备全自动堆取料作业功能，极大地提高了港口作业效率。

自主研发本质长效抑尘系统、皮带机洗带装置等一系列关键技术，从源头抑制煤尘产生；构建以"两湖三湿地"为主体的生态水系统，实现含煤污水零排海；以"零碳港口"为目标，大力推进岸电项目建设，实现码头泊位全覆盖；引入专业化单位，合作开发光伏发电、"绿港氢城"项目，着力提升新能源在煤港的应用水平。

第4章

双向重载运输的社会效果分析

开展双向重载运输对提高既有运输资源利用效率、避免资源重复配置具有重要意义，是一种重要的全局优化策略。本章从多方式结构评估、综合运输体系碳排放以及对区域物流服务水平改善三个角度分析了国家能源集团双向重载运输组织方案实施的综合效果，结合推广应用案例提出了公转铁、碳减排以及地区物流服务水平提升等各类效果的评估方法。

4.1 "公转铁"成效评估

双向重载运输不仅是国家能源集团在运输产业方面开展的实践与模式创新，更是在积极响应国家政策号召，为引导沿线地区货物从公路运输方式向铁路运输、铁水联运方式转移做出的实际行动，也是实现通道"公转铁"的重要方法，推进了通道运输结构优化调整，促进了通道环境质量改善。

4.1.1 运输结构调整的必要性

加快多式联运发展、优化运输结构调整是以习近平同志为核心的党中央部署推动的重大决策，是交通强国建设的重要内容，是实现双碳战略目标的重要支撑。

2018年，国务院及相关部委颁布《打赢蓝天保卫战三年行动计划》、《推进运输结构调整三年行动计划（2018—2020 年）》，设立了 2018 年底前黄骅港煤炭集港改由铁路或水路运输、2020 年采暖季前沿海主要港口的矿石等大宗货物原则上主要改由铁路或水路运输的行动目标。

2020 年 8 月，中国国家铁路集团有限公司出台了《新时代交通强国铁路先行规划纲要》，提出要引导适宜货源转向铁路运输。

2021 年 10 月，交通运输部印发了关于《绿色交通"十四五"发展规划》的通知（交规划发〔2021〕104 号），明确提出要持续优化调整运输结构。加快推进大宗货物及中长距离货物运输"公转铁""公转水"。推进港口、大型工矿企业大宗货物主要采用铁路、水运等绿色运输方式。

2021 年 11 月，中共中央、国务院印发了《关于深入打好污染防治攻坚战的意见》，要求加快推进大宗货物和中长途货物运输"公转铁""公转水"，大力发展公铁、铁水等多式联运。

2022 年 1 月，国务院办公厅印发了《推进多式联运发展优化调整运输结构工作方案（2021—2025 年）》（国办发〔2021〕54 号），要求促进重点区域运输结构调整，推动大宗物资"公转铁""公转水"，推进交通运输绿色发展。

2023 年 1 月，交通运输部等五个部门联合印发了《推进铁水联运高质量发展行动方案（2023—2025 年）》，从制度、经济等多方面入手，制定了推进铁水联运的工作机制，旨在加强铁路和水运之间的衔接与协同。

国家能源集团自有铁路和港口串联东、中、西部地区，在地理位置及运输组织方案上均具备一体化优势以及为货物运输结构调整贡献力量的先决条件，并且国家政策颁布为国家能源集团开展路港航双向重载一体化运输组织提供了支撑。

4.1.2 "公转铁"完成效果分析

4.1.2.1 国家能源集团铁路沿线省市"公转铁"完成效果分析

截至 2021 年底，国家能源集团控制并运营的铁路营业总里程共 2408 公里。铁路运输网络由黄万、朔黄、神朔、包神、塔韩、大准、准池、巴准、甘泉、黄大十条铁路线路组成，主要分布在内蒙古、陕西、山西、河北、天津五省区市。

1. 五省市国家铁路货运交流量

国家统计局统计，2016—2021 年内蒙古、陕西、山西、河北、天津五省区市间的国家铁路货运交流量如表 4-1 所示。

表 4-1　五省区市间国家铁路货运交流量

单位：万吨

发送省份	到达省份	2016 年	2017 年	2018 年	2019 年	2020 年	2021 年
天津	天津	4985	5373	5608	6163	7177	7223
	河北	1768	1751	1731	2079	2253	1688
	山西	80	89	121	93	112	209
	内蒙古	671	1019	1335	1090	1125	1183
	陕西	15	12	10	14	19	19
河北	天津	1534	1846	2171	2165	2180	2436
	河北	7564	6864	8338	12441	13346	11412
	山西	547	842	714	1183	1570	1617
	内蒙古	131	150	97	121	113	128
	陕西	52	61	53	71	56	51
山西	天津	1696	1795	1865	1763	1692	1905
	河北	34484	41721	47751	47376	45716	48219
	山西	3467	3539	3764	5328	6264	6245
	内蒙古	168	254	294	131	438	425
	陕西	99	108	105	148	231	187
内蒙古	天津	1378	1760	2177	1538	1092	1341
	河北	5036	7087	8892	8316	6795	9187
	山西	268	158	164	276	890	1283
	内蒙古	10272	11020	11496	11975	13319	13570
	陕西	118	162	200	245	189	265
陕西	天津	41	39	58	47	44	55
	河北	273	343	566	1150	2220	2386
	山西	163	375	106	738	517	566
	内蒙古	94	105	86	52	18	37
	陕西	2259	2620	2887	3219	4275	4294

来源：中国统计年鉴 2017—2022，表 16-17。

可以看出，自 2018 年《打赢蓝天保卫战三年行动计划》提出后，大部分省区市间的铁路货运交流量较之前有明显增长。2018—2020 年间，受国家"公转铁促进政策"与疫情的双重影响，各省区市间的国家铁路货运交流量呈现波动趋势。由表 4-1 可以看出，部分省区市间铁路货运交流量（如山西—天津、山西—河北、内蒙古—天津等）呈下降趋势，但也有部分省区市（如天津—河北、河北—山西、内蒙古—天津等）的铁路货运交流量呈逐年增长趋势。2021 年，大部分省区市间的铁路货运交流量相较于前一年有所回升。

以天津市和河北省作为发送省市为例，两省市与其他省区市之间的国家铁路货运交流量如图 4-1 和图 4-2 所示。可以看出，在内蒙古、陕西、山西、河北、天津五省区市中，天津货物发送省区市主要是天津市内、河北省及内蒙古自治区，尤以市内间货物交流量最大，远高于省区市间的货物交流量。天津市内的货物交流量在 2018—2021 年间呈逐年上升趋势，天津—内蒙古的货物交流量除 2018 年有明显上升外，2019 年与 2020 年稍有下降，2021 年出现回升。

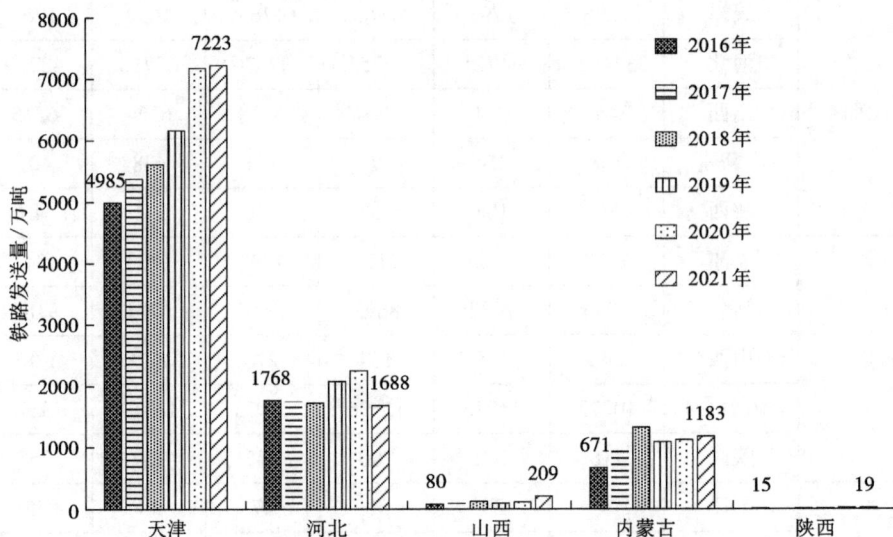

图 4-1　天津市与其他省市间国家铁路总发送量

作为发送省市，河北省与天津市呈现相同的趋势，河北省省内之间的货物交流量远大于河北省与其他省区市间的货物交流量。

内蒙古自治区、陕西省与其他省市间国家铁路总发送量呈现出相似趋势；但

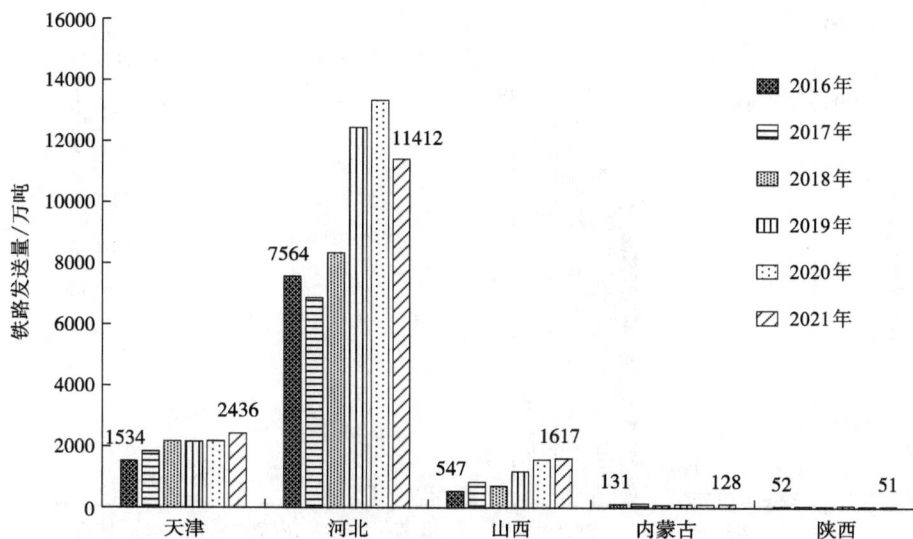

图4-2　河北省与其他省市间国家铁路总发送量

山西省有所差异。山西作为全国最重要的煤炭输出大省，搭建了完整的铁路、公路、水路的运输通道，包括覆盖全省煤炭产地的铁运线路，形成了以铁运为主的外运模式，提高了煤运整体效率。大秦铁路是运输动力煤和无烟煤的线路，大部分运至秦皇岛港下水供应东北、华东和中南沿海电厂，或出口。山西省发往河北省的铁路货运量远高于发往其他省区市的货运量，具体情况如图4-3所示。

从五省区市的铁路发送总量上来看，如表4-2所示，除天津和河北在2021年有小幅度减少，其余省份铁路总发送量均呈逐年增长趋势。

表4-2　五省区市国家铁路总发送量

单位：万吨

发送省份	2016 年	2017 年	2018 年	2019 年	2020 年	2021 年
天津	8149	8735	9248	9887	11124	10813
河北	13805	13739	15457	20488	22198	20971
山西	62410	72194	81787	85840	85094	90279
内蒙古	32338	37185	41180	40929	40197	43546
陕西	10954	12985	15670	18095	22249	25547
合计	127656	144838	163342	175239	180862	191156

来源：中国统计年鉴 2017—2022，表 16-17。

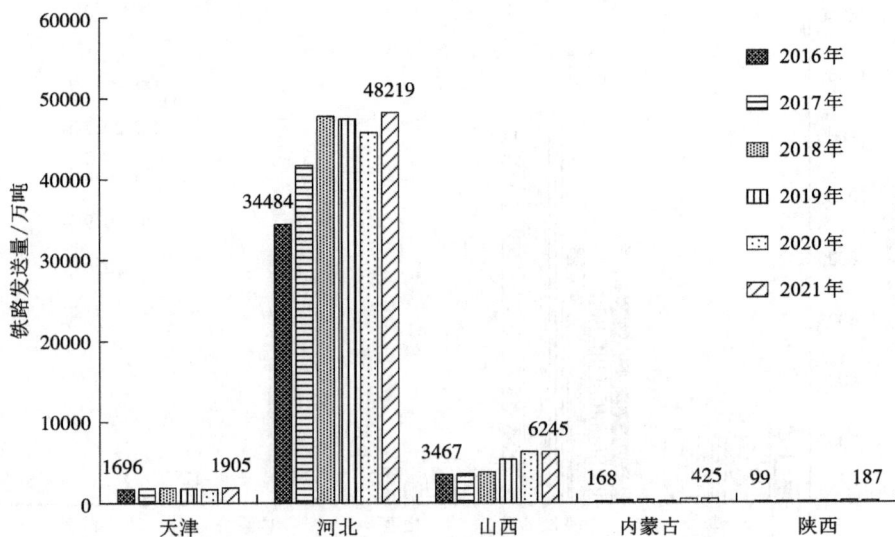

图 4-3　山西省与其他省市间国家铁路总发送量

2. 五省区市公路发送量

　　五省区市 2016—2021 年的公路总发送量如表 4-3 所示。可以看出，各省区市公路总发送量在 2016—2018 年呈上升趋势，自 2018 年《打赢蓝天保卫战三年行动计划》（后面简称《计划》）提出后，各省区市的公路总发送量在 2019 年均有显著下降，但天津、河北和陕西的公路总发送量在 2020 年有小幅度回升，2021 年五省区市公路发送量均上升。

表 4-3　五省区市公路总发送量

单位：万吨

发送省份	2016 年	2017 年	2018 年	2019 年	2020 年	2021 年
天津	32841	34720	34711	31250	32261	34527
河北	189822	207340	226334	211461	211942	227203
山西	102200	114880	126214	100847	98206	114698
内蒙古	130613	147483	160018	110874	109002	132847
陕西	113363	123721	130823	109801	116057	122716
合计	568839	628144	678100	564233	567468	631991

来源：中国统计年鉴 2017—2022，表 16-14。

3. 五省区市公路货运交流量测算结果

由于我国铁路只统计货物发送量，各省区市间的货运交流量由发送省份的铁路发送量测算。由于省区市间公路货运交流量无官方统计数据，本书根据各省区市间的国家铁路货运交流量占该发送省份的国家铁路发送总量的比值乘以其公路总发送量，可以估算出五省区市间公路货运交流量，计算公式如式(4-1)。

$$V_{ij}^{公} = \frac{V_{ij}^{铁}}{v_i^{铁}} \times v_i^{公} \qquad (4-1)$$

式中，i 为发送省份，j 为到达省份，$V_{ij}^{铁}$、$V_{ij}^{公}$ 为五省区市间铁路和公路货运交流量，$v_i^{铁}$、$v_i^{公}$ 分别为第 i 个发送省份的铁路和公路总发送量。

通过估算得出的五省区市间公路货运交流量如表 4-4 所示。自 2018 年《计划》提出后，除天津—河北、天津—陕西、河北—山西、山西—陕西、内蒙古—山西、陕西—河北、陕西—山西以及河北、山西省内的公路货运交流量在 2018 年后仍呈上升趋势，其余多数省区市间的公路货运交流量均呈下降趋势。2021 年有一半多的省区市间(包括省区市内)公路货物交流量低于 2018 年的公路货物交流量。

表 4-4　五省区市间公路货运交流量

单位：万吨

发送省份	到达省份	2016 年	2017 年	2018 年	2019 年	2020 年	2021 年
天津	天津	20089.87	21356.68	21048.80	19479.49	20814.20	23063.77
	河北	7125.15	6959.90	6497.05	6571.13	6533.98	5389.95
	山西	322.41	353.76	454.16	293.95	324.81	667.36
	内蒙古	2704.17	4050.34	5010.73	3445.18	3262.64	3777.44
	陕西	60.45	47.70	37.53	44.25	55.10	60.67
河北	天津	21092.86	27858.62	31789.55	22345.42	20814.20	26391.99
	河北	104006.78	103587.00	122091.80	128406.20	127424.90	123639.34
	山西	7521.38	12706.91	10454.97	12209.99	14990.04	17518.82
	内蒙古	1801.28	2263.70	1420.35	1248.87	1078.90	1386.77
	陕西	715.01	920.57	776.07	732.81	534.68	552.54

续表4-4

发送省份	到达省份	2016 年	2017 年	2018 年	2019 年	2020 年	2021 年
山西	天津	2777.30	2856.33	2878.07	2071.22	1952.72	2420.27
	河北	56469.55	66389.29	73689.52	55658.52	52760.31	61261.45
	山西	5677.41	5631.50	5808.62	6259.47	7229.21	7934.17
	内蒙古	275.11	404.18	453.70	153.90	505.49	539.96
	陕西	162.12	171.86	162.04	173.87	266.59	237.58
内蒙古	天津	5565.73	6980.51	8459.43	4166.34	2961.17	4091.03
	河北	20340.38	28108.43	34552.70	22527.50	18425.97	28027.04
	山西	1082.45	626.66	637.27	747.67	2413.41	3914.08
	内蒙古	41488.55	43707.48	44671.37	32439.50	36117.06	41398.38
	陕西	476.60	642.52	777.16	663.69	512.51	808.44
陕西	天津	424.31	371.59	484.22	285.20	229.52	264.19
	河北	2825.28	3268.10	4725.32	6978.23	11580.14	11461.24
	山西	1686.89	3573.00	884.95	4478.21	2696.82	2718.80
	内蒙古	972.81	1000.44	717.98	315.54	93.89	177.73
	陕西	23378.40	24963.34	24102.49	19532.99	22299.59	20626.39

4. 五省区市公转铁转移量

根据上述估算结果，可得到五省区市铁路发送量在公铁发送总量中的比值如表4-5所示。不难看出，2016—2020 年各省区市的铁路发送量占比均逐年增加。2021 年除陕西省外，其他四省区市铁路发送量占比略有下降。

表 4-5　五省区市铁路发送量占比

发送省份	2016 年	2017 年	2018 年	2019 年	2020 年	2021 年
天津	19.9%	20.1%	21.0%	24.0%	25.6%	23.8%
河北	6.8%	6.2%	6.4%	8.8%	9.5%	8.5%
山西	37.9%	38.6%	39.3%	46.0%	46.4%	44.0%
内蒙古	19.8%	20.1%	20.5%	27.0%	27.0%	24.7%

续表4-5

发送省份	2016 年	2017 年	2018 年	2019 年	2020 年	2021 年
陕西	8.8%	9.5%	10.7%	14.1%	16.1%	17.2%

公转铁的转移量可用第二年的铁路交流量与用第一年的铁路交流量占比折算的第二年铁路交流量之差得到，计算公式如式(4-2)、式(4-3)。

$$\alpha_i^{\text{铁}} = \frac{v_i^{\text{铁}}}{v_i^{\text{铁}} + v_i^{\text{公}}} \tag{4-2}$$

$$\Delta V_{ij}' = V_{ij}^{\text{铁}'} - \alpha_i^{\text{铁}} \times (V_{ij}^{\text{铁}'} + V_{ij}^{\text{公}'}) = (\alpha_i^{\text{铁}'} - \alpha_i^{\text{铁}}) \times (V_{ij}^{\text{铁}'} + V_{ij}^{\text{公}'}) \tag{4-3}$$

式中，$\Delta V_{ij}'$ 为公转铁的转移量，$V_{ij}^{\text{铁}'}$、$V_{ij}^{\text{公}'}$ 为该年铁路和公路的交流量，$\alpha_i^{\text{铁}}$ 为前一年铁路交流量占比，$\alpha_i^{\text{铁}'}$ 为该年铁路交流量占比。

五省区市间公转铁转移量计算结果如表 4-6 所示。可以看出，2018 年《计划》提出后，各发送省份发送至其他五省区市的货物公转铁转移量均有上升，2020 年内蒙古发送至其他五省区市的货物无公转铁转移量，2021 年除陕西省有部分货物公转铁外，其他省区市发送的货物无公转铁转移量。

五省区市间公转铁总转移量计算结果如表 4-7 所示。不难看出，自 2018 年《计划》提出后，各发送省份均有部分货运量由公路转移至铁路，其中 2019 年各省区市转移量均有显著增加，2020 年转移量有所减少，但除山西和内蒙古外，其余发送省份 2020 年的转移量均高于《计划》提出前的转移量。山西和内蒙古作为产煤大省，2019 年原煤产量分别约占全国总产量的 28% 和 26%，而煤炭是该地区大宗货物运输的主要品类，因此 2019 年山西和内蒙古公转铁转移量较大。

表 4-6　五省区市间公转铁转移量

单位：万吨

发送省份	到达省份	年份				
		2017	2018	2019	2020	2021
天津	天津	59.0	249.6	768.4	449.5	-542.6
	河北	19.2	77.1	259.2	141.1	-126.8
	山西	1.0	5.4	11.6	7.0	-15.7
	内蒙古	11.2	59.4	135.9	70.5	-88.9
	陕西	0.1	0.4	1.7	1.2	-1.4

续表4-6

发送省份	到达省份	年份				
		2017	2018	2019	2020	2021
河北	天津	−167.8	60.5	598.1	148.9	−297.1
	河北	−624.1	232.4	3437.0	911.7	−1391.7
	山西	−76.6	19.9	326.8	107.3	−197.2
	内蒙古	−13.6	2.7	33.4	7.7	−15.6
	陕西	−5.5	1.5	19.6	3.8	−6.2
山西	天津	31.5	34.6	255.4	16.1	−102.9
	河北	732.2	885.7	6862.3	435.9	−2605.5
	山西	62.1	69.8	771.8	59.7	−337.4
	内蒙古	4.5	5.5	19.0	4.2	−23.0
	陕西	1.9	1.9	21.4	2.2	−10.1
内蒙古	天津	25.4	35.2	370.5	−0.8	−122.5
	河北	102.4	143.9	2003.1	−5.1	−839.2
	山西	2.3	2.7	66.5	−0.7	−117.2
	内蒙古	159.2	186.1	2884.5	−9.9	−1239.5
	陕西	2.3	3.2	59.0	−0.1	−24.2
陕西	天津	2.8	6.5	11.5	5.3	3.7
	河北	24.8	63.4	280.5	267.5	158.4
	山西	27.1	11.9	180.0	62.3	37.6
	内蒙古	7.6	9.6	12.7	2.2	2.5
	陕西	189.5	323.4	785.3	515.2	285.1

表4-7 五省区市公转铁总转移量

单位：万吨

发送省份	年份				
	2017	2018	2019	2020	2021
天津	90.6	392.0	1176.8	669.3	−775.4

续表4-7

发送省份	年份				
	2017	2018	2019	2020	2021
河北	-887.7	317.0	4415.0	1179.5	-1907.9
山西	832.2	997.5	7929.9	518.1	-3078.9
内蒙古	291.6	371.1	5383.6	-16.6	-2342.6
陕西	251.9	414.8	1270.0	852.5	487.2
合计	578.6	2492.4	20175.3	3202.8	-7617.5

4.1.2.2　国家能源集团"公转铁"完成效果分析

"公转铁"是国家能源集团为运输结构调整决策做出贡献的重点方向。从国家能源集团自有铁路主营的运输业务来看，原先主要是煤炭运输业务，煤炭运输的重车运输自西向东的运输径路已在 1.4.1 节中列出。

自有铁路通道沿线省份的华北、西北内陆地区其他大宗货物运输需求同样旺盛，而这些货物大部分由公路承运，既导致了社会物流费用居高不下，也不利于途经地区大气污染防治工作，因此国家能源集团自有铁路连接港口的铁水联运方式在通道上具有较大竞争力。

充分利用国家能源集团路港航双向运输能力，是其扩大运量、提升经济与社会效益的良方，且有助于推进通道货运结构优化。双向重载运输对通道货运结构优化的促进效果，可通过国家能源集团每年完成的"公转铁"运量来反映。

非煤运输服务模块是国家能源集团近年来拓展的运输服务板块，是国家能源集团积极响应国家运输结构调整决策、"公转铁"战略部署下主要推进的运输业务之一。以优惠的运价、高质量有保障的全过程运输服务，自有铁路吸引了通道上部分之前通过公路方式运输的非煤货物，可将每年完成的这部分非煤货运量计为国家能源集团每年的"公转铁"运量。具体计算公式如式（4-4）所示。

$$Q_{\text{road}\rightarrow\text{rail},\,t} = \sum_{i=1}^{n} q_{i,\,t} \tag{4-4}$$

式中：$Q_{\text{road}\rightarrow\text{rail},\,t}$ 为第 t 年"公转铁"总运量；i 为自有铁路吸引的非煤货物品类，$i=1，2，\cdots，n$ 分别代表兰炭、冷轧取向磁性钢带、柴油、水泥、水泥轨枕、汽油、沥青、焦炭、铁矿粉、锰矿、氧化铝、海盐等品类；$q_{i,\,t}$ 为第 t 年非煤货物品类 i 的运量水平。

根据国家能源集团 2019—2023 年各年度非煤运量，结合式(4-4)计算得到各年度"公转铁"总运量水平如图 4-4 所示。可以看出，国家能源集团"公转铁"年运量在 2020 年时已突破 2000 万吨大关，达到 2079.46 万吨的水平，2021、2022 年"公转铁"运量均接近 2000 万吨。此外，2023 年"公转铁"运量达 2234.21 万吨，达到新高度。

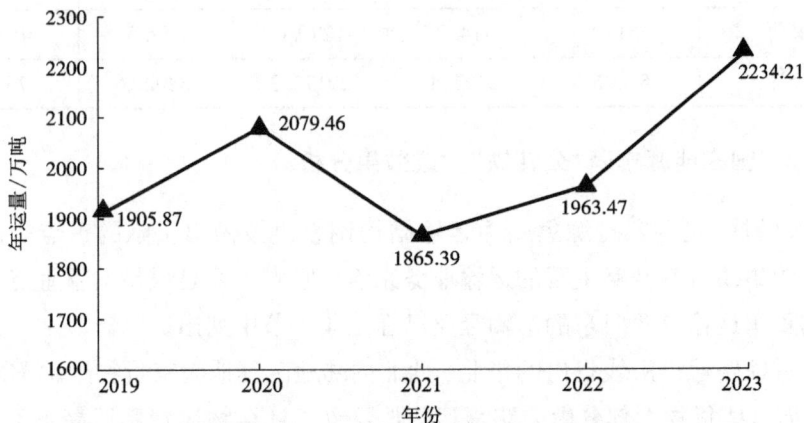

图 4-4　国家能源集团 2019—2023 年"公转铁"总运量

这样的"公转铁"运量成绩已实现交通强国建设试点任务中提到的年完成大宗散货"公转铁"货运量 2000 万吨左右的目标。十四五期间，国家能源集团将持续为通道运输结构调整献力，争取实现更大规模的"公转铁"运量。

4.2　相关区域货物运输碳减排效果评估

双向重载运输的开展能够优化相关区域的货运结构，促进"公转铁"策略的实施，在反向运输过程中将公路运输的一部分货物转移至铁路，进一步加大了铁路运输在整个货物运输中的占比，这将降低相关区域的碳排放。

4.2.1　国家能源集团货物"公转铁"碳减排效果评估

双向重载运输在推进通道货运结构调整的同时，有助于通道运输的碳减排，本节探索了国家能源集团完成"公转铁"货物运输的碳减排效果。从碳排放量估算方法看，主要有"自上而下"法和"自下而上"法。"自上而下"法又称基于能源的方法，即根据货物运输能源消耗量数据和相应 CO_2 排放系数进行估算。"自下而上"法又称基于活动的方法，即根据货物运输周转量、能耗强度和排放系数等进行估算，通常适用于缺乏燃料消耗量数据的情况。由于铁路货物运输通道往往跨越多个行政区域，难以获得能源消耗量数据，因此本节采用"自下而上"法估算。

货物由公路运输转向铁路运输时会引起运输过程的碳排放量变化，本节采用式(4-5)计算公转铁引起的碳排放量变化。

$$E_{ij} = (f_公 \times L_{ij}^公 - f_铁 \times L_{ij}^铁) \times \Delta V_{ij} \tag{4-5}$$

式中：$f_公$、$f_铁$ 为公路和铁路的碳排放因子，g CO_2/(t·km)；$L_{ij}^公$ 和 $L_{ij}^铁$ 分别为公路和铁路在各区域间的运输里程，km。

其中公路平均运输里程由高德地图测量得到，取值为 607.0 km(黄骅港-神池南)，国家能源集团铁路平均运输里程 2020—2023 年分别为 622.6 km、628.2 km、631.7 km、635.0 km(预测值)。铁路碳排放因子取 8 g CO_2/(t·km)，公路碳排放因子取 92 g CO_2/(t·km)。最终计算得到的结果如表 4-8 所示。

表 4-8　国家能源集团公转铁碳减排效果

单位：万吨

年份	公转铁运量	公转铁碳减排量
2020	2079.46	105.77
2021	1865.39	94.80
2022	1963.47	99.72
2023	2234.21	113.42

从表 4-8 中可以看出，2023 年公转铁碳减排效果最显著，这是因为 2023 年国家能源集团实现公转铁的运量最大，超过 2200 万吨。2021—2022 年国家能源集团实现公转铁运量略有下降，公转铁碳减排量均在 90 万吨以上。随着 2023 年底"公转铁"运量创新高，公转铁碳减排量将相应提升至 113.42 万吨，这是大力推进通道运输结构调整、货物运输方案绿色低碳转型的结果。

4.2.2 国家能源集团铁路沿线区域"公转铁"碳减排效果评估

4.2.2.1 国家能源集团铁路沿线相关区域非煤货物运输的市场需求

为探究国家能源集团铁路沿线相关区域货物运输碳减排情况，需先了解企业的货运需求情况。为探究沿线相关企业的货运量，可从生产企业需求和供给的货物量出发。国家能源集团铁路沿线主要相关生产企业如表4-9所示。

表4-9 国家能源集团铁路沿线相关生产企业

品类	企业名称
铁矿石	宁夏钢铁、建龙乌海市包钢万腾钢铁、建龙龙祥钢铁、德晟金属制品、吉宇钢铁、亚新隆顺特钢、大安钢铁、包头钢铁、山西中阳钢铁、山西新泰钢铁、山西美锦钢铁、太原钢铁、石家庄钢铁、敬业钢铁、辛集市澳森特钢、晋南钢铁、普阳钢铁、邯郸钢铁、安阳钢铁等
铝土矿	国电投青铜峡铝业宁东铝业分公司、蒙西鄂尔多斯铝业、东方希望包头稀土铝业、包头铝业、鑫旺再生资源公司、蒙泰铝业、陕西有色榆林新材料集团、国家电投山西铝业、东方希望晋中铝业、中铝交口兴华科技、中铝山西华兴铝业、中铝山西华润、杭州锦江孝义市兴安化工、信发交口肥美铝业等
铁合金	宁夏天元锰业、宁夏大地循环、宁夏晟晏实业集团、宁夏吉元冶金、鄂尔多斯电力冶金、包头明拓集团、普源铁合金、上泰实业、吉铁铁合金、古瑞濠新材料科技、新钢联新太实业等
化工品	国能宁夏煤业、泸天化和宁化学、宝丰能源集团、内蒙古乌海化工、湖北宜化集团内蒙古宜化、国能包头煤化工、包头博发稀有新能源、君正能源化工、内蒙古亿利化学、鄂尔多斯电力冶金、兖州煤业久泰能源、国能榆林化工等
焦炭(含兰炭)	乌海能源、蒙西煤化等

国家能源集团铁路沿线货运重点区域包括宁夏中北部及乌海、陕西、山西、蒙西包头和鄂尔多斯和石家庄周边，国家能源集团铁路沿线大中型物流企业以非煤运输为主，主要包括铁矿石、铝土矿、焦炭(含兰炭)、铁合金、化工品等。

1. 铁矿石

针对铁矿石，国家能源集团铁路沿线生产企业主要分布于宁夏中北部、内蒙古西部、山西中南部、河北中南部、河南安阳。其中，各生产企业 2020 年的铁矿石需求情况如表 4-10 所示。

从表 4-10 中看出，国家能源集团自有铁路沿线的钢铁生产企业铁矿石需求量较大，通过铁矿石需求量与各生产企业自有及周边能够提供的矿石量的差值来评估所需进口铁矿石的数量规模，得到沿线地区钢铁生产企业对进口铁矿石的依赖度较高，相应地有铁矿石自港口运至内陆的需求。目前部分铁矿石利用公路方式来疏运，这部分铁矿石是国家能源集团推进"公转铁"工作过程中的潜在货源。

表 4-10　2020 年国家能源集团自有铁路沿线区域铁矿石需求情况

单位：万吨

宁夏中北部、内蒙古西部			
企业名称	生铁产能	铁矿石需求	自有及周边矿石	进口量
宁夏钢铁集团	259	210	150	60
建龙龙祥钢铁	230	350	100	250
建龙乌海市包钢万腾钢铁	220	340	100	240
内蒙古德晟金属制品	115	150	80	70
包头钢铁	1580	2115	1150	965
包头其他四家企业	398	750	230	520
合计	2802	3915	1810	2105
山西中南部			
地区	生铁产能	铁矿石需求	自有及周边矿石	进口量
太原	964	1446	900	546
晋中	185	278	100	178
临汾	1369	2054	300	1754
运城	1682	2523	220	2303
忻州	55	83	80	3

续表 4-10

山西中南部				
地区	生铁产能	铁矿石需求	自有及周边矿石	进口量
吕梁	486	729	300	429
长治	637	956	100	856
晋城	514	771	0	771
合计	5892	8838	2000	6838
河北中南部、河南安阳				
地区	生铁产能	铁矿石需求	国内矿	外贸进口需求
沧州	703	1055	0	1055
石家庄	1161	1742	0	1742
辛集	505	758	0	758
邯郸	3898	5847	200	5647
邢台	382	573	60	513
安阳	1614	2421	100	2321
合计	8263	12395	360	12035

注：数据根据各地市 2021 年统计公报和实际调研数据测算。

2. 铝土矿

铝的产业链包括铝土矿、氧化铝、电解铝等原料或产品，氧化铝的原料为铝土矿，电解铝的原料为氧化铝。自有铁路沿线铝业相关的生产企业主要分布于山东北部、山西中南部、内蒙古西部、宁夏中北部。各区域氧化铝、电解铝2020 年的产量及所需相应原料的情况如表 4-11 所示。

从表 4-11 中看出，国家能源集团自有铁路沿线的铝业相关生产企业对于进口矿的需求量较大，进口的铝土矿主要通过公路方式运至生产企业，这部分货物同样是国家能源集团发展"公转铁"的潜在货源。

表 4-11　2020 年国家能源集团自有铁路沿线区域铝土矿需求情况

单位：万吨

	产能	产量	原料需求	国内外调	进口需求	进口途径
氧化铝						
山东北部	2860	2751	6876	0	6876	经烟台港、青岛港、黄骅港；运输方式：公路运输、水水中转运输、公铁联运
山西中南部	2520	1885	4713	3000	1713	经黄骅港、天津港、唐山港；运输方式：公路运输、公铁联运、铁路直达运输
内蒙古西部	70	38	96	30	66	经黄骅港、天津港、唐山港；运输方式：公路运输、公铁联运、铁路直达运输
宁夏中北部	0	0	0	0	0	—
合计	5450	4674	11685	3030	8655	—
电解铝						
山东北部	949	885	1770	1770	0	省内解决
山西中南部	133	72	144	144	0	省内解决
内蒙古西部	423	319	637	637	0	区域内解决
宁夏中北部	130	131	262	262	0	区域内解决
合计	1635	1407	2813	2813	0	—

注：数据根据各地市 2021 年统计公报和实际调研数据测算。

3. 焦炭（含兰炭）

兰炭是煤炭延伸品，属于中西部地区生产企业的主要货物品类之一。自有铁路沿线地区和黄骅港腹地是焦炭主要产地，所产焦炭主要供应华东华南地区、湘鄂赣地区及满足出口需求，主要通过公路、铁路直达和秦皇岛、天津、青岛、连云港等港口南下，其产地及 2020 年的产销情况如表 4-12 所示。可以看出,自有铁路辐射区域内部焦炭(含兰炭)的产量大于消费量,多出的部分将调运至其他地区,调运主要依靠公路方式。国家能源集团自有铁路也可承担焦炭(含兰炭)的调运业务。

表 4-12　2020 年国家能源集团自有铁路沿线区域兰炭产销情况

单位:万吨

产地	产量	消费量	产销平衡
山东	3163	3629	−466
河北	4826	10671	−5845
山西	10494	2774	7720
河南	1848	1336	512
陕西	4897	1123	3774
内蒙古	4223	1952	2271
宁夏	921	630	291
天津	—	1061	−1061
东北	3729	4585	−856
合计	34101	27761	6340

注:数据根据各地市 2021 年统计公报和实际调研数据测算。

4. 铁合金

针对铁合金,国家能源集团铁路沿线生产企业主要分布于榆林、忻州、包头、丰镇等地。其中,各区域铁合金 2020 年的产量情况如表 4-13 所示。

表 4-13　2020 年国家能源集团自有铁路沿线区域铁合金产量情况

单位:万吨

地区	产量	备注
榆林	113.7	主要是硅铁(原料钢屑)
包头	52.2	铬铁
丰镇	266.3	镍铁、铬铁、硅锰合金
鄂尔多斯	184.8	硅铁、硅锰合金

续表4-13

地区	产量	备注
石嘴山	235.3	硅铁、锰铁、硅锰合金
中卫	80.7	金属锰
合计	933.0	——

注：数据根据各地市 2021 年统计公报和实际调研数据测算。

从表 4-13 看出，自有铁路沿线区域生产一定量的铁合金，这反映了生产过程中需要一定量的合金矿石(硅铁矿石、锰矿石等)，部分合金矿石需要外贸进口，例如石嘴山市 2020 年进口锰矿石量在 300 万吨左右，进口量全部通过天津港、曹妃甸港等外贸进口。自天津港进口的锰矿石，则可考虑通过国家能源集团自有铁路线路来运输。

5. 化工品

针对化工品，国家能源集团铁路沿线生产企业主要分布在宁夏东部、乌海、包头、鄂尔多斯、榆林，主要化工品品类包括甲醇、烯烃、PVC、PE、乙二醇等，各区域化工品 2020 年的产量情况如表 4-14 所示。由表可得，自有铁路沿线区域生产一定量的化工品，这部分化工品是生产其他货物的原料，因此生产后需要外调。国家能源集团积极拓展化工品外调运输市场，2020 年铁路运量(含铁水联运)达到 107 万吨，下水近 30 万吨，下水港主要为天津港和黄骅港，是国家能源集团正向非煤运输的货源之一，也是"公转铁"拓展的品类之一。

表 4-14　2020 年国家能源集团自有铁路沿线区域化工品产量情况

单位：万吨

地区	化工品品类	产量
宁夏东部	甲醇	789
	烯烃	286
乌海	PVC	87
包头	甲醇	211
	PE	41
	烯烃	70

续表4-14

地区	化工品品类	产量
鄂尔多斯	甲醇	832
	烯烃	266
	PVC	225
榆林	甲醇	331
	烯烃	247
	PVC	164
合计		3549

注：数据根据各地市2021年统计公报和实际调研数据测算。

4.2.2.2　国家能源集团铁路沿线相关区域货物运输"公转铁"的碳减排效果

结合上述国家能源集团铁路沿线非煤货物的运输需求，测算得到2020年国家能源集团铁路沿线相关区域运输企业的生产原料输入或生产产品输出情况，国家能源集团铁路沿线区域企业货物交流量如表4-15所示。

结合表4-15可知，2020年国家能源集团铁路沿线地区运输企业货物交流总量为62992万吨。测算得到天津、河北、山西、陕西、内蒙古2020年五省区市间货物公转铁转移量为3202.8万吨，其中五省区市之间货物交流量为111651万吨。根据五省区市间货物交流量与公转铁转移量的比值为34.86，测算得到2020年国家能源集团铁路沿线地区运输企业货物公转铁转移量为1807万吨。进而采用式(4-5)计算国家能源集团铁路沿线地区运输企业货物公转铁产生的碳减排量，由于黄骅港和神池南站之间的货物交流量较大，式中公路、铁路平均运输里程取值为黄骅港与神池南站之间的距离，分别为607 km、594 km。若铁路碳排放因子取8 g/(t·km)，公路碳排放因子取92 g/(t·km)。最终计算得到2020年国家能源集团铁路沿线相关区域货物运输"公转铁"的碳减排量为92.3万吨。推进大宗货物运输"公转铁"能够有效降低运输碳排放量，因此在"双碳"目标的指引下，积极调整运输结构，发展绿色交通体系，对《打赢蓝天保卫战三年行动计划》的实施具有重要意义。

4.2.2.3　国家能源集团铁路沿线区域货物"公转铁"碳减排效果预测

根据上述部分对国家能源集团铁路沿线相关区域非煤货物运输市场需求的调研以及 2020 年"公转铁"的碳减排效果分析，本节以 2020 年的实际测算情况为基准情景，对 2023—2025 年国家能源集团铁路沿线区域货物"公转铁"碳减排效果做测算，进一步分析未来"公转铁"碳减排效果。

由于 2021 年疫情的影响，除陕西省外其他四省区市的铁路发送量相较于 2020 年而言均下降。为分析正常年份国家能源集团铁路沿线省区市公转铁情况，根据 2018 年与 2020 年的公转铁转移量计算得到其年增长率为 13.3%。现以该公转铁转移量年增长率为基准情景下的增长率设定表 4-16 中所示 2023—2025 年国家能源集团铁路沿线区域货物"公转铁"情景。

表 4-15　2020 年国家能源集团铁路沿线相关区域企业货物交流量

货物品类	分布区域	货物交流总量/万吨	
		输入	输出
铁矿石	宁夏中北部、内蒙古西部	2105	—
	山西中南部	6838	—
	河北中南部、河南安阳	12035	—
铝土矿 （氧化铝、电解铝）	山东北部	6876	3636
	山西中南部	1713	1957
	内蒙古西部	66	357
	宁夏中北部	—	131
兰炭	山东	466	—
	河北	5845	—
	山西	—	7720
	河南	—	512
	陕西	—	3774
	内蒙古	—	2271
	宁夏	—	291

续表4-15

货物品类	分布区域	货物交流总量/万吨	
		输入	输出
兰炭	天津	1061	—
	东北	856	—
铁合金	榆林	—	114
	包头	—	52
	丰镇	—	266
	鄂尔多斯	—	185
	石嘴山	—	235
	中卫	—	81
化工品	宁东	—	1075
	乌海	—	87
	包头	—	322
	鄂尔多斯	—	1323
	榆林	—	742
总计		37861	25131

表 4-16　国家能源集团铁路沿线区域货物"公转铁"碳减排效果预测

情景	一般情景：公转铁转移量年增长率为13.3%		增长情景：公转铁转移量年增长率为17%		激进情景：公转铁转移量年增长率为20%	
	货物转移量/万吨	碳减排量/万吨	货物转移量/万吨	碳减排量/万吨	货物转移量/万吨	碳减排量/万吨
2020（基准情景）	1807.00	92.32	—	—	—	—
2024	2977.68	152.14	3074.92	157.10	3153.76	161.13
2025	3373.71	172.37	3483.88	178.00	3573.21	182.56

由表 4-16 可以看出，在同一预测年份中，三种情景的货物转移量、碳减排

量呈递增趋势。到 2024 年，在一般情景下，国家能源集团铁路沿线区域货物"公转铁"转移量将近 3000 万吨，碳减排量超过 150 万吨。在增长情景下，2024 年国家能源集团铁路沿线区域货物"公转铁"转移量超过 3000 万吨。激进情境下，2024 年货物转移量超过 3153.76 万吨。2025 年碳减排量可达到182.56 万吨。可见，双向重载运输对货物公转铁具有重要推动作用，能够大大降低碳排放量。

4.2.3　国家能源集团铁路反向运输碳减排效果案例分析

4.2.3.1　重载铁路双向运输链能耗分析

中国西部地区煤炭资源丰富，主要集中在山西、陕西、内蒙古西部(以下简称"三西"地区)，而消费地多集中在东南沿海和南方等地区，这导致煤炭产销地之间存在空间差异，形成了煤炭产地与消费地间的运输需求。通常，"三西"地区的煤炭等货物采用重载铁路运往东部港口，这个过程称为正向运输，回程则称为反向运输，若回程的货物采用公路运输方式，一来一回的运输过程形成双向运输基准链。正、反向运输均采用重载铁路的货物运输过程称为重载铁路双向运输链(以下简称重载运输链)。

重载铁路反向运输是指大宗货物利用重载铁路回空方向的富余运力开展运输业务，促进双向运输均衡发展的方式。重载铁路反向运输链能耗根据运输组织过程可分为七个阶段：第一阶段，调车机车牵引空车前往各个装车点或堆场过程的能耗；第二阶段，装卸设备例如斗轮式堆取料机、带式输送机等装车过程的能耗；第三阶段，调车机车从装车点或堆场牵引重车送往调车场集结并送至发送场过程的能耗；第四阶段，由货运机车牵引重车从发送场出发反向送往卸车端到达场的运输过程的能耗；第五阶段，调车机车牵引重车去往卸车点的能耗；第六阶段，重车到达卸车点后卸车设备例如翻车机、螺旋卸车机、臂式堆料机等卸车过程的能耗；第七阶段，调车机车牵引空车去往存车线的能耗。具体流程如图 4-5 所示。

4.2.3.2　双向运输链 TCA 碳排放估算模型

基准链与重载运输链的正向运输过程均采用重载铁路运输方式。对于基准链而言，TCA 是指正向采用重载铁路运输方式及反向采用公路运输方式进行货

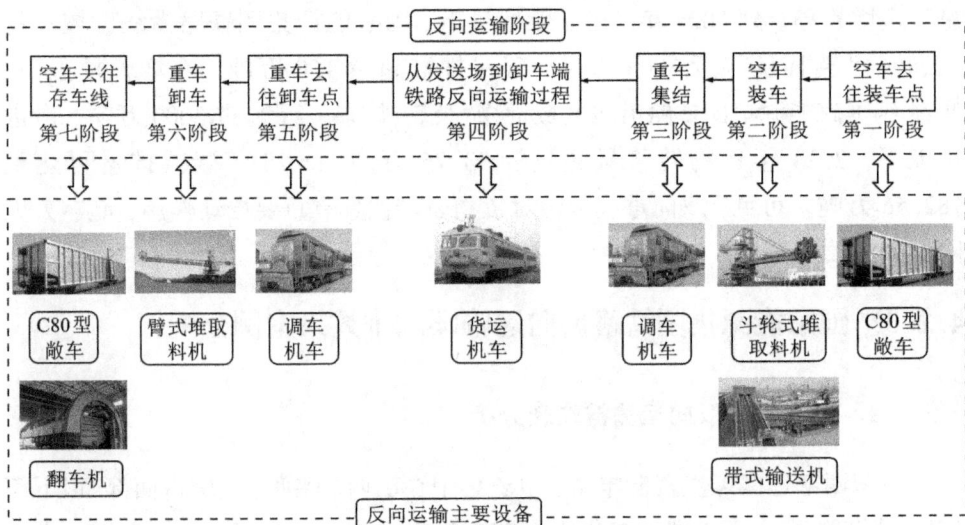

图 4-5 重载铁路反向运输链

物装卸、运输的过程。对于重载运输链而言，TCA 是指正、反向均采用重载铁路运输方式在装车端与卸车端之间七个阶段的整合。两种运输链主要由装卸设备、运输设备、运输对象等组成。

1.重载运输链 TCA 碳排放估算模型

由于重载运输链与基准链正向运输方式及过程相同，故本节重点研究二者反向运输过程的差异。因为反向运输中各种耗能设备的能源消耗量难以通过实测方式获取，所以本节采取基于活动的评估方法，即采用货物周转量、设备能耗强度及各能源的碳排放因子计算某次货物运输全过程的碳排放量。根据正向运输及重载铁路反向运输七个阶段的能耗过程，建立重载铁路双向运输链的 TCA 碳排放估算模型。

$$C_e = C_e^p + C_f + C_s + C_t + C_o + C_v + C_x + C_n \tag{4-6}$$

式中：C_e 为重载运输链的碳排放总量，g；C_e^p 为重载运输链中正向运输产生的碳排放量，g；C_f、C_s、C_t、C_o、C_v、C_x、C_n 分别为反向运输第一至第七阶段的碳排放量，g。

其中，各机车及装卸设备的单位货运周转量（或装卸单位质量货物）的碳排放量计算如下：

$$e_t = I_t \cdot F_y \cdot R_y \tag{4-7}$$

式中：e_t 为机车或装卸设备 t（$t = \{a, b, h\}$）单位货运周转量的碳排放量，g $CO_2/(t \cdot km)$；I_t 为机车或装卸设备 t 的单耗，g/$(t \cdot km)$；F_y 为能源 y 的热值，GJ/g；R_y 为能源 y 的碳排放因子，g CO_2/GJ。

（1）第一阶段：

$$C_f = \sum_a \sum_d (e_a^f \cdot q_{ad}^f \cdot l_{ad}^f) \qquad (4-8)$$

式中：e_a^f 为调车机车 a 单位货运周转量的碳排放量，g $CO_2/(t \cdot km)$；q_{ad}^f、l_{ad}^f 分别为调车机车 a 去装车点 d 牵引的空车质量，t，和走行公里，km。

（2）第二阶段：

$$C_s = e_d^s \cdot q_d^s \cdot l_d^s + \sum_b e_b^s \cdot q_b^s \qquad (4-9)$$

式中：b 为装车设备类型（除带式输送机外）；e_b^s 为装车设备 b 装载单位质量货物的碳排放量，g CO_2/t；q_b^s 为装车设备 b 的装车总重，t；e_d^s 为带式输送机单位货运周转量的碳排放量，g $CO_2/(t \cdot m)$；q_d^s 为带式输送机的传送总重，t；l_d^s 为带式输送机的传送距离，m。

（3）第三阶段：

$$C_t = \sum_a \sum_d (e_a^t \cdot q_{ad}^t \cdot l_{ad}^t) \qquad (4-10)$$

式中：e_a^t 为调车机车 a 单位货运周转量的碳排放量，g $CO_2/(t \cdot km)$；q_{ad}^t 为调车机车 a 从装车地 d 牵引的货物质量，t；l_{ad}^t 为调车机车 a 从装车点 d 去调车场集结再牵引至发送场的走行公里，km。

（4）第四阶段：

$$C_o^{i,j} = \sum_x (e_x^o \cdot q_x^o \cdot l_x^{o_{i,j}}) \qquad (4-11)$$

$$C_o = \sum_i \sum_j C_o^{i,j} \qquad (4-12)$$

式中：$C_o^{i,j}$ 为从装车地 i 的发送场至卸车地 j 的碳排放，g；x 为货运机车类型；e_x^o 为货运机车 x 单位货运周转量的碳排放量，g $CO_2/(t \cdot km)$；q_x^o 为货运机车 x 的牵引质量，t；$l_x^{o_{i,j}}$ 为货运机车 x 从装车地 i 的发送场牵引货物至卸车地 j 的到达场的走行公里，km。

（5）第五阶段：

$$C_v = \sum_a \sum_m (e_a^v \cdot q_{am}^v \cdot l_{am}^v) \qquad (4-13)$$

式中：e_a^v 为调车机车 a 单位货运周转量的碳排放量，g $CO_2/(t \cdot km)$；q_{am}^v 为调车机

车 a 去卸车点 m 的牵引质量，t；l_{am}^v 为调车机车 a 去卸车点 m 的走行公里，km。

（6）第六阶段：

$$C_x = \sum_h e_h^x \cdot q_h^x \tag{4-14}$$

式中：e_h^x 为卸车设备 h 卸单位质量货物的碳排放量，g CO_2/t；q_h^x 为卸车设备 h 的卸车总重，t。

（7）第七阶段：

$$C_g = \sum_a (e_a^g \cdot q_a^g \cdot l_a^g) \tag{4-15}$$

式中：e_a^g 为调车机车 a 单位货运周转量的碳排放量，g CO_2/（t·km）；q_a^g 为调车机车 a 的牵引质量，t；l_a^g 为调车机车 a 从卸车点至存车线的走行公里，km。

2. 基准链 TCA 碳排放估算模型

基准链的反向运输主要分为三个阶段：装车、运输、卸车。整个运输链的碳排放量计算公式如下：

$$C_c = C_c^p + C_l + C_z + C_u \tag{4-16}$$

式中：C_c 为基准链的碳排放总量，g；C_c^p 为基准链正向运输产生的碳排放，g；C_c^p 等于 C_e^p；C_l 为装车设备产生的碳排放，g；C_z 为公路运输阶段产生的碳排放，g；C_u 为卸车设备产生的碳排放，g。

（1）装车阶段：

$$C_l = \sum_k e_k^l \cdot w_k^l \tag{4-17}$$

式中：e_k^l 为装车设备 k 装载单位质量货物的碳排放量，g CO_2/t；w_k^l 为装车设备 k 的货物总重，t。

（2）运输阶段：

$$C_z^{i,j} = \sum_t e_t^z \cdot w_t^z \cdot l_t^{z_{i,j}} \tag{4-18}$$

$$C_z = \sum_i \sum_j C_z^{i,j} \tag{4-19}$$

式中：$C_z^{i,j}$ 为装车地 i 至卸车地 j 的碳排放，g；e_t^z 为重型货车 t 的单位货运周转量的碳排放量，g CO_2/（t·km）；w_t^z 为重型货车 t 的运输重量，t；$l_t^{z_{i,j}}$ 为重型货车 t 从装车站 i 运输货物至卸车站 j 的走行公里，km。

（3）卸车阶段：

$$C_u = \sum_g e_g^u \cdot w_g^u \tag{4-20}$$

式中：e_g^u 为卸车设备 g 卸单位质量货物的碳排放量，g CO_2/t；w_g^u 为卸车设备 g

的卸车质量，t。

3. 反向运输链综合碳排放因子

整个反向运输链 N 条运输路径的综合碳排放因子计算如下：

$$z = \frac{\sum_{n=1}^{N} \frac{C_n}{q_n \cdot l_n}}{N} \tag{4-21}$$

式中：z 为综合碳排放因子，g CO_2/(t·km)；C_n 为第 n 条重载运输链或基准链反向运输的碳排放，g；q_n、l_n 分别为第 n 条运输路径的装载质量，t，和运输距离，km。

4.2.3.3 案例分析

1. 案例及模型参数

以国家能源集团重载铁路运输通道反向运输链的活动为研究对象，定义李天木—沙沙圪台方向为反向运输方向，将一批共 200 kt 的货物分别从李天木、肃宁北、三汲、神池南站接入，运送到沙沙圪台站，途经朔黄、神朔铁路，该区段运输全部采用电力牵引，如图 4-6 所示。

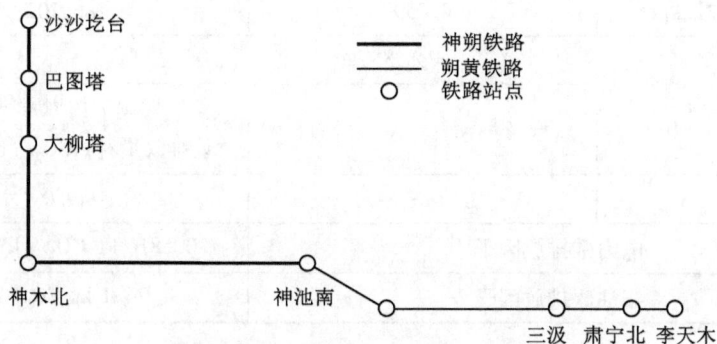

图 4-6 国家能源集团重载铁路运输通道

在电力机车运行速度为 48.9 km/h、牵引质量为 3528 t 的情况下，根据相关综合模型测算数据，并对货运单耗进行数据修正，得到相应的不同电力机车类型单位货运周转量的碳排放量。不同电力机车、重型货车及运输过程中所需装卸设备的单位货运周转量(或装卸单位质量货物)的碳排放量如表 4-17 所示。

表 4-17 运输设备单位货运周转量的碳排放量

机车[1]		
机车类型	货运单耗修正值 /[kW·h/(kt·km)]	单位货运周转量的碳排放量 /[gCO₂/(t·km)]
SS3	15.409	8.953
SS4	15.955	9.270
调车机车	3.418	10.816
装卸设备[2]		
设备类型	设备单耗/[(kW·h)/t]	装卸单位质量货物的碳排放量/[g CO₂/t]
斗轮式堆取料机	0.35	203.350
斗轮式取料机	0.13	75.530
带式输送机 kW·h/(t·m)	0.00018	0.105
翻车机	0.023	13.363
螺旋卸车机	0.11	63.910
单斗装载机(kg/t)	0.059	186.702
公路货车[3]		
设备类型	设备单耗/[(kW·h)/t]	单位货运周转量的碳排放量/[g CO₂/(t·km)]
重型货车	—	49.0
电力碳排放因子[4]		0.5810 kg CO₂/(kW·h)
柴油碳排放因子[5]		74.1 kg CO₂/GJ

注：本表数据参考来源如下。

[1] 不同交通方式能耗与排放因子及其可比性研究[EB/OL]. [2022-06-22]. https://www.efchina.org/Attachments/Report/reports-efchina-20110317-1-zh.

[2] 水运工程节能设计规范[EB/OL]. [2022-07-02]. http://www.jianbiaoku.com/webarbs/book/13843/622470.shtml.

[3] 吕晨，张哲，陈徐梅，马冬，蔡博峰.中国分省道路交通二氧化碳排放因子[J].中国环境科学，2021, 41(7): 3122-3130.

[4] 关于做好 2022 年企业温室气体排放报告管理相关重点工作的通知[EB/OL]. [2022-8-15].

https：//www. mee. gov. cn/xxgk2018/xxgk/xxgk06/202203/t20220315_971468. html.

　　[5] IPCC 国家温室气体清单编制指南 2006[EB/OL]. [2022-08-20]. https：//www. ipcc-nggip. iges. or. jp/public/2006gl/chinese/pdf/2_Volume2/V2_2_Ch2_Stationary_Combustion. pdf.

　　200 kt 的货物从李天木(ltm)、肃宁北(snb)、三汲(sj)、神池南(scn)站接入，运送到沙沙圪台(ssgt)站的需求 OD 矩阵(单位：10 kt)及距离 OD 矩阵(单位：km)如图 4-7 所示。

$$
\begin{array}{c}
\begin{array}{ccccc}
& \text{ssgt} & \text{scn} & \text{sj} & \text{snb} & \text{ltm}
\end{array}\\
\begin{array}{c}
\text{ssgt}\\ \text{scn}\\ \text{sj}\\ \text{snb}\\ \text{ltm}
\end{array}
\left[
\begin{array}{ccccc}
0 & 5 & 0 & 5 & 10\\
4 & 0 & 2 & 0 & 2\\
3 & 0 & 0 & 0 & 3\\
3 & 0 & 0 & 0 & 3\\
10 & 0 & 0 & 0 & 0
\end{array}
\right]
\end{array}
\qquad
\begin{array}{c}
\begin{array}{ccccc}
& \text{ssgt} & \text{scn} & \text{sj} & \text{snb} & \text{ltm}
\end{array}\\
\begin{array}{c}
\text{ssgt}\\ \text{scn}\\ \text{sj}\\ \text{snb}\\ \text{ltm}
\end{array}
\left[
\begin{array}{ccccc}
0 & 281 & 537 & 687 & 797\\
281 & 0 & 256 & 406 & 516\\
537 & 256 & 0 & 150 & 260\\
687 & 406 & 150 & 0 & 110\\
797 & 516 & 260 & 110 & 0
\end{array}
\right]
\end{array}
$$

(a) 需求 OD 矩阵　　　　　　(b) 距离 OD 矩阵

图 4-7　OD 矩阵

　　本案例中选取了 2 个装车点装车，开往卸车站附近的 2 个卸车点，重载铁路反向运输的其他相关参数值(以李天木—沙沙圪台为例，其他路径除装卸货质量以及运输距离不同外，相关参数与李天木—沙沙圪台路径保持一致)如表 4-18 所示。

表 4-18　反向运输公路和铁路相关参数取值

铁路			
参数	取值	计算说明	
l^f_{a1}	1.00 km	—	
l^f_{a2}	0.80 km	—	
第一阶段　q^f_{a1}	13.2 kt	两个装车地的货物运量各占 50%，运输车辆采用 C80 的车型，空车质量 20 t，载重 80 t，编组方式为 60 节，10 万吨货物使用 22 辆货运机车	
q^f_{a2}	13.2 kt		

续表

铁路			
参数		取值	计算说明
第二阶段	q_1^s	50 kt	斗轮式堆取料机装车总重
	q_2^s	50 kt	斗轮式取料机装车总重
	q_d^s	100 kt	—
	l_d^s	931 m	—
第三阶段	l_{a1}^t	1.10 km	装车点 1
	l_{a2}^t	0.80 km	装车点 2
	q_{a1}^t	63.2 kt	货物质量和车辆质量之和
	q_{a2}^t	63.2 kt	
第四阶段	q_i^o	63.2 kt	2 种不同类型的电力机车装载质量相同，货运机车总牵引质量等于货物质量与车辆质量之和
	l_i^o	797 km	—
第五阶段	q_{a1}^v	50 kt	—
	q_{a2}^v	50 kt	—
	l_{a1}^v	1.00 km	卸车点 1
	l_{a2}^v	1.20 km	卸车点 2
第六阶段	q_1^s	50 kt	翻车机卸车总重
	q_2^s	50 kt	螺旋卸车机卸车总重
第七阶段	l_a^n	2.48 km	
	q_a^n	26.4 kt	空车总重
公路			
参数		取值	计算说明
装车	w	100 kt	装车采用单斗装载机，卸车采用车辆自卸的方式
运输	l	797 km	相同运输路径下，公路的运输距离与铁路的运输距离保持一致

2. 结果分析

通过分析基准链和重载运输链的反向运输碳排放过程,计算得到分别从李天木、肃宁北、三汲、神池南站出发,到达沙沙圪台站的货物运输碳排放总量以及两条运输链反向运输的综合碳排放因子如表 4-19 所示。从表 4-19 可以看出,运距越长、运输量越多的路径碳排放量越大,其中基准链中李天木—沙沙圪台路径碳排放量最大,是对应重载运输链反向运输路径碳排放的 4.15 倍。重载运输链反向运输总碳排放量为 1555.55 t,约为基准链反向运输碳排放量的四分之一,重载铁路反向运输对公路货运替代的碳减排效果显著。通过对比,可知重载铁路链反向运输的综合碳排放因子为 12.495 g CO_2/(t·km),远低于基准链反向运输的综合碳排放因子 49.759 g CO_2/(t·km)。因此,相对于公路运输方式,重载铁路运输在货运量大、运距长的货物运输中具备更显著的碳减排优势,可以有效地减少碳排放。

表 4-19　反向运输链碳排放量及综合碳排放因子

类别	运输路径	碳排放量/t	综合碳排放因子/[g/(t·km)]	类别	运输路径	碳排放量/t	综合碳排放因子/[g/(t·km)]
基准链	李天木—沙沙圪台	3942.64	49.759	重载运输链	李天木—沙沙圪台	949.19	12.495
	肃宁北—沙沙圪台	1021.09			肃宁北—沙沙圪台	257.37	
	三汲—沙沙圪台	800.59			三汲—沙沙圪台	203.25	
	神池南—沙沙圪台	565.70			神池南—沙沙圪台	145.74	
总计		6330.02		总计		1555.55	

3. 碳减排效果对比分析

为降低反向运输过程的碳排放量,研究重载铁路对公路运输的替代量所产生的碳减排效果是关键。以基准链与重载运输链反向运输过程为例,若将基准链反向运输的货物转移至铁路,分别考虑相同和不同替代量下、不同替代率的货物运输总碳排放的变化量。

（1）替代量相同

根据案例中的需求 OD 矩阵，反向运输共包含四条路径，从李天木、肃宁北、三汲、神池南站出发运往沙沙圪台站的货物量分别为 100 kt、30 kt、30 kt、40 kt。固定每条路径的替代量上限为 30 kt（即替代率为 100% 情况下的替代量为 30 kt，不同路径在相同替代率下的替代量相同），将基准链反向运输各路径中的货物按照不同百分比转移至铁路，考虑不同替代率下各路径碳排放的变化量，如图 4-8 所示。

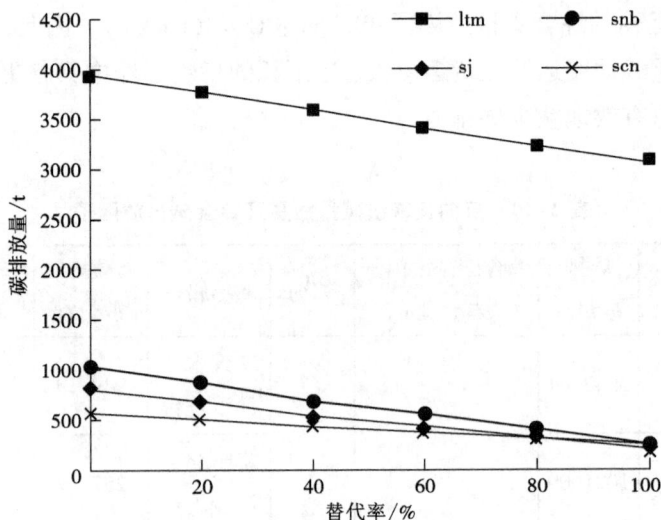

注：以各路径始发站的站名代表整条运输路径。

图 4-8　相同替代量下不同替代率对碳排放的影响

由图 4-8 可以看出，随着铁路对公路替代率的增加，各路径运输货物产生的总碳排放量不断降低，且李天木、肃宁北、三汲、神池南至沙沙圪台站的四条运输路径的斜率绝对值依次变小，总碳排放量随着替代率的变化而变化的速度依次变慢，这说明在不同运量需求的路径中，每条路径有相同运量货物"公转铁"，路径运距越长，铁路对公路替代的碳减排效果越明显。三汲、神池南站运往沙沙圪台站的货物量相同，运距不同，在替代率约为 82% 时，三汲和神池南总碳排放量相同，表明在相同运量需求的路径中，相同运量货物"公转铁"，路径运距越长,运输总碳排放量下降速度越快。因此,不管各运输路径的运量是否相同,在相同替代量下,运距越长,碳排放量随替代率变化下降越快。为尽可能多地降低碳排放量,建议中长距离运输采用重载铁路运输方式。

(2)替代量不同

在李天木、肃宁北、三汲、神池南站出发运往沙沙圪台站四条运输路径下,考虑不固定替代量上限(即以不同路径运输需求量为上限,替代率为 100% 情况下的替代量为各路径的运输需求量,不同路径在相同替代率下的替代量不同),改变替代率情况下四条运输路径的总碳排放变化量,如图 4-9 所示。

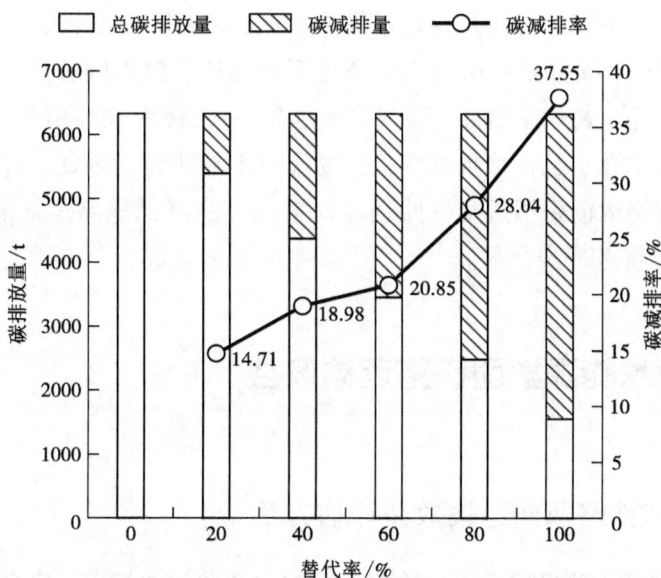

图 4-9　不同替代量下替代率对碳排放的影响

由图 4-9 可以看出,不同替代率下碳减排量为 $0 \sim 4774.47$ t CO_2,相应的碳减排率为 $14.71\% \sim 37.55\%$。替代率越高,碳减排率越高,表明"公转铁"能够有效降低运输过程产生的碳排放量,且转移量越多,碳减排效果越明显。

4.2.3.4　结论

本节对基准链和重载运输链的碳排放进行了全过程分析,重载运输链的反向运输分别从空车调运、空车装车、重车集结、重车反向运输、重车去往卸车点、重车卸车、空车去往存车线等七个阶段建立 TCA 碳排放模型，揭示了各个阶段碳排放量差异，并将其应用于重载铁路运输通道，主要结论如下：

(1)基准链反向运输中，运距长且货运量大的李天木—沙沙圪台路径碳排放量最大，是对应重载运输链反向运输路径的 4.15 倍；重载运输链、基准链反向运输的综合碳排放因子分别为 12.495 g $CO_2/(t \cdot km)$、49.759 g $CO_2/(t \cdot km)$，重载运输链反向运输的碳排放因子仅为基准链反向运输的四分之一。对比结果可知，应发挥重载铁路"绿色低碳"优势，积极促进重载铁路相关通道"公转铁"，可显著降低相关区域或通道的碳排放量。

(2)重载铁路对公路运输的替代能够显著降低运输链总碳排放量。就反向运输过程来看，不管各运输路径运量是否相同，在相同"公转铁"运量下，路径的 OD 距离越长，碳排放量随替代率变化下降越快。就不同替代量上限、替代率不同的情况下，替代率越高，碳减排率越高，"公转铁"能够有效降低运输过程产生的碳排放量，且转移量越多，碳减排效果越明显。因此，对于一些中长距离、大宗货物运输采用重载铁路运输能够进一步降低铁路运输的碳排放量，反向运输优势将进一步凸显。

4.3 国家能源集团铁路运输效益

4.3.1 重载铁路双向运输效益评估方法

为分析重载铁路发展反向运输业务后的双方向效益情况，建立重载铁路双向运输效益评估方法。从工作流程来看，重载铁路的运输效益涉及多个环节，此处主要讨论运输环节，不考虑线路的建设及养护维修环节。

重载铁路双向运输效益通过双向综合效益 S 来反馈，具体为经济效益 S_g 与社会效益 S_h 之和，如式(4-22)所示。

$$S = S_g + S_h \tag{4-22}$$

双向运输的经济效益为正向运输利润与反向运输利润之和，如式(4-23)所示。

$$S_g = \sum_{i=1}^{2} (I_i - X_i) \tag{4-23}$$

式中：i 为货物运输方向，$i=1$，2 分别对应正向、反向；I_i 为某一方向上的收入，X_i 为某一方向上的成本。

正向运输收入 I_1 为托运人支付的运费，如式（4-24）所示。

$$I_1 = p_1 \cdot l_1 \cdot q_1 \tag{4-24}$$

式中：p_1 为正向运输单位周转量运价，元/（t·km）；l_1 为正向平均运距，km；q_1 为完成的正向货运总量，t。

相同地，反向运输收入 I_2 为该方向上托运人支付的运费，如式（4-25）所示。

$$I_2 = p_{2,1} \cdot l_2 \cdot (1-\alpha) \cdot q_2 + p_{2,2} \cdot l_2 \cdot \alpha \cdot q_2 \tag{4-25}$$

式中：$p_{2,1}$、$p_{2,2}$ 分别为一般货物、高附加值货物在反向运输中的单位运价率，元/（t·km）；l_2 为反向平均运距，km；q_2 为完成的反向货运总量，t；α 为高附加值货物占反向货运量的比值。

正向运输成本 X_1 主要包括货物装卸成本、运输过程中的固定成本以及与能耗有关的运输环节变动成本，如式（4-26）所示。特别地，重载铁路运输模式具有往复周期性，固定成本由双向运输中运量较大的方向决定。

$$X_1 = a_1 \cdot q_1 + b_1 \cdot q_1 + c \cdot \max\{q_1, q_2\} + d_1 \cdot q_1 \cdot l_1 \tag{4-26}$$

式中：a_1、b_1 分别为正向运输单位运量的装、卸成本，元/t；c 为运输环节单位运量的固定成本，元/t；d_1 为与能耗有关的单位变动成本，元/（t·km）。

反向运输成本 X_2 同样包括了货物装卸成本、固定成本及变动成本，与正向运输不同的是，除了考虑不同附加值货物的装卸成本外，还考虑了部分货物在中间站卸车的成本，如式（4-27）所示。

$$\begin{aligned}
X_2 = {} & [a_{2,1} \cdot (1-\alpha) + a_{2,2} \cdot \alpha] \cdot q_2 + [b_{2,1} \cdot (1-\alpha) + b_{2,2} \cdot \alpha] \cdot (1-\omega) \cdot q_2 \\
& + [e_{2,1} \cdot (1-\alpha) + e_{2,2} \cdot \alpha] \cdot \omega \cdot q_2 + c \cdot \max\{q_1, q_2\} + d_2 \cdot q_2 \cdot l_2
\end{aligned} \tag{4-27}$$

式中：$a_{2,1}$、$b_{2,1}$ 分别为一般货物单位运量的装、卸成本，元/t；$a_{2,2}$、$b_{2,2}$ 分别为高附加值货物单位运量的装、卸成本，元/t；ω 为中间站卸载货运量占反向运输货运量的比值；$e_{2,1}$、$e_{2,2}$ 分别为中间站卸载一般、高附加值货物的单位运量的成本，元/t；d_2 为反向运输过程中的单位变动成本，元/（t·km）。

双方向的社会效益主要考虑了环境效益，具体为重载铁路大力发展反向运输后，吸引该方向上部分原本通过公路运输的货物，从而降低二氧化碳排放成本。由于碳排放量与双向运输利润的量纲并不一致，故通过碳税值 γ（元·g CO_2^{-1}）将碳排放成本转化为货币成本，如式（4-28）所示。

$$S_h = \gamma \cdot (R_{road} - R_{rail}) \cdot l_2 \cdot q_2 \tag{4-28}$$

式中：R_{road}、R_{rail} 分别为公路、铁路的货运碳排放因子，g $CO_2/(t \cdot km)$。

4.3.2 重载铁路反向运输环节对双向运输效益的影响分析

为使得铁路运营部门能够权衡发展重载铁路反向运输业务带来的效益，应用双向运输效益评估方法，讨论反向运量占正向运量比重、反向吸引的货物对双向综合效益的影响，进而为运营部门提供决策依据。

4.3.2.1 参数选取

在重载铁路线路双向运输效益评估方法的基础上，设置双向单位运价率、双向各环节单位成本值不变的条件。评估方法中所涉及部分参数的取值如表 4-20 所示。

表 4-20 部分参数取值

参数	p_1/ [元·$(t \cdot km)^{-1}$]	$p_{2,1}$/ [元·$(t \cdot km)^{-1}$]	$p_{2,2}$/ [元·$(t \cdot km)^{-1}$]	c/ $(元 \cdot t^{-1})$	γ/ $(元 \cdot g\ CO_2^{-1})$	l_1/km	α
取值	0.20[1]	0.10[2]	0.30[2]	1.25[3]	6×10^{-4}[4]	595.0	20%
参数	$a_1, a_{2,1}$/ $(元 \cdot t^{-1})$	$a_{2,2}$/ $/(元 \cdot t^{-1})$	$b_1, b_{2,1}$/ $(元 \cdot t^{-1})$	$b_{2,2}$/ $/(元 \cdot t^{-1})$	R_{road}/ [g $CO_2 \cdot (t \cdot km)^{-1}$]	l_2/km	ω
取值	15[5]	30	15[5]	30	47.1[6]	446.3	50%
参数	d_1/ [元·$(t \cdot km)^{-1}$]	d_2/ [元·$(t \cdot km)^{-1}$]	$e_{2,1}$/ $(元 \cdot t^{-1})$	$e_{2,2}$/ $(元 \cdot t^{-1})$	R_{rail}/ [g $CO_2 \cdot (t \cdot km)^{-1}$]	q_1/t	
取值	0.03[7]	0.03[7]	20	35	11.4[4]	2.5×10^7	

注：本表数据参考来源如下

[1] WANG D Z, ZHOU L Y, ZHANG H M, et al. A Bi-level Model for Green Freight Transportation Pricing Strategy Considering Enterprise Profit and Carbon Emissions[J]. Sustainability, 2021, 13(12): 1-20.

[2] 刘晓娟. 市场竞争条件下铁路货运高端产品的定价模型[J]. 综合运输, 2017, 39(04): 34-39.

[3] 周康, 何世伟, 宋瑞, 等. 基于单元化物流的铁路快运组织优化[J]. 交通运输系统工程与信息, 2016, 16(06): 100-107.

[4] LI L, ZHANG X Q. Integrated optimization of railway freight operation planning and Pricing Based on Carbon Emission Reduction Policies[J]. Journal of Cleaner Production, 2020, 263: 1-13.

[5] 李世琦, 郎茂祥, 于雪峤, 等.中国商品车铁路运输竞争力分析——以京津冀地区为例[J]. 北京交通大学学报, 2020, 44(01): 49-56, 63.

[6] LIN B L, WANG Z M, JI L J, et al. Optimizing the Freight Train Connection Service Network of a Large-scale Rail System[J]. Transportation Research Part B: Methodological, 2012, 46(05): 649-667.

[7] 夏阳, 魏玉光, 赖艺欢, 等. 基于运输成本的铁路集装箱旅客化运输系统开行方案研究[J]. 铁道学报, 2019, 41(04): 10-15.

4.3.2.2 反向运量占比对双向运输效益的影响

我国多条重载铁路线路双向运量情况各异，2017—2019 年朔黄铁路反向占正向运量比重不足 5%，2018 年瓦日铁路反向占正向运量比重略高于 10%。随着反向运量与正向运量比值的提升，双向运输经济、环境及综合效益的变化情况如图 4-10 所示。

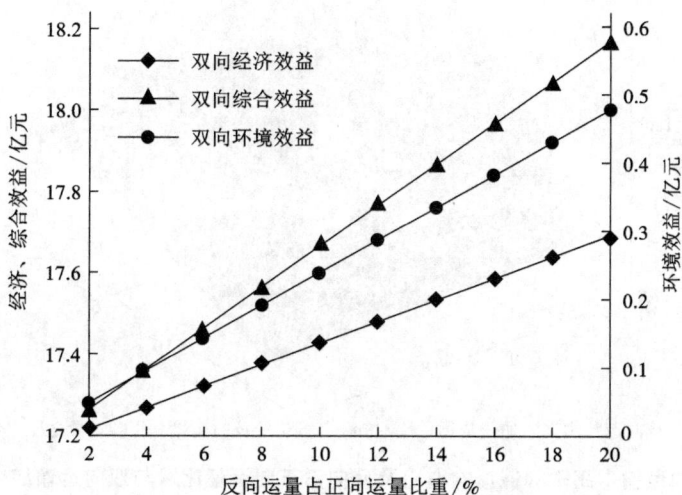

图 4-10 反向运量占比与双向运输效益的关系

由图 4-10 可以看出，各效益值均与反向运量呈显著的正相关，反向运量占正向运量比重从 2% 变化至 20%，双向运输经济效益从 17. 21 亿元增长至 17. 69 亿元，双向运输环境效益从 0. 05 亿元增长至 0. 48 亿元，故双向运输综

155

合效益从 17.26 亿元增长至 18.17 亿元。结合图 4-10,双向综合效益涨幅为 5.25%,高于经济效益的涨幅 2.77%,主要原因为,重载铁路开始承担通道反向上的货运任务后,铁路运输方式的环保优势得以体现,大大改善了公路分担率过高导致的环境污染问题。因此,重载铁路线路可考虑发展双向运输模式,通过下浮运价等策略提升对反方向上有运输需求的货物的吸引力,挖掘适运的货物品类,以促进重载铁路运输的综合效益。

4.3.2.3 反向运输货物价值对双向运输效益的影响

重载铁路正向运输的货物品类主要为煤炭、焦炭等,反方向上主要吸引从港口上水的进口金属矿石等品类,反向运输货物品类对应的价值与反向运量将影响双向运输效益,双向运输综合效益变化情况具体如图 4-11 所示。

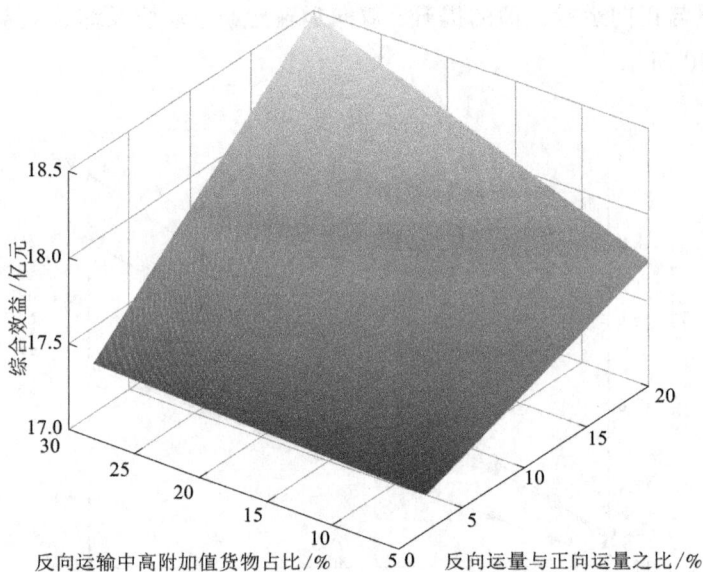

图 4-11 反向运输中高附加值货物占比及反向占正向运量比重与双向运输综合效益的关系

根据图 4-11,反向运量增加、反向运输中高附加值货物占比的增加,都利于双向运输综合效益的提升。若反向运输中高附加值货物占比从 5% 提升至 30%,在反向运量与正向运量之比为 2% 时,双向运输综合效益涨幅为 0.43%;反向运量与正向运量之比扩大为 20% 时,双向运输综合效益涨幅为 4.18%。故在推进重载铁路双向运输模式发展时，若能吸引高于铁矿石等大宗货物价值的品类，可进一步促进双向运输综合效益提升。

由上述分析可得：

（1）当反向运量与正向运量之比从 2% 变化至 20%，双向运输综合效益提升 5.25%。反向运输业务的开展，除了利于经济效益稳步增长，还彰显铁路运输方式低碳排放的优势，缓解原先通道上公路分担率过高导致的环境污染问题。

（2）反向运量与正向运量之比为 20%，反向运输中高附加值货物占比从 5% 提升至 30%，双向运输综合效益增长 4.18%。高附加值货物占比提高可改善双向运输效益，且反向运量规模越大，改善效果越显著。

综合来看，一端衔接内陆地区、一端衔接港口的重载铁路线路可考虑发展双向重载运输模式，铁路运营部门可考虑拓展双向重载运输业务覆盖范围，挖掘潜力货物品类，与沿线地区相关企业建立长期合作关系，保证稳定的反向货源，以提升双向综合效益，利于双向均衡运输，推进运输通道上多产业互利共赢。

4.4　地区物流服务水平效果评估

国家能源集团双向重载运输的开展，通过吸引原本采用公路方式运输的货物，促进通道运输结构调整、加快推动通道"公转铁"、助力碳减排，从实际的运输环节来看，也为沿线有货运需求的企业提供了低成本高质量的运输方式选择。

在未来发展非煤运输业务时，国家能源集团运输业务主要覆盖"三西"地区煤炭外运与下水，列车装运"三西"地区的煤炭后，运至东部港口后装船下水，或通过与自有铁路相连通的国铁线路(京沪线、京广线等)，将煤炭运输至东部的需求地。待煤炭运至目的地后，列车、船舶均为空载，再返回始发地。

在"打赢蓝天保卫战""交通强国""碳达峰、碳中和"等国家战略的引领下，国家能源集团谋划了运输新模式，合理利用自有铁路、自有船舶在煤炭运输不繁忙时双方向上的空闲运力，辐射沿线地区除煤炭以外的大宗散货品类。正向主要是内蒙古西部、宁夏、陕西、河北地区的货物类别，反向主要是从港口(黄骅港、天津港、龙口港)上水、自东向西运至内陆的货物类别,反向的空船、空车正好可以与这部分大宗散货相适配。

随着双向重载运输加速发展,国家能源集团服务的非煤品类从一开始的金属矿石、砂石料、聚烯烃等几个货品发展至当前30余种品类,正向吸引的主要非煤货物品类及对应的发运地,以及反向吸引的主要非煤货物品类及对应的终到地如表4-21所示。可以看出,沿线地区非煤货物运输市场有极大的开拓潜力,在线路辐射区域存在众多有运输需求的品类,覆盖的货物品类范围显著扩大。

表4-21 双向非煤货物品类及货物发运地

品类	方向	正向运输货物的发运地 /反向运输货物的终到地
铜精粉	正向	内蒙古
铝锭/铝棒		内蒙古、宁夏
聚氯乙烯		内蒙古
聚丙烯		陕西
钢材		河北、内蒙古
化肥		内蒙古
砂石		内蒙古
兰炭		内蒙古、陕西
铁矿石、铁矿粉	反向	内蒙古、河北
锰矿		内蒙古、宁夏
氧化铝		内蒙古

为了提升全过程服务水平,国家能源集团建立了业务代理机制,各铁路公司可以挖掘沿线地区有运输需求的非煤品类,与对应的生产企业建立合作关系,负责申请列车、船舶以完成生产企业的运输需求。代理公司将一次运输任务负责到底的机制,使得沿线生产企业享受到可靠、有保障的运输服务。同时,国家能源集团鼓励合作的生产企业建设专用线,打通原本需要汽运短倒或过轨地方铁路的运输首端或末端,提高全过程运输效率。

此外，沿线有运输需求的企业选择国家能源集团自有铁路运货所支付的运费，相较于同通道上国铁、公路是更低的。企业所支付的运费可通过运价率、运输里程、运量三者相乘来简单估算。在企业决定运输一定量的货物后，运量则相对固定，影响运费的则是运价率、运输里程这两个因素。

以国家能源集团自有铁路反向运输铁矿石至河北省西柏坡站为例，在自有铁路方面列车将经过朔黄铁路将货物运至西柏坡站。货物走不同的运输路径，对应的运输里程对比情况如图 4-12 所示。表 4-22 列出了货物走不同的运输路径，对应的运价率、运输里程及单位运量的运价水平。

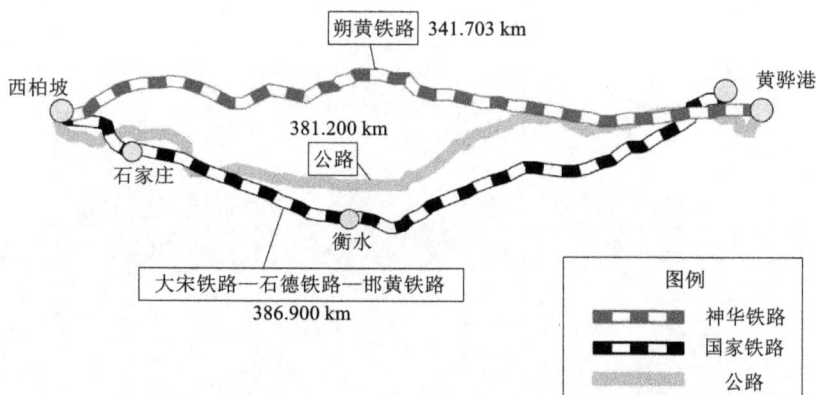

图 4-12　不同运输路径的距离对比

表 4-22　不同运输路径上单位运量的运价对比

运输路径	运价率 （元/t·km）	运输里程 /km	单位运量的运价 （元/t）
国家能源集团自有铁路 （朔黄铁路）	0.12	341.703	41.00
国家铁路 （邯黄铁路—石德铁路—大宋铁路）	0.18	386.900	69.64
公路	0.30	381.200	114.36

若货物改为选择国铁来运输，将经过邯黄铁路—石德铁路—大宋铁路来运输，运价率方面高于朔黄铁路，每吨公里高出 0.06 元，运输里程比朔黄铁路约

长 45.2 公里，综合起来每吨货物的运价比朔黄铁路高出约 28.64 元。若货物改为选择公路来运输，运价率方面每吨公里约高于朔黄铁路 0.18 元，运输里程比朔黄铁路约长 40 公里，综合起来每吨货物的运价比朔黄铁路高出 73.36 元。

总的来看，在国家能源集团发展双向重载运输的背景下，地区物流水平得到改善，国家能源集团拓展自身业务范围，与沿线地区多种非煤货物品类相适应，实现双赢局面。沿线地区生产企业在选择货物运输方式时有了成本低、可靠的选择，与此同时国家能源集团自有运输设施设备的能力得到充分利用，有利于提升产业经济效益。

第 5 章

面向需求的双向重载运输体系创新

双向重载运输实施的基础是运输需求，尤其是反向运输需求的特征。本章结合国家能源集团重载运输通道的具体环境，分析了反向运输需求的基本特征；从双向运输角度研究提出了面向反向运输需求市场的企业战略规划、运输组织管理机制、运输网络互联互通、路港航一体化协作技术等改革与创新方法。

5.1 正反向运输市场需求及发展数据分析

当前，我国煤炭行业正在深入推进供给侧结构性改革，力求改善煤炭供应结构、保持市场供需动态平衡。随着煤运通道集疏运系统不断完善，即使在"公转铁"政策的支持下，预计 2025 年后我国铁路煤炭外运量也将逐步呈下降趋势，"三西"地区煤炭外运的各大通道之间竞争将更加激烈。国家能源集团作为大力推进路港航双向一体化发展的企业，必须尽快适应新时代大物流发展的要求，在充分研判和精准把握煤炭消费大趋势的前提下，加大力度开发反向非煤运输市场，超前谋划大物流发展，推动集团运输产业可持续发展。

5.1.1 正反向运输市场需求现状

5.1.1.1 正向运输市场

煤炭是我国最主要的基础能源,根据国家统计局数据,近20年我国煤炭产量发展趋势如图5-1所示。

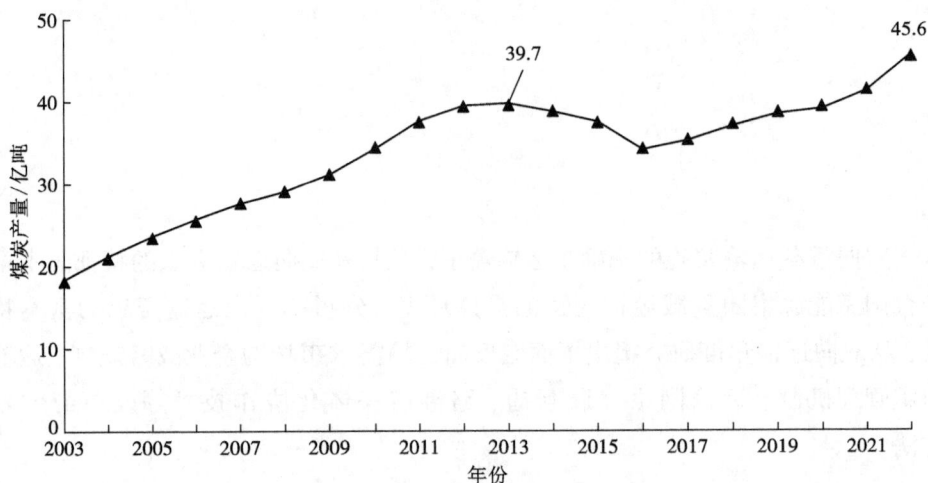

纵轴:煤炭产量/亿吨,横轴:年份

图 5-1 2003—2022 年全国煤炭产量

不难看出,全国煤炭产量 2013 年达到历史峰值 39.7 亿 t 后呈现下降趋势;2017 年煤炭行业实施供给侧结构性改革,使得煤炭产量再次增长;2022 年全国煤炭产量增长至 45.6 亿吨,再创新高。

近年来,我国重载铁路网络不断完善,打通了"三西"地区煤炭到北方港口下水和到华中、华东地区直达的运输通道。由于重载铁路在中长距离的大宗物资运输中具有极突出的优势地位,煤炭运输对于重载铁路运输维持着较高的依存度。

正向运输市场中,煤炭运输是国家能源集团运输产业的主要板块,2019—2022 年煤(焦)炭运量均超过 4 亿吨,主要承担蒙西、陕西、山西煤(焦)炭东运、外运业务。近年来,各铁路公司不断开拓通道上非煤货物运输市场,开展少量兰炭、柴油、沥青、水泥等非煤货物运输业务,非煤运输的货物品类由

2019 年的 19 类增加至 2022 年的 22 类，2023 年非煤运输品类与前几年相近，各品类货物运量水平变化如表 5-1 所示。

表 5-1　国家能源集团自有铁路 2019—2023 年正向运输量

单位：万吨

货物品类	2019 年	2020 年	2021 年	2022 年	2023 年
煤（焦）炭	45960.04	43811.60	46429.50	45148.10	56853.1
兰炭	46.20	139.17	254.10	186.27	171.75
冷轧取向磁性钢带	0.03	—	—	—	—
柴油	40.16	46.14	43.83	55.79	52.41
水泥	20.73	41.20	37.59	31.92	9.39
水泥熟料	—	—	—	25.70	10.87
水泥轨枕		1.29	5.79	20.66	7.79
汽油	3.39	8.37	7.39	12.29	9.07
沥青	67.45	64.02	41.48	0.81	0.34
焦炭	320.38	—	0.33	—	—
砂石	168.67	50.88	23.35		1.28
聚丙烯	37.31	39.30	39.00	44.68	40.49
聚乙烯	0.56	1.29	3.05	4.19	3.88
聚氯乙烯	67.75	57.75	37.76	37.00	42.44
聚烯烃	—	9.08	6.87		
轮对	0.02		0.05	0.18	0.72
钢坯	16.04			1.09	1.21
钢渣	42.12	22.19	—		1.91
钢轨	—	4.15	4.37	7.71	16.35
铜精粉	55.02	46.13	46.01	47.97	70.80
铝锭	19.92	4.56	12.87	22.10	3.39
高岭土	4.38				
高岭岩	4.01	10.88	12.03	2.97	21.44

续表5-1

货物品类	2019 年	2020 年	2021 年	2022 年	2023 年
PVC	—	0.44	—	—	—
水渣	—	24.88	8.33	8.82	—
石油焦	—	8.77	0.41	—	—
石碴	—	17.58	13.72	38.19	30.84
粉煤灰	—	1.74	3.79	0.36	8.06
变压器	—	—	0.36	—	—
瓷砖	—	—	0.33	—	—
矿渣	—	—	30.87	99.87	48.84
膨润土	—	—	0.54	—	—
乙二醇	—	—	—	2.31	1.49
其他	43.88	46.73	31.92	0.43	5.07

注：数据来源于国家能源集团《运输调度日报》。

5.1.1.2 反向运输市场

目前的反向运输货物品类主要集中在铁矿粉、锰矿以及氧化铝上，通过对沿线市场调研，可挖掘反向货物运输市场，表5-2 为2019—2023 年反向运输非煤货物年运量情况。

表 5-2 2019—2023 年反向运输非煤货物年运量

单位：万吨

货物品类	2019 年	2020 年	2021 年	2022 年	2023 年
铁矿粉/铁矿石	894.31	1379.72	1195.44	1186.51	1644.24
锰矿/锰矿石	53.53	51.98	1.46	23.83	18.34
氧化铝	—	1.21	0.33	0.40	2.24
铝矾土	—	—	—	0.42	4.47
海盐	—	—	2.03	8.14	0.33

注：数据来源于国家能源集团《运输调度日报》。

铁矿粉为国家能源集团反向运输主要货物品类。铁矿粉从东部沿海港口货运站装车后，主要通过整车方式运至内陆钢铁集团炼钢厂，主要包括河北敬业集团、石家庄钢铁公司、包钢集团等。由于铁矿石、矿粉的特性，常用敞车运输。

锰矿石从东部沿海港口货运站装车后，通过整车方式运至内陆，主要包括宁夏天元锰业集团、鄂尔多斯西金矿冶公司等。目前，锰矿这一货物品类在国家能源集团反向运输市场中占比较小。

氧化铝等通常通过整车或集装箱方式装运，所使用的车辆为敞车。2021 年、2022 年受疫情的冲击，氧化铝运输业务量较 2020 年有所下降。

5.1.2　双向重载运输市场发展前景

5.1.2.1　煤炭运输市场发展趋势分析

随着 2020 年底黄大铁路的开通运营，国家能源集团核心区自营铁路里程已达 2408 km，运输能力提升至 5.3 亿吨，一体化集疏运体系更趋完善。核心区煤炭铁路运输竞争激烈，区域内铁路外运总能力达 15 亿吨以上，大幅超过当地煤炭产量，2022 年国家能源集团铁路完成总运量 4.7 亿吨（其中煤炭约 4.5 亿吨），较 2021 年有所下降，重要原因之一是由于竞争激烈造成外部煤炭收购难度加大。

从各条线路既有能力利用情况来看，主通道包神南线、神朔线基本趋于饱和，巴准铁路、准池铁路能力有较大富裕，其中，巴准铁路设计能力 22600 万吨，运力富裕约 20000 万吨；大准铁路双线段设计能力 22700 万吨，运力富裕约 7000 万吨；准池铁路设计能力 21000 万吨，运力富裕约 16000 万吨；朔黄铁路设计能力 35000 万吨，运力富裕约 4000 万吨（朔黄铁路"十四五"期间运输能力预计可达 4.5 亿吨，运力还有进一步提升空间）。

"十四五"期间国家能源集团核心区煤炭产量和铁路运量对比如图 5-2 所示。

从这个趋势看，2025 年前得益于"公转铁"和"碳达峰"政策利好，铁路煤炭运输量还有上升空间，国家能源集团煤炭产量与铁路运量间的缺口也越来越大，应密切关注煤源的变化，特别是外部煤源的可靠性和稳定性。

根据国内外煤炭市场需求形势、国家能源集团煤炭市场格局及运输通道布

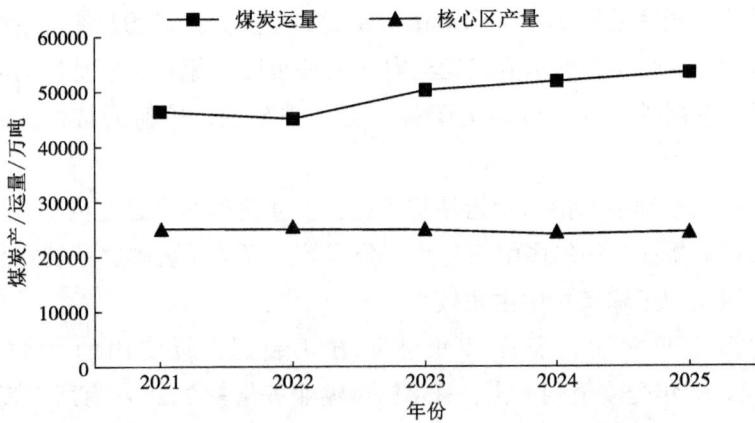

图 5-2　国家能源集团核心区煤炭产量和铁路运量预测

局，结合各煤矿、铁路发展现状，综合考虑国内、国际煤炭市场发展趋势，预测 2025 年国家能源集团铁路煤炭运量为 53500 万吨，其中各铁路公司煤炭运量如表 5-3 所示。

表 5-3　2025 年国家能源集团铁路运量预测表

单位：万吨

铁路公司	总运量	53500
包神铁路	运量合计	33949
	包神线	17360
	甘泉线	1500
	塔韩铁路	400
	神朔铁路	27050
朔黄铁路	运量合计	40650
	黄万铁路	5000
	黄大铁路	4000
新朔铁路	运量合计	17361
	巴准铁路	3250
	大准铁路	17205
	准池铁路	7345

国家能源集团铁路煤炭运量与核心区煤矿产量发展趋势息息相关,相关研究成果表明:2025 年煤炭生产和运量将达峰(铁路煤炭运量最高约 5.35 亿吨);2025—2050 年整体平稳下降,但铁路运量较煤炭产量下降更快;2050—2060 年将快速下降。

5.1.2.2　非煤运输市场发展趋势分析

基于国家运输结构调整要求,重点园区及企业专用线建设基本完成,按照以下两种情景对国家能源集团非煤运输市场未来发展趋势进行分析预测。情景一:国家能源集团铁路与国铁互联互通关系基本维持现有水平;情景二:国家能源集团铁路与国铁互联互通关系有较大改善,自身物流园区及设施水平有较大提高。

1. 铁矿石及钢铁

从未来发展来看,由于国家钢铁产业产能总体过剩,加上环保要求,山西以东地区产能基本固定(太钢集团主要通过企业兼并重组提升产能、新增可能性不大);而山西以西地区的包头、宁夏企业由于考虑企业物流成本,扩能基本集中在下游特钢方面,基础产能不会发生较大变化。

以现有产能作为未来预测基础,通过企业调研来看,区域铁矿石产量近期不会发生较大变化,但是企业也在逐步扩大外贸进口矿的需求,宁夏钢铁集团就是典型代表。基于此,预测到 2025 年沿线地区铁矿石需求量约为 6615 万吨,其中进口规模约 4215 万吨。2025 年沿线铁矿石需求量预测结果如表 5-4 所示。

表 5-4　2025 年沿线铁矿石需求预测

单位:万吨

企业名称	产能	铁矿石需求	自有及周边矿石	进口量
宁夏钢铁集团	259	350	100	250
宁夏申银特钢股份有限公司	300	450	200	250
包钢集团	1580	2370	650	1720
包头市大安钢铁有限责任公司	398	300	150	150
太原钢铁集团	1200	1440	800	640
河北敬业集团	1200	1440	450	990
石家庄钢铁有限责任公司	220	265	50	215
合计	5157	6615	1900	4215

注:太原和石家庄地区钢铁产能按照 80% 计算。

宁夏和乌海地区重点企业及园区与国铁专用线建设已基本完成,在情景一的情况下,国家能源集团铁路运输需要利用公路解决最后一公里问题,因此经济性和稳定性对用户来讲具有不确定性,按照铁路运量占比50%考虑。在情景二的情况下,国家能源集团铁路与国铁互联互通及关系得到较大改善,铁路运输的最后一公里问题得到解决,国家能源集团铁路运输的经济性得到较大发挥,按照铁路运量占比80%考虑。

包头地区国铁与国家能源集团铁路存在一定的竞争关系,且国铁竞争力相对较强。目前国家能源集团与包钢综企集团昆仑矿业正在积极推进哈业脑包站接轨方案,若建成将能够增强国家能源集团对包钢集团的竞争力。在情景一的情况下按照铁路运量占比20%考虑,在情景二的情况下按照50%考虑。太原周边地区情景一和情景二也分别按照20%和50%考虑。石家庄钢厂与国铁形成互联互通,即便利用国家能源集团铁路也需要国铁支持且运距较短,不具备经济价值,可按照10%进行补充考虑。河北敬业集团是国家能源集团铁路运输的优势所在,随着国家运输结构调整国家能源集团铁路运输将发挥更大优势,因此情景一和情景二也分别按照80%和90%考虑。综上所述,2025年国家能源集团铁路运输在情景一的情况下运量约为1568万吨,情景二约为2575万吨。沿线各企业铁矿石运量预测结果如表5-5所示。

表5-5 2025年沿线铁矿石运量预测

单位:万吨

企业名称	铁矿石铁路需求量	情景一	情景二
宁夏钢铁集团	250	125	200
宁夏申银特钢股份有限公司	250	125	200
包钢集团	1720	340	860
包头市大安钢铁有限责任公司	150	30	75
太原钢铁集团	640	128	320
河北敬业集团	990	800	900
石家庄钢铁有限责任公司	215	20	20
合计	4215	1568	2575

企业成品钢材运输主要以包钢集团和河北敬业集团为主体，根据前章分析包钢集团约 40% 的产量运往华东、华北地区；河北敬业集团约 20% 的产量运往西部地区，此外还有部分出口。按照此结构预测，2020 年和 2025 年钢材东向铁路运量空间将分别达到 600 万吨和 200 万吨。按照前述比例进行同步预测，2025 年国家能源集团铁路东向钢材运量分别为 180 万吨和 300 万吨，西向钢材运量分别为 160 万吨和 180 万吨。

2. 氧化铝及电解铝

从未来发展来看，由于国家整体电解铝产业产能总体过剩，加上环保要求，未来沿线地区铝企业产能基本维持现状不变。根据企业调研情况分析，未来沿线地区周边氧化铝所需铝土矿约在 900 万吨，实际外贸进口需求只有约 280 万吨，主要通过黄骅港和天津港调入。按照前述经济性分析，在情景一和情景二情况下，国家能源集团铁路运量分别约为 180 万吨和 240 万吨。沿线各企业氧化铝进口运输需求量如表 5-6 所示。

表 5-6　2025 年沿线主要企业氧化铝进口运输需求

单位：万吨

企业名称	产能	铝土矿需求	其中自有	进口
内蒙古鑫旺再生资源有限公司	100	230	30	200
蒙西集团	40	90	90	0
国家电投山西铝业	290	580	500	80
合计	430	900	620	280

沿线地区电解铝产能 386 万吨，其氧化铝需求量 770 万吨，主要来源于本地周边及山西、河南等区域。调研结果显示，山西地区调入规模在 400 万吨左右，其中国家电投三家企业形成产业链互补，青铜峡铝业每年从原平调入 100 万吨氧化铝，主要通过太中银铁路。考虑到山西氧化铝产业的分布，重点考虑山西铝业，预测国家能源集团铁路运输规模在 100 万吨左右。同时，铝锭外销规模占到产量的 60%，主要通过铁路运往周边 1000 公里范围内进行销售，预计国家能源集团铁路运量在 20 万吨左右。

3. 合金类矿石

根据沿线各地区产业发展规划，丰镇将进一步增强铁合金产业整体实力和市场竞争力,打造全国重要的铁合金生产基地。到 2022 年,冶金行业综合产能达到 500 万吨,矿石需求量达到 1200 万吨,主要通过进口解决。石嘴山未来合金类产能在 2025 年将扩张 1 倍左右,其进口锰矿规模将达到约 300 万吨,也基本通过进口解决。其余地区中卫矿石需求量仍将保持在 500 万吨左右,包头将扩张至 200 万吨左右。丰镇地区集团经济性不足,作为补充按 10% 考虑。预测到 2025 年国家能源集团铁路情景一和情景二合金类矿石需求量分别约为 320 万吨和 740 万吨。沿线主要铁合金企业矿石进口运输需求如表 5-7 所示。

表 5-7 2025 年沿线主要铁合金企业矿石进口运输需求

单位:万吨

地区	矿石需求	情景一	情景二
宁夏	800	160	400
包头	200	40	100
丰镇	1200	120	240
合计	2200	320	740

4. 化工品

目前,化工品产业产能仍处于扩张阶段,一批双聚、合成氨以及精细化工产业正在进一步扩大产能。根据估算,双聚类产能到 2025 年将进一步增加,达到约 1500 万吨的产能规模。这些产能基本布局在国家能源集团自有铁路沿线地区,可以发挥国家能源集团自有铁路优势,按照现有利用率计算产量约为 1050 万吨。根据国家能源集团运量和企业调研,双聚产品按照 40% 和 50% 可以通过国家能源集团自有铁路外运进行估算,预测到 2025 年国家能源集团铁路化工品运量将约达到 420 万吨和 530 万吨。沿线主要双聚企业扩能情况如表 5-8 所示。

表 5-8 2025 年沿线主要双聚企业扩能情况

单位:万吨

地区	企业名称	产能/万吨	主要产品
宁夏东部	宁夏煤业	100	甲醇制烯烃

续表5-8

地区	企业名称	产能/万吨	主要产品
宁夏东部	宁煤与沙特基础工业公司	70	烯烃
包头	国能包头煤化工	75	甲醇制烯烃
鄂尔多斯达拉特旗	亿利化学工业	50	聚氯乙烯
鄂尔多斯杭锦旗	伊泰化工	120	精细化工
鄂尔多斯杭锦旗	昊华国泰化工	60	甲醇\烯烃
鄂尔多斯乌审旗	中煤蒙大新能源化工	60	甲醇制烯烃
鄂尔多斯达拉特旗	荣信化工	60	甲醇制烯烃
鄂尔多斯准格尔旗	中电投与道达尔	80	甲醇\烯烃
榆林	国能榆林化工	68	烯烃

注：本地甲醇产量基本上为烯烃类产品服务。

此外，国家能源集团铁路还运输合成氨、成品油、电石、双氰胺、烧碱、纯碱、发泡剂等诸多品类。这些货种企业多、批量小，部分属于危险品，2025 年运量规模约在 200 万吨。

5. 焦炭(含兰炭)

从国家产业规划来看，焦炭行业属于高耗能产业，在产业发展上采取东部淘汰、西部严控的政策，主要服务于国内产业发展需求。未来国家能源集团沿线地区产能基本控制在现状水平，考虑到现有西部地区钢铁冶炼和化工企业发展需求，未来沿线区域消费量将在 5000 万吨左右，外调规模在 4000 万吨左右，主要调往东北、湘鄂赣地区、河北、华东华南区域及出口。综合考虑铁路沿线各区域平衡，国家能源集团铁路主要满足河北敬业集团和河北部分转国铁需求，以及下水出口和华东华南地区的需求，其中华东华南沿海地区主要考虑到产业升级需求和规模化钢厂转移适量新增需求。预测到 2025 年两种情景下焦炭(含兰炭)运量分别达到约 1200 万吨和 1400 万吨的规模。

6. 其他货类

其他货物品类主要包括沿线砂石料、铜精矿、原盐、白云石及生活用品等的运输需求。砂石料属于阶段性产品需求，与雄安建设密切相关，预计 2025 年将会回落。基于此，预测到 2025 年在两种情景下其他货物品类的运量分别约为 500 万吨和 700 万吨。

7. 总需求量预测

综上分析，2025 年国家能源集团铁路非煤货运量在情景一下将达到约 4848 万吨，情景二下将达到约 6985 万吨。各品类货物在两种情景下运输需求总量预测结果如表 5-9 所示。其中铁矿石仍将是第一大品类，其次是焦炭（含兰炭）、化工品及合金类矿石等货物品类需求。

表 5-9　2025 年沿线非煤运输需求总量预测

单位：万吨

货物品类	情景一	情景二
铁矿石	1568	2575
钢铁	340	480
铝土矿	180	240
氧化铝	100	100
铝锭	20	20
合金类矿石	320	740
双聚类化工品	420	530
其他化工品	200	200
焦炭（含兰炭）	1200	1400
其他货种	500	700
合计	4848	6985

5.2　需求与双向重载运输创新的互动关系

随着全球经济的发展，物流运输的重要性日益凸显。物流运输的需求与创新一直以来都存在着双向互动的关系。随着科技的不断进步，新的物流技术与模式层出不穷，这些技术和模式的推出正是为了更好地满足人们对于物流运输的需求，与此同时，物流需求的增长也推动着物流创新的发展。因此，探究需求与双向重载运输创新的互动关系，对于提高物流运输效率、降低物流成本，实现可持续发展具有重要意义。

5.2.1　需求与双向重载运输创新关系的内涵

不断增大的运输需求对双向重载运输的创新提出了挑战，成为促使运输企业不断追求重载技术突破和创新的动力源泉，企业通过技术创新来满足、响应需求，需求反过来不断推动技术进步和企业发展。在这一过程中，需求与双向重载运输探索是相互促进、不断提升的互动关系。

运输需求是双向重载运输创新的出发点和落脚点，双向重载运输的创新发展则是满足需求的重要手段。企业必须深刻理解需求的本质，并且积极响应和适应市场需求变化，才能保持竞争力和优势。

从需求来看，现代经济的发展和消费水平的提高，导致大宗货物等运输需求不断增加，迫使运输企业不断地革新技术和运营模式，以满足客户对于运输服务质量和效率的高要求。需求的增加也促进了运输模式的变革。在传统的物流运输中，由于运输的单向性和不能充分利用运输工具的载货能力，导致往返空载率高，运输成本也随之增加。而双向重载运输模式能够通过优化货物的流向和配载，将返程的空载率降至最低，以实现运输效率和资源利用率的提高。如何满足客户对路港航双向一体化运输需求和企业发展的增长需求，成为国家能源集团运输板块面临的重大课题。这种需求的提出，促使国家能源集团自有铁路开展了技术创新，不断提升双向重载运输组织水平，以更好地满足企业运输需求。

从技术创新来看，双向重载运输的创新也为满足市场需求提供了更多的选择。国家能源集团通过双向重载运输组织模式和技术的创新来满足、响应市场需求，不断推动一体化运输业务进步和企业发展。在交通强国试点建设要求的指导下，积极探索双向重载运输发展模式，创新非煤运输定价方案，重载铁路常态化反向运输、"路港航"双向一体化和集装化运输等组织方案，不断推进双向重载运输发展。双向重载运输创新对运输需求的响应，使得货物运输效率得到提高，大大降低了运输成本。未来国家能源集团双向重载运输创新还将继续从"安全、便捷、高效、绿色、经济"五个方面进行探索。

总之，需求与双向重载运输创新是一个相互促进的过程。市场需求的变化和增加推动了双向重载运输的创新，而双向重载运输的创新也为满足市场需求提供了更多的选择，促进了重载运输行业的发展和进步。

5.2.2 需求与双向重载运输创新关系的应用

需求与双向重载运输创新是一个相互作用的过程，可通过图 5-3 来反映。

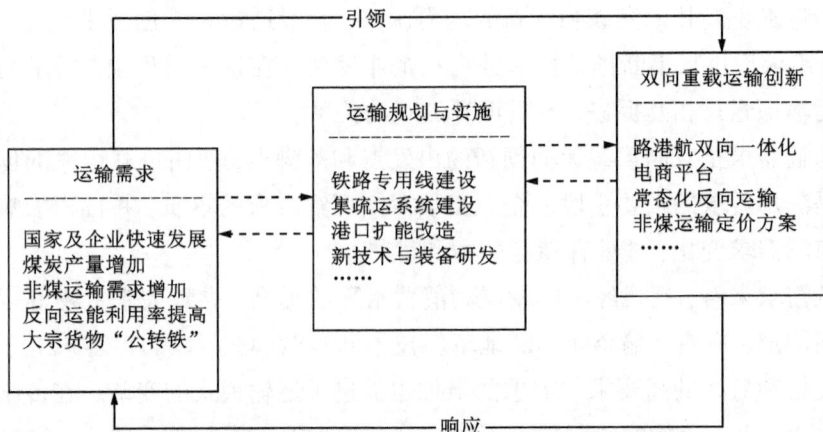

图 5-3 需求与双向重载运输创新互动关系示意图

上图中，两者之间的互动关系具体指的是，在运输需求的引领下，国家能源集团实施双向重载运输组织规划，对运输组织模式、定价方案等创新提出了要求，而双向重载运输组织方案的实施，所取得的成果运用于国家能源集团重载铁路运营实践中，提升铁路运输能力，从而满足和响应运输需求。

国家能源集团通过一系列战略举措来应对运输需求带来的挑战，这些战略的实施既满足了需求，又能推动双向重载运输的创新和企业发展。例如，国家能源集团通过扩能提效增强"一体化"运输保障，实现煤电协同、煤化协同、产运协同、运销协同，为煤炭、煤电发展提供高质量的服务，统筹优化产业生产力布局，大力发展先进运输组织模式，采用双向重载运输方案，推进重载铁路创新，统一管理、技术、装备标准，加大重载装备技术应用，实现运输产业高效发展。在路港航一体化运输服务中，国家能源集团通过双向运输模式创新，实现了路港航等各行业板块沿价值链方向的协同与联动，充分满足了运输企业和客户对效率和效益的需求。

国家能源集团双向重载创新和运输需求之间的互动关系，不仅推动了国家能源集团的发展，也在一定程度上促进了整个运输业的进步。随着中国经济的快速发展，越来越多的产业需要高效、可靠、经济的双向一体化运输服务，而国家能源集团自有铁路通过不断创新和完善自身的技术和运营模式，为这些产业提供了稳定的运输保障，推动了国家经济的发展。

由此可见，双向重载运输创新和运输需求之间的互动关系，是推动企业发展和促进国家经济进步的重要力量。通过双向重载运输创新满足运输需求，可以提高运输效率和质量，为经济发展提供强有力的支撑。同时，技术创新也带动了相关产业的发展，推动了整个产业链的升级和优化。在未来，随着中国经济的持续发展，对运输服务的需求将会继续增加，国家能源集团将会继续秉承创新的精神，不断探索新的技术和模式，为中国的经济发展和社会进步做出更大的贡献。

5.3　国家能源集团运输产业的规划与实施

国家能源集团运输产业始终以习近平新时代中国特色社会主义思想为指引，深入推进货物运输供给侧结构性改革，坚持新发展理念，以市场为导向，以创新为动力，以先进技术为支撑，深入贯彻落实国家能源集团"一个目标、三型五化、七个一流"基本战略、"十四五"规划以及《关于建设现代化运输产业的指导意见》，坚持党的领导，坚持国有企业改革方向，不断完善优化铁水双向重载运输组织、提高铁水双向重载运输智能化和一体化发展水平，打造世界一流绿色、安全、高效、智慧的重载铁路，为建设交通强国贡献力量。

国家能源集团运输产业力求充分发挥集团产业的一体化优势，加强产运协同、运销协同，抓实精细化管理，用好内部市场，提升核心竞争力，上游积极拓宽货源，下游提升疏解能力，推进完善集疏运体系，加强沿线场站基础设施的改造和物流园区布局，强化物流供应链策划和运输组织安排，着力建立适应大宗货物运输的优质、高效的现代物流服务体系，促进集团公司大物流业务高质量发展。

5.3.1　铁路运输产业规划与实施

为加快完善国家能源集团铁路集疏运体系，完成 2025 年铁路非煤运量规划目标，集团从铁路线路扩能改造、铁路专用线建设、智慧运输建设等方面提出了规划方案并加快落实。

5.3.1.1 推动铁路线路扩能改造

为全面提高国家能源集团铁路运输通道集疏运能力，计划通过铁路线路扩能改造，进一步提升国家能源集团铁路竞争力。在集运端，包神铁路加快东台、孤银铁路建设，并在 2025 年内具备开工条件；自动闭塞更新改造完成总工程量的 70%；朔黄铁路积极推进 4.5 亿吨扩能工程建设。在疏运端，加快推进黄万铁路电气化改造，全线电气化改造计划 2024 年具备开通运营条件；推进黄大铁路配套物流园区建设；朔黄铁路配合黄骅港务完成矿石装车系统项目；黄骅港重点推进五期工程和国家储备煤基地项目建设；珠海散货码头工程预计 2024 年底完工。

5.3.1.2 推进铁路专用线建设

在国家实施"公转铁"的政策背景和大力推进专用线接轨建设的有利时机下，国家能源集团树立"吨煤必争、抢流上线"的意识，推动重点区域的铁路专用线建设。从战略上深入研究东乌、三新、宁东三条铁路以及铁路专用线建设，力争形成宁夏中北部和乌海地区非煤运输的新网络支撑体系。国家能源集团充分依托现有铁路、港口基础设施能力，发展非煤运输，打通关键环节、补设施短板，加强重点场站和港口设施新、扩建，增强非煤运输能力供给；推进与社会物流资源的战略合作、互联互通，推进重点生产企业的专用线建设，避免汽运短倒或过轨地方铁路产生的装卸和短倒费用；加快推进专用线、联络线建设，技改扩能新建多措并举，打通运输节点，完善集疏运体系，推进运输产业价值创造能力全面提升。目前第三方铁路专用线接轨项目如下：

与甘泉铁路接轨专用线。甘泉铁路已批复的专用线共 3 条，其中金泉站毅腾专用线 2020 年已开工建设；哈业脑包站昆仑矿业专用线已于 2021 年 4 月开工建设；金泉站皓翔专用线具备建设条件后抓紧实施。

与神朔铁路接轨专用线。2020 年 7 月，李家沟专用线对变更设计方案进行了审查，该工程计划与神朔铁路扩能改造李家沟站同步实施；万镕专用线目前与神朔铁路分公司已签订专用线接轨协议，下一步与煤炭经营分公司签订购销合同后，进入项目设计阶段；远道集运站项目初步设计已完成待审查，计划与郭神线神木北组合场工程同步实施。

5.3.2　港口运输产业规划与实施

为加快国家能源集团路港航一体化建设进程，满足反向运输效率提升的需求，国家能源集团从以下几个方面提出港口规划建设方案。

5.3.2.1　推动港口重点工程项目建设

国家能源集团在现有的黄骅港 3#、4#功能上，推进通用散杂货码头、油品码头、矿石装车工程建设；加强与天津港的协调，大力推进矿石装车系统的改扩建，继续加强南疆煤炭码头整合推进工作，调整码头功能谋划新二期规划建设；有序推进珠海港扩能新建工程建设。

5.3.2.2　提升港口装卸车能力

港口车站将新增万吨重、空车场，并配套四翻翻车机；同时将既有牵出线作业模式改建为环线作业模式，新增万吨空车集结场，改造既有翻车机，提升作业效率，以适应后续运量持续增长需求。

5.3.2.3　加强绿色港口建设

国家能源集团加快推进港口船舶岸电应用，提高自有港口岸电接驳率，自有船舶靠泊自有泊位岸电接驳率不低于 90%；持续推进黄骅港、天津港等重要港口的绿色建设，强化港区粉尘管控，降低悬浮颗粒物浓度，推进含煤污水生态治理，从而充分落实双碳战略。

5.4　国家能源集团运输网络外拓的现状与前景

随着运输市场规模的不断扩大，货主的运输需求更加多样性、精细化，提供更高质量的运输服务成为国家能源集团增大运输市场占比的重要途径。国家能源集团积极拓展运输网络，重点加强自有铁路与国铁、地方铁路的互联互通，推进铁路线路进一步向煤矿、电厂、港口等重点企业的延伸，降低"最后一公里"运输成本。

5.4.1 国家能源集团自有铁路与国铁互联互通现状

交通运输上的互联互通是指不同运输方式间的连通,这种连通既包括物理和形式上的连通,也包含管理方面的联通。铁路互联互通一方面是线路和站点间的连通,另一方面是运营管理上的互联互通即实现运输组织、运营服务等方面的联通,整体上实现线网衔接、运营管理、应急保障、维护保养等方面全方位立体式联通,是交通一体化的前提和基础。

5.4.1.1 国家能源集团自有铁路与国铁互联互通现状

国家能源集团自身经营有包神线、神朔线、塔韩线、甘泉线、朔黄线、黄万线、黄大线、大准线、准池线和巴准线,共 10 条重载铁路线路,一体化铁路营业里程达 2408 公里。为贯彻落实"十四五"规划,国家能源集团将全面构建"西联宁夏、东达渤海、北接蒙古、南下山东、覆盖沿海、贯通内河"的高效运输网络,提高路网密度以增强线网的互联互通。

随着路网密度的提高,国铁、地方铁路和国家能源集团自有铁路的连通性显著增强,国家能源集团部分铁路线已具备与国铁、地方铁路实现互联互通的条件,如图 5-4 所示。

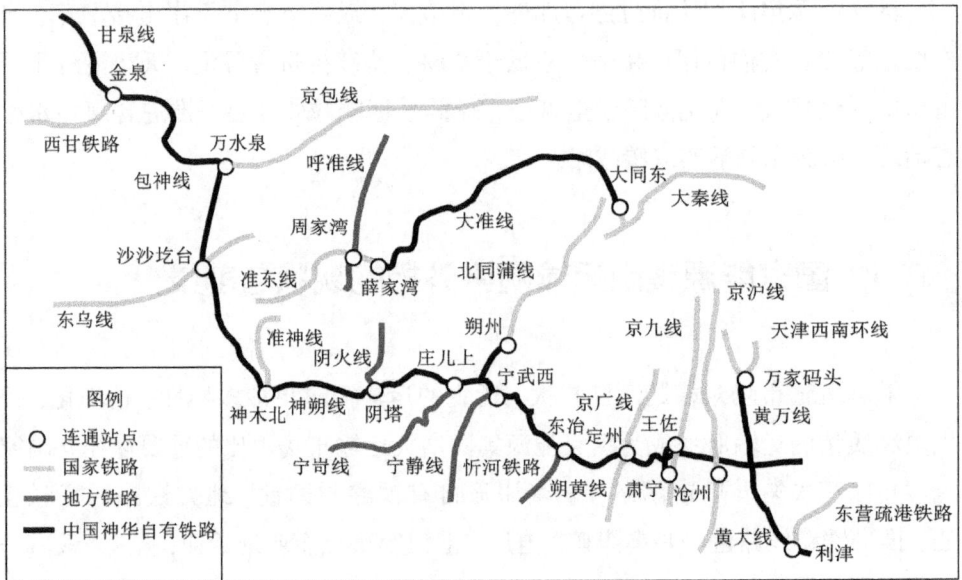

图 5-4　国家能源集团自有铁路与国铁、地方铁路连通示意图

表 5-10 列出了国家能源集团自有线路与多条国铁间的连通情况，具体来看，朔黄线可在定州连通京广线，通过沧州（联络线）连通京沪线，通过联络线连通沧港线和邯黄线，通过王佐和肃宁连通京九线。神朔线可在朔州、神木北分别实现与北同蒲线和准神线的连通。大准线可通过大同东（湖大线）、薛家湾分别实现与大秦线和准东线的连通。包神线可通过万水泉、沙沙圪台（联络线）分别实现与京包线和东乌线的连通。甘泉线与西甘铁路可在金泉实现连通。此外，黄万线与天津西南环线可在万家码头实现连通，黄大线与东营疏港铁路可在利津实现连通。国家能源集团自有铁路现已具备与京包线、京九线、京广线、京沪线等国铁干线实现连通的条件。

表 5-10　国家能源集团自有铁路与国铁的连通点

国铁	国家能源集团自有铁路	连通点
京九线	朔黄线	王佐、肃宁
京广线	朔黄线	定州
京沪线	朔黄线	沧州（联络线）
沧港线、邯黄线	朔黄线	（联络线）
北同蒲线	神朔线	朔州
准神线	神朔线	神木北
大秦线	大准线	大同东（湖大线）
准东线	大准线	薛家湾
京包线	包神线	万水泉
东乌线	包神线	沙沙圪台（联络线）
西甘铁路	甘泉线	金泉
天津西南环线	黄万线	万家码头
东营疏港铁路	黄大线	利津

为进一步提高国家能源集团自有铁路运输能力，国家能源集团积极促进与地方铁路线的连通，以下线路已具备与地方铁路实现连通的条件，如表 5-11 所示。

表 5-11 国家能源集团自有铁路与地方铁路的连通点

地方铁路	国家能源集团自有铁路	连通点
阴火线	神朔线	阴塔
宁岢线	神朔线	庄儿上
宁静线	朔黄线	宁武西
忻河铁路	朔黄线	东冶
呼准线	大准线	周家湾

由表 5-11 看出，国家能源集团正积极促进与地方铁路连通，比如神朔线与阴火线、宁岢线可分别在阴塔、庄儿上实现连通，朔黄线可通过宁武西、东冶分别连通宁静线和忻河铁路，大准线可与呼准线在周家湾实现连通。通过实现国家能源集团自有铁路与国铁、地方铁路的互联互通，将极大地释放国家能源集团铁路运输潜能，为国家能源集团煤炭运输提供可靠运力保障，解决煤源不稳等问题。

5.4.1.2 相关地区国家能源集团自有铁路与国家铁路运营现状及规划分析

2021 年，国家能源集团十条自有铁路货物周转量达 3034 亿吨公里，线路途经内蒙古自治区、陕西省、山西省、河北省、天津市、山东省多个省区市，主要服务于沿线煤炭资源的东运及外运，并拓展了部分自东部港口上水的非煤货物运输业务。

国家能源集团运输产业主要以煤炭物流为主，兼顾其他大宗散货物流。在煤炭运输波峰阶段，大物流业务让行煤炭运输，在煤炭运输波谷阶段，大力开展大物流业务。目前大物流业务正在瞄准非煤货物，计划充分发挥线路富余运力，在回程方向上吸引非煤货物，从而提升运输产业效益。在"十四五"期间，将进一步推进大物流业务发展，积极推动与国铁的互联互通，以宁夏中北部、蒙西和山西中部作为主攻区域，以金属矿石、化工品作为主攻品类，以大中型生产企业和重点物流企业为主攻对象，培育和拓展非煤运输市场。

国家能源集团自有铁路途经地区是我国主要的煤炭产地，地区内的国铁煤运线路包括浩吉铁路、唐包铁路、同蒲铁路、大秦铁路等，是"西煤东运""北煤南运"的部分重要通道。

2021年，交通运输部印发了关于《绿色交通"十四五"发展规划》的通知，指出将深入推进京津冀及周边地区、晋陕蒙煤炭主产区运输绿色低碳转型。2022年，国务院办公厅发布了《推进多式联运发展优化调整运输结构工作方案（2021—2025年）》，设定了"十四五"期间的工作目标，至2025年，晋陕蒙煤炭主产区大型工矿企业中长距离运输（运距500公里以上）的煤炭和焦炭中，铁路运输比例力争达到90%。目标中提到的"晋陕蒙"地区即为国家能源集团自有铁路途经地区，"公转铁"政策的大力推进对地区内的国铁线路及国家能源集团自有铁路未来煤炭运输组织、运价制定等多方面均提出了高要求。

5.4.1.3 国家能源集团自有铁路在国家煤运通道中的重要性

我国煤炭资源呈现"北多南少、西多东少"的分布特征，构建了"北煤南运、西煤东运"的运输格局，通常铁路运输是实现煤炭长距离运输的最佳选择。目前，我国铁路线路已形成"七纵五横"煤运网络：

（1）晋陕蒙外运通道由三条横向通路和五条纵向通路构成。其中，三条横向通路为北通路（大秦、朔黄、蒙冀、丰沙大、集通、京原等线路）、中通路（石太、邯长、山西中南部、和邢等线路）和南通路（侯月、陇海、宁西等线路），五条纵向通路为焦柳铁路、京九铁路、京广铁路、蒙西至华中铁路和包西铁路。

（2）蒙东外运通道主要由锡乌铁路和巴新铁路构成。

（3）云贵外运通道主要由沪昆铁路和南昆铁路构成。

（4）新疆外运通道主要由兰新铁路和兰渝铁路构成。

上述铁路煤运通道中，晋陕蒙煤炭外运北通道包括了国家能源集团自营的朔黄铁路。朔黄铁路是我国第二条Ⅰ级双线电气化重载铁路，可与京九线、京广线、京沪线等国家重要铁路干线接轨，是我国西煤东运第二大通道的重要组成部分。为提高煤炭运输能力，朔黄铁路以满图组织开行2万吨、1.6万吨重载列车，确保煤炭稳定供应，2022年煤炭运量达3.3亿吨。

国家能源集团自有铁路共计10条重载铁路线路，将内蒙古、山西、陕西的煤炭产地与东部地区黄骅港、天津港、龙口港相连接。在煤炭产地相关地区，形成了多条运输路径，有效缓解了单一运输路径时能力紧张的问题。

目前国家能源集团自有铁路已与部分国铁线路实现互联互通，扩大了地区内货物线路的辐射范围。国家能源集团自有铁路的开通运营在一定程度上降低了地区内煤炭资源运输成本，为地区内煤炭资源灵活运输提供了方案。此外，线路与其他线路相互连通，可缩短煤炭自产地至需求地、港口的全过程运输时间。

国家能源集团自有铁路保障了东部、华南地区的能源供给，扩大了我国煤炭出口能力，为煤炭外运提供了成本费用和时间费用均较经济的方式，为西煤东运及外运创造了良好的基础设施条件。

5.4.2 国家能源集团自有铁路与国铁互联互通前景

铁路是我国大宗货物运输的主要方式。全国铁路是一盘棋，服务国家经济建设与发展。随着国家运输结构调整工作的不断推进，对铁路运输效益提出了更高的要求。国家能源集团自有铁路与国铁的互联互通，不仅将促进国家铁路网与煤矿、港口等企业之间的合作，还可提高路网密度、降低运输成本，推动铁路货运高效率、高效益发展。推进国家能源集团自有铁路网络与国铁大网络的互联互通具有重要意义。

5.4.2.1 助力提高铁路网密度

2016 年 7 月，国家发展改革委颁布了《关于印发<中长期铁路网规划>的通知》（发改基础〔2016〕1536 号）。〔2016〕1536 号文件提及：在普速路网规划中，应扩大中西部路网覆盖，优化东部网络布局，提升既有路网质量，推进与周边互联互通，形成覆盖广泛、内联外通、通边达海的普速铁路网；强化铁路集疏运系统。

促进国铁与国家能源集团自有铁路的互联互通，可以充分地利用现有铁路基础设施、助力铁路运输企业降本增效，减少中间作业环节、推动构建多式联运系统，减少碳排放、推动"公转铁"政策落地实施。

5.4.2.2 解决铁路运输"最后一公里"

2019 年 9 月，为实现铁路干线运输与重要港口、大型工矿企业、物流园区等的高效联通和无缝衔接，解决铁路运输"最后一公里"问题，国家发展改革委发布《关于加快推进铁路专用线建设的指导意见》（发改基础〔2019〕1445 号）（以下简称《意见》）。《意见》中指出：应大力发展铁路专用线，实施长江干线港口铁水联运设施联通行动计划，打通铁路"最后一公里"，畅通"微循环"。

目前，依托现有铁路、港口基础设施，国家能源集团已充分实现铁路—港口正向煤炭运输无缝衔接。黄骅港现有 3 条集港铁路及疏运通道，其中朔黄铁路进入煤炭港区，邯黄铁路进入综合港区，沧港铁路进入河口港区；天津煤码头通过国家能源集团自有铁路（神朔铁路、朔黄铁路、黄万铁路）与集团煤炭矿区相连，与黄骅港共同成为国家能源集团煤炭的便捷出海口。

促进国铁与国家能源集团自有铁路的互联互通，可以充分利用既有铁路专用线，实现铁路运输干线与大型重要港口、物流园区的高效衔接，解决铁路运输"最后一公里"问题。

5.4.2.3　优化区域运输结构

2021 年 2 月，中共中央、国务院印发《国家综合立体交通网规划纲要》，进一步要求优化调整运输结构，推进铁路行业竞争性环节的市场化改革。强化衔接联通，提升设施网络化和运输服务一体化水平，提升综合交通运输整体效率。

随着唐呼铁路的建成运营，我国"三西地区"煤炭外运能力得到了一定的提升，通道运输能力相对充分，但"北煤南运"通道的运输能力相对紧张。促进国家能源集团自有煤炭运输通道与国家运煤通道的互联互通，将其纳入国家铁路网煤运体系，对构建更为合理、高效的国家铁路煤炭运输格局意义重大。

5.4.2.4　降低货物运输成本

近年来，多式联运发展得到了国家政策的大力支持。2018 年 9 月，国务院出台了《国务院办公厅关于印发推进运输结构调整三年行动计划（2018—2020）的通知》（国办发〔2018〕91 号），提到了优化铁路运输组织模式。减少和取消铁路两端短驳环节，规范短驳服务收费行为，将降低铁路货物运输成本。

推进国铁与国家能源集团自有铁路基础设施、信息数据的开放共享与互联互通，将实现资源高度整合，降低整体货运成本，提高货物运输效益。有效解决铁路运输项目重复建设、资源浪费的问题，实现运输企业间的优势互补、互惠互利、技术升级和管理协同。同时，优化整合物流设施布局，加强功能衔接互补，提高区域物流资源集中度和总体运行效率，建设协同高效、反应迅速、抗冲击能力强的商贸货运体系。

5.4.3 与龙口港协作的未来业务发展

龙口港地处渤海南岸、胶东半岛西北部，与辽东半岛隔海相望，占地面积6.5平方公里，码头岸线15000余米，生产泊位30个，其中15万吨级1个、10万吨级7个、5万吨级4个，核定通过能力6000万吨以上，是烟台市和烟台港集团规划建设的三大核心港区和两个亿吨港区之一、首批对台开放直航港口、国家规划建设的北煤外运装船港和煤炭物流园区。

龙口港业务目前主要分为散杂货、液体化工、集装箱、客滚船、港口综合物流服务五大板块，其中散杂货板块主要经营煤炭、铝矾土、铁矿石、粮食、木材(片)、化肥、件杂货班轮(非洲、中东、远东、韩国、朝鲜、南美等流向)等。2022年，龙口港完成吞吐量9247.89万吨，其中外贸吞吐量2567.16万吨。

为了最大限度完善物流通道，服务腹地内企业发展，龙口港不断优化集疏运体系，给腹地内众多生产企业提供便捷的铁水联运通道。黄大铁路直通龙口港后，国家"西煤东运"第二大通道与山东省沿海港口实现了高效贯通，同时使得正向疏运煤炭、反向疏运铁矿石的"重去重回"双向运输成了现实，全年运量超650万吨，推动双向重载联运通道高质量发展。

未来将进一步加强以龙口港为双向重载运输节点的通道建设。国家能源集团在建立与腹地多个金属矿石相关企业之间协作的同时，在"朔黄铁路+黄大铁路+龙口港"双向重载运输通道上组织更为高效的运输作业流程，利用信息平台为货主提供更安全有保障的高品质服务，加快打造双向路港航一体化物流链。

第6章

国家能源集团双向重载运输的未来发展

在交通强国建设和国家双碳战略实施过程中，双向重载运输作为推进资源节约、提升综合运输效能以及支撑区域经济发展的手段具有重要的发展前景。本章结合国家能源集团运输业务的发展战略，以2035年基本实现交通强国，本世纪中叶全面建成人民满意、保障有力、世界前列的交通强国为目标，分析了未来在双向重载领域拟采用的新技术，从运输组织模式层面剖析了进一步完善反向运输组织、推行一站式物流服务的新举措；研究了深化双向重载运输价格改革、整合双向重载运输资源的新策略。

6.1 双向重载运输的新技术

2020年，交通运输部公布《推动交通运输领域新型基础设施建设的指导意见》，提出将先进信息技术深度赋能交通基础设施，精准感知、精确分析、精细管理和精心服务能力全面提升，成为加快建设交通强国的有力支撑，打造融合高效的智能铁路、智慧港口、智慧航道等基础设施。随着重载运输的快速发展，国家能源集团致力于研发先进技术以提高双向重载运输信息化、智能化、绿色化水平，结合我国重载铁路技术特点，通过原始创新技术构建以数字化装备、先进感知和智能决策为特征的新型一体化、智能化运输体系，引领世界重载技术发展。

6.1.1 重载列车群组运行控制系统技术

重载列车群组运行控制系统技术是指在虚拟连挂基础上，继续采用加密提效方式来提升重载运能的群组运行制式，虽然是目前最具技术难度的方式，但也是最具创造性、最具前景的重载运能提升方式。

系统具备万吨及以下各级单元列车自由组合运行、群组内万吨列车平均发车间隔 5 min、群组列车开行 3.5 万吨的能力。普列空车 60 km/h 在平均坡道 ≥0‰的情况下，群组内最小安全追踪距离 950 m；普列重车 60 km/h 在平均坡道 2~8‰的情况下，群组内最小安全追踪距离 1100 m。群组化运行不依赖站场扩建、征地、延长股道长度等传统要素型改造方式，改造周期短。与开行 3 万吨列车、实现 5 亿吨能力的工程投入相比，地面土建工程投资可降低 75%，实施周期可缩短 90%以上。

6.1.1.1 重载列车群组控制系统安全体系

重载列车群组控制系统安全体系通过研究复杂运行条件下重载列车群组运行动力学安全保障关键技术、控制系统风险识别及处理、沿线基础设施安全保障策略等，为群组列车运行安全提供重要保障及群组运行计划提供理论依据。

6.1.1.2 重载列车群组运行控制系统车载设备关键技术

重载列车群组运行控制系统车载设备的关键技术，如智能诊断分析技术、多车协同一致性控制技术、群组综合列尾技术、群组车载诊断技术、群组车载安全防护技术、控制设备与机车接口技术等，能够实现列车安全运行控制、列车群组控制、列车自动驾驶等功能。

6.1.1.3 重载列车群组运行控制系统地面装备研制及关键技术

根据重载列车群组运行控制系统总体技术规范的要求，对系统内部地面设备分配主要核心安全功能及非安全功能，在现有列控系统技术的基础上，研发群组协同控制技术、群组运输指挥技术、群组联锁技术、群组临时限速技术、全息感知信息处理预判技术、车站数据处理技术，完成重载列车群组运行控制系统地面各个产品设备的研制。

6.1.1.4　重载列车群组运行控制系统通信装备研制及关键技术

根据重载列车群组运行控制系统总体技术规范中对地面与群组列车之间、群组内前车与后车之间、列内重联机车之间信息交互的需求，完成重载群组运行控制系统低时延动态接入、车车自组网通信、车地无线通信、综合通信接入控制与监测、单元列车内重联机车间无线传输技术及相关设备研制。

6.1.2　智能检测维修技术

在重载铁路列车检测维修技术演变的过程中，产生了不同目标的检修方式，如事后维修、预防性计划检修以及状态检修。状态检修是由预防性计划检修发展而来的高级检修体系，基于设备状态监测技术（Condition Monitoring，CM）预测设备状态发展趋势。它根据设备的巡检、定期检测、诊断检测等方式提供的信息，经过分析处理，判断设备的健康或劣化状态及发展趋势，并在故障发生前及时安排检修。目前，该技术已应用于澳大利亚和日本铁路运输领域，对未来双向重载运输发展具有重要借鉴意义。

澳大利亚的必和必拓铁矿石公司（Broken Hill Proprietary Company）安装了不同的铁路设备状态监测系统，如热盒检测器（Hot Box Detector，HBD）/热轮检测器（Hot Wheel Detector，HWD）、动态称重系统（Weigh in Motion，WIM）、车轮冲击荷载检测器（Wheel Impact Load Detector，WILD）等。这些技术的实施使许多车辆部件，如转向架、车轮和车体的使用寿命提高了 3 倍。澳大利亚铁路公司（Australian Rail Track Corporation）采用铁路轴承声波监测系统（RailBAM），每月能够分析约 130000 个轴承。该系统具有较强的自我监控能力，可确保现场设备正常运行。在系统自检期间，该系统能够识别组件故障并警告，系统警报可以通过电子邮件发送给系统维护人员，实现远程系统监控并确保维护人员在前往现场之前了解设备状态，从而节省维修时间。

日本 JR 东公司采用基于状态维护的智能维护系统（Condition Based Maintenance，CBM），使用物联网（Internet of Things，IoT）技术来实现设备和轨道车状态数据的高频收集和分析。传统铁路设备维护主要为基于时间的维护（Time-based Maintenance，TMB）方法，定期检查维护。CBM 则是利用新式传感器以及 ICT 技术（Information and Communications Technology，ICT）把握故障和事故预兆，在故障发生前适当时期进行作业，避免事故，从而提高安全性和生产率。CBM 包括数据采集、数据处理和维护决策三个步骤，有助于识别设备弱点、预测轨道车故障并高效地进行维修，从而使安全、可靠的铁路运营成为可能。ICT 技术主要强调在远程操作情况下可以采用信息系统避免出行，从而提高项目进度速度。此外人工智能(Artificial Intelligence，AI)、机器人技术也逐渐被利用于维修作业中，以提高维修作业安全性。

6.1.3　装卸作业设备

智慧装卸搬运装备，是在机械化装卸搬运装备的基础上，引入传感定位、人工智能、自动控制等技术手段，能够自动化、智能化完成货物搬移、升降、装卸、短距离输送等作业的物流装备。在双向重载运输发展过程中，智慧装卸作业设备的应用将极大提高装卸效率和安全性，减少意外事故的发生，同时也可以实现节能减排和环境保护的目标，有助于推动绿色、智慧物流的发展，代表着物流行业未来发展趋势。

6.1.3.1　智慧装卸设备

智能装卸设备包括自动堆垛机、智能起重机、智能叉车等。其中，自动堆垛机通过运行机构、起升机构和货叉机构的协调工作，自动完成货物在货架范围内的纵向和横向移动，实现货物的三维立体存取。智能起重机通过光纤通信将中控室与现场进行连接，在中控室可以操作现场的起重机，包括无人操作龙门吊、无人操作岸桥等。智能叉车通过激光导航以及多重传感器的部署，使得叉车可以自动感应识别货架上相应推盘的位置并精准对接，完成无人自动存取的功能。

6.1.3.2　智慧搬运设备

智慧搬运设备包括 AGV、IGV 等智能引导运输车。AGV(Automated Guided Vehicle)即自动导引运输车，是一种沿着地面上标记的电线，或使用无线电波、视觉相机、磁铁或激光进行导航的便携式机器人，目前被广泛应用于仓储、物流、制造行业。IGV(Intelligent Guided Vehicle)即智慧型引导运输车，与 AGV 相比，IGV 更灵活，可以无路标行驶，运行路径灵活多变，调度简单，操作灵活，易于根据实际生产要求进行调整，能够更加高效便捷地满足不同物流需求。

6.1.4　智能船舶技术

目前对智能船舶研发实现船舶智能航行考虑到的关键技术种类繁多，但最终归纳概括起来大体有四个方面：智能船舶建造技术、智能航行试验技术、计算机信息技术、卫星技术，如图 6-1 所示。

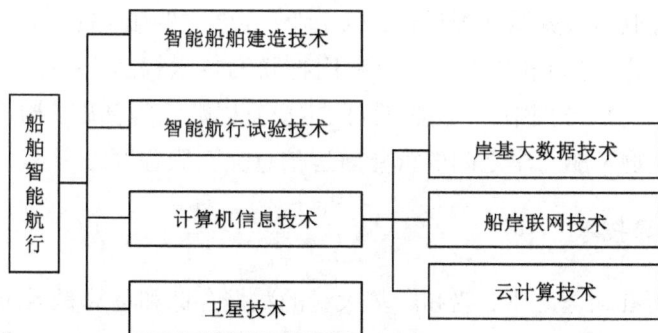

图 6-1　智能航行主要技术

6.1.4.1　智能船舶建造技术

实现智能航行首要条件是船舶智能化的实现，从船舶设计建造开始就应该考虑船舶导航系统的规范化和自主航行化、船舶配套设备的健康自我评估和运行维护、船舶货物系统的自动装卸载、船舶网络安全管理、船舶智能系统的安装和防干扰技术、船舶智能系统的联调和验证等，只有船舶真正实现了智能化和标准化，船舶的智能航行才能向前推进和发展。

6.1.4.2　智能航行试验技术

智能船舶建造之后，船舶智能航行的验证工作将面临巨大的挑战，其中主要包括智能船舶航行试验场地的搭建以及船舶智能系统的航行验证。该场地需要全方位模拟船舶智能航行所能遇到的所有状况，比如：航道的变化，气象条件的变化，路径的取优，船岸一体的通信环境，网络安全管理等。

6.1.4.3　计算机信息技术

船舶智能航行的实现最重要的关键技术就是计算机信息技术，基本上所有船舶智能系统的开发和发展都是基于计算机信息技术的成熟和先进程度，主要体现在以下两个方面。

岸基大数据技术：船舶在航行过程中产生的数据具有 4"V"特征，即 Volume（体量大）、Variety（模态多）、Velocity（生成快）和 Value（价值巨大但密度低）。如何高效地挖掘这些数据，是智能航运系统当前需解决的重要问题。

船岸联网技术："船联网"是物联网在航运领域的一种应用，以提高航运管理效率、完善航运服务质量为目标，以企业、船员、船舶、货物为主体，涵盖航道、船闸、桥梁、港口和码头，综合利用物联网技术构建人—船—货信息交互的智能航运信息服务网络。"船联网"的本质是以数据为基础，构建人与船、船与船、船与货物及船与岸之间的智能航运信息交互服务网络。

6.1.4.4　卫星技术

船舶航行在大海之中，船和岸基大量的数据存储和运算是通过计算机来实现的，但船舶自动定位、船与岸、船与船、岸与岸等数据交换是需要利用卫星技术来完成的，卫星技术的成熟与否决定了船舶智能航行能否成功，前文说到计算机信息技术是船舶智能航行最重要的关键技术，那么卫星技术就是船舶智能航行最重要的核心技术。

6.2　双向重载运输的新模式

创新和优化运输组织模式是促进发展双向重载运输的首要突破口。首先，运输企业应该深入分析当前运输市场特点，以市场需求为导向，制订针对性的运输组织方案、调整当前运输组织结构、创新运输组织模式、拓展运输市场，真正实现运输过程的"提质增效"。其次，运输企业应当充分重视信息技术对运输行业转型升级的重要作用，利用新型互联网技术，打造综合货运服务平台，实现运输全程可视化，综合提升运输服务质量。

6.2.1　反向运输组织模式

由于国家能源集团路港航一体化系统的基础定位是以煤炭下水为主，因此从运输组织、场站设置、车辆配备、装卸设备等方面，都是基于煤炭运输进行统一策划的。在开展非煤运输的初期，主要是充分利用现有设施设备，开展适运货物的运输组织，导致两端非煤产品配套设施均不齐全。港口、码头、站台暂不具备大规模发展非煤运输条件、铁路装备公司缺少国家能源集团自备集装箱，难以满足非煤运输意向客户的需求。因此，为了拓展非煤运输市场，国家能源集团应当完善相关设施布局、优化作业流程、购入相关技术装备。

6.2.1.1　承运点布局

分析国家能源集团 2022 年非煤主要品类运量得到，铁矿石是第一大货种，主要为河北敬业集团提供服务，达到总量的一半以上。其余的主要货种还有砂石料、兰炭、铜精粉等，货品种类与沿线地区产业发展和外贸进出口相匹配。因此，未来非煤运输的承运点布局应根据不同品类的特征进行设计。

1. 铁矿石及钢铁

按照国务院印发《打赢蓝天保卫战三年行动计划》《推进运输结构调整三年行动计划（2018—2020 年）》和相关部门具体的实施方案，"环渤海、山东、长三角地区，2018 年底前，沿海主要港口、唐山港、黄骅港的煤炭集港改由铁路或水路运输；2020 年采暖季前，沿海主要港口、唐山港、黄骅港的矿石、焦炭等大宗货物原则上主要改由铁路或水路运输。"预测到 2025 年沿线地区铁矿石进口规模将到达 4215 万吨。随着运输需求的增加，国家能源集团自有铁路运输需要解决"最后一公里"问题，以增强自有铁路非煤运输的经济性和稳定性、提高运输产品竞争力。

2020 年，由朔黄铁路承运的河北敬业集团铁矿石运量超过 1000 万吨。随着敬业集团铁路专用线正式开通运营，铁矿石自港口运至敬业集团的效率显著提升，原先依托汽运短倒才能完成全程运输，如今已实现铁路运输"门到门"服务。未来敬业集团铁矿石等大宗货物运量将不断增长。

2. 砂石料、兰炭、铜精粉等货种

由于国家能源集团铁路线网分布较为广阔，部分货运场站的布局安排主要为了满足铁路行车需要，因此，呈现出"布局分散、点多规模小"的特点。在经济比较发达的地区，货运场站的规模较小，造成了一定程度的货源流失，未能较好地匹配社会需求。同时，货运场站作业分工与货主需求布局不对接。例如，货主必须经过公路短途接驳等交通方式才能抵达铁路货运站，提高了货主办理手续的复杂性，增加了运输成本，导致货主对铁路整体服务水平、服务形象印象的降低。因此，针对货品较多的区域，可以通过修建物流中心的方式吸引周围货源以提高运输效率。

铁路现代物流中心兼顾铁路货运场和物流中心的业务特点，是我国铁路货运网络中重要的运输节点，是铁路运输企业开展社会化物流业务的重要窗口，有利于提高货物运输效率，促进区域经济的快速发展。

铁路现代物流中心在整个铁路系统以及社会经济系统中都发挥着极其重要的作用，主要表现为以下几个方面：

(1)整合铁路运输资源，组织相关货运业务集中办理，优化作业组织模式，推动铁路货运组织和经营方式的双重变革。

(2)有利于交通方式的集结，发挥生产力布局调整成果，从而有效建立国家能源集团快捷货运体系，提高国家能源集团铁路货运作业效率和综合服务水平。

(3)优化货运资源空间格局，变车流集结为货流集结，改变国家能源集团铁路货运中间快、两头慢的瓶颈制约以及网点货运乏力的局面、提高铁路货运能力。

(4)有效适应未来货运能力的释放，满足货运量的增长需求，扩大铁路对外开放形势，提升国家能源集团铁路运输综合竞争力，实现跨越式发展。

(5)有利于铁路运输物畅其流，扩大顾客群体和配送服务范围。

因此，针对货品较多的区域，可以通过修建物流中心的方式优化运输资源布局，提高运输效率。

6.2.1.2　计划受理流程

国家能源集团铁路货车公司非煤品大物流运输的发展路径为：提前了解非煤品装卸车安排，优化运输方案，做足非煤品发运量，强化铁路调度间的沟通，确保非煤品列车在分接口交接顺畅，调度指挥中心建立各类大物流统计台账，详细统计各类非煤货品的月发送量，对相关统计报表进行优化。

为提高货运计划受理效率，国家能源集团将推动信息服务平台建设，将货主、承运公司、站段等进行托运、管理等作业的人员统一纳入信息平台，实时获取非煤货品的运输进度，根据具体作业情况对运输组织方案进行实时动态调整。

6.2.1.3　反向列车运行组织

驮背运输是一种公铁联合运输方式,驮背运输运载单元(公路货车或半挂车)先通过公路短驳至铁路驮背场站,然后采用吊装或滚装的作业方式装至铁路驮背运输车,通过铁路完成干线运输至目的地车站,最后再开下或吊离驮背车后公路短驳至最终目的地。具体的业务操作模式如图 6-2 所示。

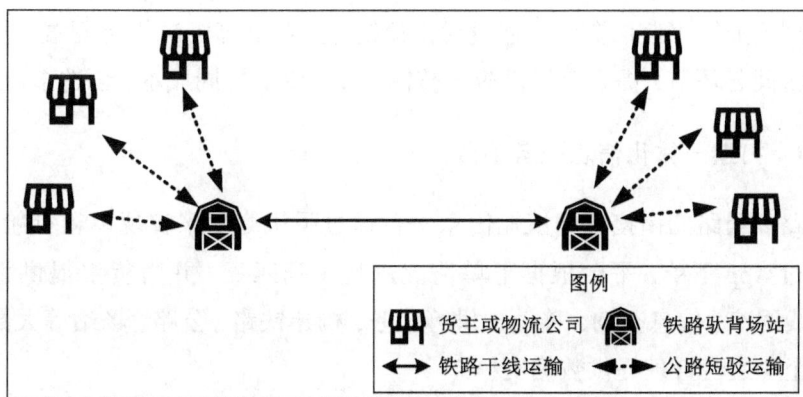

图 6-2　驮背运输业务操作模式

随着我国统一大市场的建立,运输结构的调整以及双碳政策的落地实施,为我国铁路驮背运输迈入实质性发展阶段提供了良好的发展机遇,也契合了新时期我国铁路货运组织改革创新发展的内在要求。驮背运输能够将铁路和公路运输各自的优势结合起来,解决铁路运输"最后一公里"的难题,提供"门到门"运输服务。未来的驮背运输应采用更为科学合理的货源组织方法,比如,由无车承运人或驮背运输经营人组织货源,将小型物流公司零散的货源集中组织到驮背运输列车上,也可以由车队规模较大、货源充足的大型物流公司组织驮背运输货源。

一站直达式驮背运输班列运输过程中不进行装卸和车辆甩挂作业,在列车运行图上铺画专门的列车运行线;及时向发、收货人预报列车实时运行信息,实现接取送达的无缝衔接;运行过程中列车编组固定、途中不进行解编作业、循环利用车底。国家能源集团可在运输量较大、实现双向重载运输的通道上选用驮背运输组织方法,采用固定车底、整列编组、按班列运行的运输组织模式,组织开行一站直达式驮背运输班列。

加快装备创新，发展大物流运输铁路货车装备。国家能源集团已开发出了四种驮背式装备，目前是国内驮背运输装备中的先例，包括上整车、对应整车、甩挂、吊装式等四种车型兼顾市场需求。

6.2.2 一站式物流综合服务

随着商业竞争环境白热化及资源获取成本不断提高，越来越多的企业开始通过拓展产业链来获取资源。通过对价值链、企业链等资源优化配置，从而打通上下游间各环节，提升全程供应链整体效率，降低协同成本，创造多赢局面。

6.2.2.1 打造一体化信息服务平台

铁路和公路的衔接方面依托信息平台通过手机终端来实现单箱订舱服务，客户通过 App 下单，平台根据下单情况进行车列匹配，并为货主提供物流运输、在线跟踪、信息查询、移动支付等服务，构建铁路、公路、场站等大数据后台，为企业运营管理提供数据支撑。

6.2.2.2 发展供应链金融服务，提高整体服务水平

发展供应链金融服务，针对沿线中小企业多的特点，充分发挥自身信用、资金的优势，为中小企业提供高效便捷的供应链金融服务，推动物流与金融融合发展，提升非煤运输的竞争力和综合效益，提升大物流一体化运输服务水平。随着大物流业务的快速发展，适时为客户提供一体化运输服务，提高服务质量；根据物流园区的完善情况，提供货物储存、保管、中转等仓储服务；远期通过智慧物流多式联运模式，为货主提供完整的供应链解决方案。

6.2.2.3 加快智能化转型，构建智慧物流体系

在当前智能化发展的大趋势下，加快物流业务向智能化转型，建设智慧物流体系，打造统一的智慧平台，有步骤地实施物流体系的智慧化改造。推进新物流业态的引入，如虚拟仓储、第三方物流等，将物流企业由传统的运输企业向供应链服务提供商转变。强化企业全程物流供应链策划和运输组织安排，降本增效提质优服，打造全程物流供应链平台服务商。

6.3　双向重载运输的新策略

在未来的发展中，国家能源集团要树立双向重载运输视角下反向运输新成本观，在价格策略上不断改进，通过运价优势吸引货源。此外，在运输服务质量上对标公路，加强沿线场站基础设施的改造和物流园区布局，积极推动集装箱发展，形成全程供应链运输组织模式。着力打造市场化的电子商务平台，将国家能源集团大物流业务管理全流程线上化。

6.3.1　双向重载视角下反向运输价格的制定

公路、航空、水运等运输方式不断抢占国家能源集团市场货源，其中公路与集团重载铁路的竞争最为激烈，其主要原因是国家能源集团重载铁路发展观念陈旧，市场竞争意识不强，货运营销工作难以落实，受配套集疏运系统不完善和短距离运输成本高于公路等因素的影响，部分通道运能利用率不高，运力闲置较为严重。因此，双向重载运输在未来的发展中，需要转变观念、形成新的成本观和价格策略，拓展货运市场。

6.3.1.1　国铁货运定价管理现状

中国国家铁路集团有限公司(以下简称"国铁集团")不断推进铁路货运价格市场化改革实践探索，建立以政府指导价为基础的运价浮动机制，将部分定价权下放至铁路局集团公司，对大宗货物实行竞争性一口价浮动，建立以市场调节价为核心的散货运价体系，针对零散货物快运服务按"紧贴公路，覆盖成本"的原则，由铁路局集团公司尝试自主制定"点到点"全程一口价，初步形成完全靠市场调节的运价管理模式；中国铁路上海局集团有限公司通过运价浮动的项目制管理，建立了事前制定运价目标、事中开展收益评估、事后完成运价策略考核的评价机制，目前铁路货运定价管理现状为：跨局运价下浮超 30% 以上的竞争性一口价项目由国铁集团审批，相邻局运价下浮项目由两局协商确定，其他及批量货物快运由本局自主确定，且在比公路运价低 5% 的下限范围内提出"竞争性一口价"全程价格。

在国家产业结构调整及交通运输结构调整的发展背景下，国家能源集团需要紧密结合当前政策形势，考虑运输市场的竞争趋势，结合实际条件、非煤运输品类特点的定价管理优化问题，提出更具针对性、可操作性更强的铁路非煤运输定价管理机制。

6.3.1.2　反向运输成本观

从运输方式特性来看，重载铁路货运受限于设施设备条件和技术作业的复杂性等因素，在方便性与时效性方面相较于公路货运往往处于竞争劣势。相比于公路，在短距离运输中，由于铁路不能提供门到门服务，途中要多次装卸，从而导致运输时间长，运输效率和便捷性低；在长距离运输中，铁路运输的载运量大，且具有规模经济性，单位运输成本低，在运价方面具有较大优势。

为增强铁路运输的竞争力，扩大运输市场份额，在长距离运输中，铁路需要借助较低的运价加强自身在经济性方面的优势，在降低运价的同时实现成本控制、确保利润，灵活制定运价，这是决定双向重载下反向运输市场竞争成败的重要策略，对促进铁路更好应对公铁市场竞争具有实际意义和应用价值。在短距离运输中，铁路的时效性和方便性相较公路处于更为明显的劣势，要吸引足够的货运需求量则需要采用更低的运价，极易导致亏本运输，因此要加强与其他运输方式特别是公路运输的有效合作，通过合作充分发挥铁路运输成本低、受环境影响小等优势，弥补其自身集货能力弱、客户资源匮乏、市场覆盖率低等劣势，从供应链管理视角对公铁联运参与者在经济利益上的共赢问题进行分析研究。集疏运系统中各子系统之间通过协调相互补充，彼此促进，降低运输成本、节约社会资源，提高运输效率，实现系统整体输出最大化。

6.3.1.3　反向运输价格策略

由于国家能源集团铁路正向运输能力紧张，为保证更加精细化的价格管理，非煤长协运价浮动权限分配中，正向运输价格按径路进行划分；反向运输能力相对宽松，为充分利用能力，取最大可能下浮幅度，且不区分径路开展价格管理。提高反向运输价格竞争力，需要国家能源集团研究建立运价底线机制并下放，对标国铁和公路实施运价制定下浮政策，给予各子公司一定幅度的定价自主权。

在非煤运输定价管理方面：

（1）完善非煤运输定价组织机构。梳理下属单位从事非煤运输业务相关机构的职责，在各层级设置由主管领导参与的非煤运输定价领导小组，酌情增设非煤运输定价管理相关职能的归口管理部门或岗位，为非煤运输定价管理工作的常态运营提供平台载体。

（2）实行分级负责的定价管理格局。建立国家能源集团统一管理、下属单位分级执行的定价管理原则，由国家能源集团负责统筹协调，下属单位价格管理部门根据定价授权情况，在一定运输范围和价格浮动幅度内，负责审批权限内的非煤运输定价，通过充分发挥各层级定价主体的优势作用，形成管而不死、活而不乱的非煤运输定价管理格局。

（3）建立配套完善的非煤运输定价管理制度。细化明确各层级单位在非煤运输定价方面的管理职责和权限内涵，国家能源集团负责制定管理制度，重大定价事项的审议批复，监督和考核非煤运价下浮的执行情况等；下属单位在授权范围内负责非煤运输具体定价方案的审批，监测和分析市场价格情况等。

（4）加大非煤运输定价的考核力度。建立非煤运输定价考核机制，严格把控运价下浮方案的下浮幅度和执行期，重视非煤运价下浮方案的执行效果检查，对于在规定时间内未达到目标运量或目标收益的非煤运输定价方案，应取消价格项目，通过建立以运量或收益目标为主导的考核激励规则，不断优化非煤运输定价管理体系的执行效果。

在浮动定价管理方面：

（1）建立灵活浮动的定价管理机制。充分利用国家赋予企业的市场化定价权利，减少通过历史经验判断、与煤炭运价比价等方式确定非煤运输执行价格水平，逐步放开非煤运输市场化定价，根据运输市场供需情况灵活调整非煤运输执行价格水平，通过推行非煤运输浮动定价积极响应运输市场，充分分担市场份额。

（2）分部放开浮动定价授权。在按重要等级细分非煤运输业务的基础上，分部、分项完成非煤运输定价管理授权，即从总部中分出下属单位的部分定价管理授权。例如，国家能源集团负责正向非煤运输定价，反向管内、跨公司运输下浮超过一定幅度的定价以及危化品等特定品类运输的定价；下属单位在定价授权下可在一定下浮范围内，自主确定反向非煤运输定价，并报国家能源集团备案。

（3）简化浮动定价审批环节。下属公司在授权范围内，根据客户运输需求，综合考虑运输能力、装载方式、客户承受能力、成本收益等因素，适时调整非煤运输执行价格，无须执行价格审批手续；仅对超出定价授权范围的运价下浮方案，报国家能源集团审核、研讨、批复。

（4）重视基于市场监测的定价决策。定期组织开展市场调研，对沿线周边企业的货运规模、品类结构、现有运输格局、预计可争取运量等进行摸底；定期开展竞争性价格分析，掌握替代径路、替代运输方式全程运费变动及发展趋势。持续监测运输市场整体行情，充分积累判断依据，降低非煤运输浮动定价决策风险。

在差异化定价管理方面：

（1）加强对既往客户的管理维护和动态分析。建立客户基础信息数据库，整合既往合作客户企业的货运特点、运输偏好、繁忙季节、流向流量、特殊需求等信息，关注客户所在行业的发展变化、业务板块动态、年度货流增减情况以及意见投诉等。通过维护和分析客户动态，预判客户运输需求，为非煤运输市场化定价决策提供辅助。

（2）建立非煤运输客户评级体系。结合与国家能源集团的既往合作情况，基于客户运量和收入的贡献情况、对国家能源集团铁路的依赖程度、运量兑现率等诚信履约情况、潜在可争取货源等潜力情况，综合客户信息的维护分析结果，从贡献度、稳定度、诚信度、潜力度、客户属性5个方面划分客户性质，将客户分为核心客户和市场客户2类。

（3）以客户分类管理驱动的非煤运输定价差异化管理。在识别客户性质的基础上，对不同性质客户采取差异化定价模式，提供差别化服务和维护措施。对于核心客户，执行非煤运输协议运价，每个企业由固定下属单位负责接洽服务，通过与客户签订量价互保协议，国家能源集团在一定时期内为客户提供具备竞争力的非煤运输协议运价，并保证稳定的运力支持，企业承诺在一定时期内完成特定装卸站点或线路经由的货物运量，以此来稳定客户和货流。对于市场客户，执行非煤运输竞拍运价，国家能源集团定期公布短期内可竞拍的运力资源情况，并设置竞拍底价，市场客户通过竞拍形成最终非煤运输执行价格，并获得相应运力，通过竞拍方式充分利用短期闲置运力，提高国家能源集团运输效率效益。

在运输环节优化方面：

（1）结合重点企业需求和铁路运力变化，及时优化海铁联运班列线路和组织，建立长期稳定的重点精品班列体系，为货主提供稳定的运力供给。

（2）与中国国家铁路集团探讨互利共赢模式，以降低腹地内企业物流成本为目标，共同开发运营铁铁联运服务产品，形成"一站式"解决方案。在运输装备应用方面，借鉴中国国家铁路集团推广35吨敞口箱的政策，结合园区布局建设，加强与中国远洋海运的合作，与沿线重点货主共同设计基于35吨箱新型的公铁水全流程物流模式，缩减物流时间和成本，减少换装箱货物损失，进一步增强产业链供应链综合竞争力，同时大幅度降低全程环境污染和能耗排放水平，助推实现交通运输碳达峰碳中和目标。

国家能源集团可以重点围绕宁夏中北部、包头、山西中南部及周边等重点区域做文章，加强与沿线大中型生产企业和物流企业合作，培育和拓展非煤运输市场。具体可以重点开展研究黄骅港—原平—吕梁—货主公铁联运、黄骅港（天津港）—包头—货主公铁联运、黄骅港（天津港）—鄂尔多斯—棋盘井—上海庙—货主三条线路的运价对标策略，发挥国家能源集团自有铁路的运距优势，在运价上充分体现国家能源集团铁路反向运输的经济性。

与沿线的大型企业如敬业集团、建龙集团、包钢集团等企业开展战略性合作，提供全方位的运输服务，帮助沿线企业设计物流系统，通过铁路、公路、港口等提供全程物流系统服务，提高物流服务水平，降低物流服务成本。与沿线重点大客户企业签订运输协议或物流包运合同，制定相应的运价下浮策略，发挥国家能源集团铁路运输的价格竞争优势，提高国家能源集团双向重载的综合竞争力。推进大秦通道战略转移（即准通铁路建设），适时根据政策调整，并结合国家铁路集团重点打造唐呼铁路西煤东运第二大通道的建设目标，及时紧盯秦皇岛港实施向曹妃甸、京唐港能源转移的动态变化，研究新建大准、唐呼铁路联络线，即准通铁路建设，经测算，该通道运距最短、运输成本低（准通铁路费用比照大准线测算），有较强的货源竞争力。

优化非煤运输定价管理机制，加快推进以市场为导向定价机制和经营管理模式，不仅是国家能源集团贯彻落实国家运输结构调整战略的重要体现，也是在当前大物流背景下，更好地应对运输市场形势、拓展企业发展空间的迫切要求。在深化改革的进程中，优化非煤运输定价管理机制不能一蹴而就，需要国家能源集团从上到下统一思想、规范管理、结合实际、科学决策，既要满足当前经营任务、实现非煤运输增量，也应考虑国家能源集团长期稳定健康发展，通过持续优化改进非煤运输定价管理机制，不断增强货运市场竞争力，促进实现非煤运输业务对全社会物流行业的覆盖。

6.3.2 完善物流园区建设、发展集装箱运输

"十三五"现代综合交通运输体系发展规划和"十三五"铁路集装箱多式联运发展规划实施以来，铁路集装箱多式联运发展取得明显成效，到 2020 年末，集装箱运量达到铁路货运量 20% 左右，集装箱铁水联运量年均增长 10% 以上，成为铁路货运增长的新引擎。国家政策的扶持引导，将为双向重载提供良好的发展环境，是完善物流园区布局建设，加强多式联运的重大战略机遇。

国家能源集团在运输组织、场站设置、车辆配备、装卸设备等方面，都是基于煤炭运输进行统一配置。导致两端非煤产品配套设施均不齐全，港口、码头、站台暂不具备大规模发展双向重载运输条件、铁路装备公司缺少国家能源集团自备集装箱等，难以满足大物流意向客户的需求。国家能源集团未来大物流发展将实现三个转变，即从分散推动转变为国家能源集团统筹谋划推动，从路港航一体化转变为路港航园一体化，从市场经营转变为供应链经营。就路港航园一体化转变而言，完善物流园区建设是发展的重点；多式联运是供应链经营体系的重要组成部分和物流产业迭代升级创新发展的重要领域。

通过大物流运输实践，以及国家能源集团以煤为主的装备设施条件，国家能源集团大物流运输业务的发展宜以大宗散杂货、长距离反向运输、集装箱运输为主要方向。集装化运输是一种现代化的运输方式，具备快速、安全、简便、节约和便于实现多式联运的特点，有利于降低社会综合物流成本，提高国内外运输供应链的效率和效能。随着国家多式联运体系的加快建设，铁路集装箱运输蓬勃发展，尤其是散装货物集装箱化水平显著提升。

国家能源集团坚持以集装箱运输为发展方向。集装箱运输是未来运输发展的趋势，是多式联运的重要形式，要坚持发展集装箱业务，强化集装箱配套平车、场站等装备设施，逐步提高集装箱发运比重。利用国家能源集团的一体化运营优势，积极推动集装箱业务发展，通过与地方政府、企业合作等方式，加快布局物流集散中心，积极吸引、协助社会企业投资物流园区，合理布置和建设集装站点，紧盯市场及政策变化增加集装箱发运比例。做好用活国家能源集团煤焦化有限责任公司与中国远洋海运集团联合研制的开顶箱，确保实现正向焦炭、煤炭和水泥熟料与反向矿石的双向重箱钟摆式运输，扩大铁海联运比重，扩展国家能源集团路港航全流程物流服务范围。

初期充分拓展公铁联运方式，远期在与国铁形成互联互通情况下，可发展

铁铁联运。同时考虑到区域主要货种为钢材、铝土矿、氧化铝、铁合金等，都属于适箱货种，建议采取集装箱化进行运输，实现园区换装"不落地"，也能够有效减少损耗，还可以统一进行集装箱的租赁或融资租赁，合理统筹集装箱的运用，提高集装箱周转效率和利用率，实现综合效益最大化。

依托国家能源集团重载化、大能力运输网络，发挥最短运输通道及路港航一体化的优势，加强沿线场站基础设施的改造和物流园区布局。"十四五"期间，国家能源集团将加大重点地区物流园区布局，加强重点场站和港口设施扩新建，增强双向重载运输能力供给。重点实施 10 个项目：朔黄铁路货场罩棚改造、薛家湾供应处货场改扩建、海勒斯壕南物流园扩建、丹洲营货场改扩建、三新及宁东铁路沿线大物流站场租赁或建设改造项目、油品码头工程、矿石返空装车项目、铁路装卸站项目、购置 500 辆铁路集装箱专用 NX70(A)型平车、天津港南疆煤焦码头整合项目。

在加强场站、港口等基础设施建设的同时，谋划建设区域性物流园区平台，重点推进四大物流园区建设。一是山西中部公铁物流园，建议依托当地政府和企业，推行政企合作建设经营模式，打造成为区域性集散中心。二是西部(上海庙)公铁物流园，初期加快推进上海庙物流园区建设，同时对宁夏富海物流有限公司、宁夏然尔特实业集团进行充分评估，探讨以股权合作方式进一步紧密关系，加强对本区域市场的开拓。三是西部(包头)物流园，通过接轨改造，在哈业脑包站南侧新增有效长满足 1050 m 的到发线，到发线南侧新建大机停留线并在大机停留线东侧引出昆仑矿业公司专用线，国家能源集团可依托"包神+甘泉线"研究双赢的互联互通和物流组织方案，与包钢等企业形成稳定紧密的关系。西部(上海庙)公铁物流园以及西部(包头)物流园可以重点依托当地物流企业，采取合作经营模式，借助当地企业的市场影响力，依托国家能源集团品牌和运输优势，实现双赢。四是黄骅港综合物流园区，按照黄骅港务公司作一级土地开发商的角色进行设计，积极吸引钢铁企业、铝加工企业等在此集聚发展成为区域性矿石贸易、钢材、建材交易市场，从而形成与港口的联动发展。

6.3.3　电子商务平台市场化

国家能源集团积极推进面向社会的商务信息平台建设，打造面向社会以第三方支付为特征的大型物流信息平台——电商平台。电商平台分为煤炭板块、运输板块、化品板块三部分，2022 年上半年电商平台电子交易量 17561 万吨，电子交易额 716 亿元，参与电子交易外部客商 2430 家。

在国家能源集团未来的发展中，将着力打造市场化的电子商务平台。利用物流信息平台实现运输资源与用户需求的对接，实现物流信息采集、物流订单处理、第三方支付、物流载体跟踪、大数据挖掘处理、管理决策支持、信息交换与共享等功能，实现对社会货运需求的整合，增强国家能源集团物流的营销能力，提高客户服务体验，提升资金安全性。具体实现以下三方面的目标：

6.3.3.1 线上一体化

依托国家能源集团电子商务平台，将国家能源集团大物流业务管理全流程线上化，正、反向所有非煤运输业务均在电商平台进行交易，电商平台将从运力计划、运力销售、运力组织、物流执行、结算等方面全方位管控，实现大物流业务的外部用户准入、信息发布等全流程的线上一体化管理。

6.3.3.2 "三流"融合

打造全程物流供应链平台服务商，运用信息技术实现物流、资金流、信息流"三流"融合，运用智能化技术实现货品、计划（行车计划）、车型相匹配，运用数字技术实现表单、合同、流程数字化。国家能源集团的大物流业务主要以运输为基础，其擅长的是物流管理，但在资金流和信息流的管理方面经验略显不足，因此，国家能源集团必须经过综合化扩展才能做到三流融合。为强化自身的竞争优势，在大数据时代下，国家能源集团必须通过综合化进入资金流和信息流领域，通过对物流过程的信息采集以及对信息的深入挖掘和专业处理，实现市场竞争力的综合提升。

6.3.3.3 交易平台

坚持创新驱动。创新是发展的第一动力，坚定推进智慧物流建设，依托云计算、大数据、物联网、移动互联、人工智能、北斗导航等新技术的应用，打造面向社会的物流商务信息平台，实现货物可追寻、信息可共享、多方可参与、业务智能化的具有社会影响力的专业物流信息平台。

以服务国家能源集团自有物流运输为主，外化运力为辅构建综合立体运输服务体系，依托国家能源集团供应链管理平台发展非煤货物全程物流供应链服务平台,打造大数据支撑、网络化共享、智能化协作的智慧供应链体系,提供仓储、运输、集港、内外贸、通关以及公、铁、水的运输资源链接等相关综合一站式平台服务。同时,将大物流商务平台建设成为集信息、交易、配送、第三方物流接入、金融、大数据于一体的综合体系平台、一站式物流服务平台。

6.4　双向重载运输的新目标

在新技术、新模式、新策略的助力下,双向重载运输将迎来更大的发展空间。业务管理机制方面,将从现阶段的分散、分部门推动转变为统一谋划推动,构建一体化全方位的管理体系。实际运输业务方面,在科技革新、模式创新、策略更新的加持下,国家能源集团的运输市场规模将进一步扩大,运力利用合理化程度进一步提升,推动构建通道货运新格局。

6.4.1　整合代理业务,形成联合管理模式

国家能源集团的非煤双向重载运输业务现阶段采用代理制的模式。代理公司直接与客户接洽,充分调研和分析客户货物运输需求,设计符合货运需求的运价和运输组织方案,向上级公司提出申请。上级公司审核通过后签发代理公司,代理公司再与客户对接。

目前,在非煤运输方面,国家能源集团各铁路公司、港口和航运中心以及货车公司和物资公司等均有各自的代理公司,分别开展各自的业务。代理公司也只向自己的上级公司进行申请,申请的运输业务也局限在子公司的运输方式,造成了相互竞争、服务标准不同、服务效率不高等问题。尤其具有多式联运需求的非煤货物运输,同一个客户可能需要与多个代理公司协商,才能完成多式联运的运输服务,造成了一定程度上的不便。

为了解决上述问题,建议国家能源集团将代理业务整合为联合管理模式,以提高整体管理的效率和效益。首先,要确立联合管理的组织架构和工作流程,建立统一的业务流程和标准化服务标准,制定资源分配规则和管理制度,健全向上级公司申报的业务流程,完善客户服务体系。在联合管理模式下,国家能源集团可成立专门负责非煤货物运输的联合管理部门或联合运量主体,由专业的管理团队负责协调各个子公司间的代理业务,推进联合管理工作的顺利

实施。该团队可以设立子部门，针对不同的业务板块展开管理工作。在工作流程上，联合管理部门可以设置统一的客户服务中心，由该中心接受客户请求并分配给各个子公司或相关联运经营人进行处理。

其次，为实现不同代理公司信息资源的共享和协同发展，国家能源集团可以采用信息化手段推进联合管理的实施。这样可以更好地为联合管理部门和管理团队提供一套协作和资源共享的平台和一套业务实施的标准规范，提高协同效率。在信息化方面，国家能源集团可建立一个联合管理信息系统平台，实现对各子公司或各代理公司数据的汇总和分析，以实现更好的业务管理和资源调配。同时，国家能源集团还可以使用科技手段，例如大数据、云计算、物联网等技术，以提高业务效率，创新服务模式，优化业务模型，提高市场竞争力。

综上所述，通过实施联合管理模式来整合代理业务，通过设立联运管理主体来整合代理公司，可以有效地帮助国家能源集团非煤货物运输业务的发展，提高业务的整体效率、优化客户服务水平和企业资源利用效率、加强国家能源集团在非煤运输市场上竞争力、推动大物流业务的规范化发展。

6.4.2 双向重载运输塑造物流运输新理念

6.4.2.1 社会资源共享观下的全社会物流成本变化

全社会物流成本是核算一个国家在一定时期内发生的物流总成本，已经成为衡量各国物流服务水平和物流发展水平高低的标志。《国家综合立体交通网规划纲要》中提到"国家综合立体交通网设施利用更加高效，多式联运占比、换装效率显著提高，运输结构更加优化，物流成本进一步降低"；2021年国务院办公厅印发的《推进多式联运发展优化调整运输结构工作方案（2021—2025年）》文中也提到"进一步优化调整运输结构，提升综合运输效率，降低社会物流成本"。

双向重载运输作为多式联运的重要组成部分，同时也是物流运输中的关键运输方式，不仅实现了铁路运输、水路运输等多种运输方式的联合，同时缓解了重载运输大多只能单向运输造成的运力浪费和物流成本的增加。因此，双向重载运输对全社会物流成本的影响主要体现在以下几个方面。

1. 货物运输成本的降低

采用双向重载运输，可以有效地减少空载行驶，提高列车和船舶的装载率，降低货物运输成本。相比于传统的单向运输，双向重载运输可以节省大量的运输成本，尤其是长途运输，更能体现出优势。虽然与传统的公路运输方式相比，双向重载运输在时效性上效果欠佳，但是提供大运量、低运价的运输服务依旧是双向重载运输降低货物运输成本的重要优势。

2. 物流效率的提高

采用双向重载运输，尤其是铁水双向重载联运可以减少货物的中转次数和运输环节，从而降低全社会物流成本。在传统的单一运输模式中，货物需要通过多次中转来完成运输，而采用铁水双向重载联运，可以直接将货物从起点运输到终点，减少中转次数和运输环节，从而提高了物流效率。

3. 环境保护成本的降低

铁水双向重载联运可以减少道路运输的需求，降低石油等化石燃料的消耗以及物流运输过程中的空气污染和噪声污染。在传统的运输模式中，大量货物需要通过公路运输完成，这不仅会导致大量石油等化石燃料的消耗和二氧化碳排放，还会产生大量的尾气和噪声污染。而采用铁水双向重载联运，可以减少道路运输的需求，从而降低环境污染。同时，铁水双向重载联运可以促进资源的节约和循环利用，降低对环境的影响。采用铁水双向重载联运，可以通过整合铁路和水路运输的优势，实现资源的优化配置和循环利用，减少资源的浪费和消耗，从而降低对环境的影响。

6.4.2.2　"双碳"目标下区域运输结构的变化

在我国"双碳"目标的背景下，优化调整运输结构以实现供给和需求更高水平的动态平衡、加强交通运输资源整合和集约利用、推进交通行业二氧化碳排放的尽早达峰成了物流运输的发展方向。其中，铁水双向重载联运在形成以铁路、水运为主的大宗货物和集装箱中长距离运输格局中起到至关重要的作用，也对区域运输结构的优化起到支撑作用。具体可以从以下几个方面分析。

1. 降低碳排放

铁水双向重载联运通过整合铁路和水路运输资源，实现运输方式的优化，大幅度降低碳排放。传统的公路运输在进行中长距离货物运输时消耗大量的燃料资源，造成大量的碳排放。因此，随着"双碳"目标的逐步实现，区域运输将逐渐向低碳运输方式转变，单位碳排放更少的铁水双向重载联运将成为区域运输结构调整的重要组成部分。

2.提高资源利用率

铁水双向重载联运采用双向重载的运输方式,充分利用运输资源,降低能源消耗和运输成本。在"双碳"目标的背景下,区域运输将更加注重资源利用率的提高,铁水双向重载联运将成为实现资源节约和低碳环保的重要手段。

3.推动智能物流发展

铁水双向重载联运通过信息化技术的应用,实现物流信息的共享和智能化管理,提高物流效率和服务质量,促进物流行业的升级和发展。在"双碳"目标下,铁水双向重载联运将成为推动智能物流发展的重要推手。

6.4.3　国家能源集团双向重载运输发展目标

到2025年,国家能源集团非煤运输集团公司组建完成,形成宁夏中北部、包头榆林、山西中南部和河北山东四大区域性分公司,加快推动核心区非煤运输重要场站改扩建、港口配套码头设施以及四大区域性园区建设,初步形成网络畅通、能力适应、组织高效、运输安全的非煤运输体系。力争到2025年国家能源集团总非煤货运量达到5000万吨左右。其中,铁路非煤货运量(不含焦炭)达到3000万吨左右,港口非煤货物装卸量达到1500万吨左右,航运非煤运量达到500万吨左右。

完善并拓展运输网络,增强集疏运能力,依托现有铁路、港口基础设施能力,拓展非煤运输业务。集疏运方面,推动重点区域的铁路专用线建设和集装站改扩建。从战略上深入研究东乌、三新、宁东三条铁路以及铁路专用线建设,形成宁夏中北部和乌海地区非煤运输的新网络支撑体系。重点推进神朔燕家塔、大准丹洲营和朔黄沿线的装车站环保改造,利用环保改造的契机,整合相关装车站点。港口方面,推进黄骅港3#、4#通用散杂货码头、油品码头、矿石装车工程建设。加强与天津港的协调,推进矿石装车系统的改扩建工作。

提高市场灵活性,充分发挥最短煤运下海通道优势,在保障集团内部运输服务的基础上,增加社会大宗货物运输,促进集团运输产业可持续发展,成为集团利润新的增长极,打造国内具有影响力的重载铁路研发基地,实现铁路重载技术行业领先,打造全球领先的安全智慧高效绿色的现代化运输体系,为建设具有全球竞争力的世界一流能源集团提供坚强支撑,为建设交通强国贡献力量。

参考文献

［1］中共中央 国务院印发《交通强国建设纲要》［EB/OL］.［2023-12-01］. https：//www. gov. cn/zhengce/2019-09/19/content_5431432. htm.

［2］王庆云，毛保华.技术变革与交通发展［M］.北京：人民交通出版社，2024.

［3］曾玮，贾晋中.重载线路低负荷方向运力利用率提升策略与效益评估.交通运输系统工程与信息，2023，23（05）：130-135.

［4］许小兵.黄骅港煤炭港区朔黄铁路铁矿石返程运输分析［J］.港工技术，2021，58（02）：72-75.

［5］田葆栓.在变化的世界中推进重载铁路技术和运营（续完）——第11届国际重载运输大会综述［J］.国外铁道车辆，2019，56（02）：1-5.

［6］Railroad 101 ［R/OL］.［2022-08-13］. https：//www. aar. org/wp-content/uploads/2020/08/AAR-Railroad-101-Freight-Railroads-Fact-Sheet. pdf.

［7］Railway industry summary statistics on freight and passenger transportation ［EB/OL］.［2022-08-12］. https：//www150. statcan. gc. ca/t1/tbl1/en/tv. action? pid=2310005701.

［8］Rail transportation in Canada, 2020［EB/OL］.［2022-08-19］. https：//www150. statcan. gc. ca/n1/pub/11-627-m/11-627-m2022024-eng. htm

［9］JING Y, ZHANG Z H. A study on car flow organization in the loading end of heavy haul railway based on immune clonal selection algorithm［J］. Neural Computing and Applications, 2019, 31（5）：1455-1465.

［10］刘清江，陈红梅，柯小磊，等.浅谈智能航行的实现与展望［J］.船舶标准化与质量，2019（02）：33-36.

［11］刘文杰.浅谈节约包神铁路货车停留时间的方法［J］.铁道运营技术，2021，27（02）：19-21.

[12] 中国神华能源股份有限公司，国能朔黄铁路发展有限责任公司，国能包神铁路集团有限责任公司，等.集团公司煤炭核心产区集疏运能力建设研究[R].北京：中国神华能源股份有限公司，2021.

[13] 张伟.铁路非煤品大物流运输存在的问题及对策探究[J].设备管理与维修，2020，473(11)：41-42.

[14] 童瑞咏，毛保华，杜鹏，魏润斌，黄俊生，重载铁路回程运输组织与定价综合优化，交通运输系统工程与信息，2023，23(02)：217-224.

[15] 赵绅.我国铁路驮背运输网络设计及经营管理研究[D].北京：北京交通大学，2020.

[16] 代斌.关于朔黄铁路运输能力提升的探讨[J].北京：价值工程，2022，41(25)：38-40.

[17] 吴琳鹏.基于中转时间的编组站远程直达货物列车开行研究[D].南昌：华东交通大学，2018.

[18] 张兰，包文艳，刘宇波，等.关于神木北站如何压缩中转停留时间的探讨[J].神华科技，2015，13(01)：86-89.

[19] 王沛.蒙华重载铁路列车运行图编制方法研究[D].成都：西南交通大学，2018.

[20] 呼枭.大准铁路单线区段运输能力提升研究[J].交通运输工程与信息学报，2021，19(03)：93-101.

[21] 王涛，宋锴.铁路运输增量通道能力瓶颈识别与实践[J].铁道运输与经济，2019，41(S1)：26-32.

[22] 关达，石磊，孔亮，等.包神铁路能力计算与瓶颈识别疏解研究[J].铁道运输与经济，2020，42(04)：42-47.

[23] 常进.提高包神线运输能力对策研究[D].兰州：兰州交通大学，2016.

[24] 公司介绍[EB/OL].[2023-04-01].http：//bstl.shenhuagroup.com.cn/shbstl/1382703169313/gsjs.shtml.

[25] 公司介绍[EB/OL].[2023-04-01].http：//shtl.shenhuagroup.com.cn/shshtl/1382684311268/ggjs.shtml.

[26] 公司简介[EB/OL].[2023-04-01].http：//xstl.chnenergy.com.cn/xstlww/gsjj/gsgklist.shtml.

[27] 吴雪妍，毛保华，周琪，等.交通运输业不同方式碳排放因子水平比较研究[J].华东交通大学学报，2022，39(04)：41-47.

[28] 杨浩，魏玉光.铁路重载运输[M].北京：北京交通大学出版社，2010.

[29] 魏玉光，夏阳.铁路集装箱客运化系统设计与实现[M].北京：中国铁道出版社，2022.

[30] 王丹竹，梁晓慷，郎茂祥，等.面向弹性需求的铁路快捷货运产品定价方法研究[J].交

通运输系统工程与信息, 2016, 16(06): 15-21.

[31] 张宇. 基于聚类分析的公路货物运输量增长趋势预测[D]. 哈尔滨: 哈尔滨理工大学, 2022.

[32] 潘正桐. 基于机器学习时间序列的中国货物运输量预测分析[J]. 中国储运, 2022(01): 85-86.

[33] 郭凡良. 喀什经济开发区综合交通规划中交通需求预测[J]. 北京交通大学学报, 2013, 37(06): 112-117.

[34] 刘学. 浩吉铁路货运增量制约因素及对策研究[J]. 铁道货运, 2023, 41(03): 1-7.

[35] 杨楠. 重载铁路通道空车列车回送运输方案的优化[J]. 铁道运输与经济, 2023, 45(01): 7-15.

[36] 徐禾颖, 吕红霞, 吕苗苗, 等. 重载铁路装车端空车调配优化研究[J]. 交通运输系统工程与信息, 2023, 23(01): 141-151.

[37] 丁茂廷. 朔黄铁路重载运输技术发展策略研究[J]. 能源科技, 2022, 20(06): 3-8.

[38] 符佳芯. 重载铁路货运产品开行方案优化设计[J]. 物流技术, 2022, 41(10): 92-95.

[39] 李电生, 张圣泽, 员丽芬. 港口物流综合效率测度研究[J]. 交通运输系统工程与信息, 2013, 13(05): 107-113.

[40] 葛梦璐. 基于改进 DEA 的黄骅港效率评价分析[D]. 青岛: 中国海洋大学, 2012.

[41] 褚敏. 包神铁路集团货运组织管理研究[J]. 交通企业管理, 2020, 35(06): 42-44.

[42] JING Y, ZHANG Z H. A study on car flow organization in the loading end of heavy haul railway based on immune clonal selection algorithm[J]. Neural Computing and Applications, 2019, 31(5): 1455-1465.

[43] ZHANG J, HAO Y, WEI Y, et al. The empty wagons adjustment algorithm of Chinese heavy-haul railway[J]. Chaos, Solitons and Fractals: The Interdisciplinary Journal of Nonlinear Science, and Nonequilibrium and Complex Phenomena, 2016, 89: 91-99.

[44] 陈玉柱. 集通铁路重载运输组织模式选择研究[J]. 铁道货运, 2013, 31(08): 30-34, 5.

[45] 张进川, 杨浩, 魏玉光, 重载铁路卸车端空车回送模型研究, 交通运输系统工程与信息, 2008, 8(02): 96-102.

[46] XIANG X, ZHU X M. An optimization strategy for improving the economic performance of heavy-haul railway networks[J]. Journal of Transportation Engineering, 2016, 142(3): 04016003.

[47] 夏阳, 魏玉光, 赖艺欢, 等. 基于运输成本的铁路集装箱旅客化运输系统开行方案研究[J]. 铁道学报, 2019, 41(04): 10-15.

［48］LI L, ZHANG X Q. Integrated optimization of railway freight operation planning and pricing based on carbon emission reduction policies［J］. Journal of Cleaner Production, 2020, 263: 121316.

［49］景云, 何世伟, 郝东红. 重载铁路集疏运调度系统空重车流协同优化研究［J］. 交通运输系统工程与信息, 2012, 12(05): 123-129.

［50］张海山, 张剑铠, 张梦迪, 等. 大物流背景下铁路非煤运输定价管理机制优化研究［J］. 铁道货运, 2023, 41(02): 54-60.

［51］宋宗莹, 贾晋中, 张啸林, 等. 国家能源集团铁路调度信息系统总体设计与应用［J］. 铁道运输与经济, 2022, 44(S1): 1-6.

［52］刘子扬, 王兴中, 王青. 面向微服务的国家能源集团铁路综合调度信息系统架构设计与实现［J］. 铁道运输与经济, 2022, 44(S1): 7-13.

［53］段宏海, 宋丽莉, 张进川, 等. 2万吨列车条件下神池南站到发线运用方案研究［J］. 铁道运输与经济, 2022, 44(10): 9-18.

［54］张永恒, 张剑铠, 秦进. 重载铁路双向运输效益的评估研究［J］. 石家庄铁道大学学报（自然科学版）, 2023, 36(04): 69-73.

［55］刘骥阳, 张进川, 宋宗莹. 基于移动闭塞的重载列车追踪间隔模型研究［J/OL］. 铁道运输与经济: 1-10［2023-10-02］.

图书在版编目（CIP）数据

铁水双向重载联运实践与发展 ／ 双向重载运输研究
项目组主编. —长沙：中南大学出版社，2024.4
ISBN 978-7-5487-5758-0

Ⅰ. ①铁… Ⅱ. ①双… Ⅲ. ①铁路运输－水路运输－
联合运输－研究 Ⅳ. ①U1

中国国家版本馆 CIP 数据核字(2024)第 066578 号

铁水双向重载联运实践与发展
TIESHUI SHUANGXIANG ZHONGZAI LIANYUN SHIJIAN YU FAZHAN
双向重载运输研究项目组　主编

□出 版 人	林绵优	
□责任编辑	胡小锋	
□责任印制	唐　曦	
□出版发行	中南大学出版社	
	社址：长沙市麓山南路	邮编：410083
	发行科电话：0731-88876770	传真：0731-88710482
□印　　装	广东虎彩云印刷有限公司	

□开　　本	710 mm×1000 mm　1/16	□印张 13.75	□字数 236 千字
□版　　次	2024 年 4 月第 1 版	□印次 2024 年 4 月第 1 次印刷	
□书　　号	ISBN 978-7-5487-5758-0		
□定　　价	58.00 元		

图书出现印装问题，请与经销商调换